錢穆作品精華

莊老通辨

錢穆

東大圖書公司

錢穆作品精萃序

錢穆先生身處中國近代的動盪時局，於西風東漸之際，毅然承擔起宣揚中華文化的重任，冀望喚醒民族之靈魂。他以史為軸，廣涉群經子學，開闢以史入經的嶄新思路，其學術成就直接反映了中國近代學術史之變遷，展現出中華傳統文化的輝煌與不朽，並撐起了中華學術與思想文化的一方天地，成就斐然。

三民書局與先生以書結緣，不遺餘力地保存先生珍貴的學術思想，希冀能為傳揚先生著作，以及承續傳統文化略盡綿薄。

自一九六九年十一月迄於一九九一年十二月，二十多年間，三民書局總共出版了錢穆先生長達六十餘年（一九二三～一九八九）之經典著作——三十九種四十冊。茲序列書目及本局初版日期如下：

中國文化叢談……（一九六九年十一月）
中國史學名著……（一九七三年二月）

二〇二二年，三民書局將先生上述作品全數改版完成，搭配極具整體感，質樸素雅、簡潔大方的書封設計，期能以全新面貌，帶領讀者認識國學大家的學術風範、思想精髓。

謹以此篇略記出版錢穆先生作品緣由與梗概，是為序。

三民書局
東大圖書 謹識

自序

近人論學，好爭漢宋。謂宋儒尚義理，清儒重考據，各有所偏，可也。若立門戶，樹壁壘，欲尊於此而絕於彼，則未見其可也。清儒以訓詁考據治古籍，厥功偉矣。其謂訓詁明而後義理明，說非不是。惟求通古書訓詁，其事不盡於字書小學，《爾雅》、《說文》，音韻形體，轉注叚借之範圍。此屬文字通訓，非關作家特詁。如孔孟言仁，豈得專據字書為說？即遵古注，亦難愜當。阮元有《論語論仁篇》、《孟子論仁篇》，遍集《論》、《孟》仁字，章句縷析、加以總說，用意可謂微至。然所窺見，仍無當於孔孟論仁之精義。昔朱子告張南軒，已指陳其癥結所在。此必於孔孟思想大體，求其會通，始可得當。而豈尋章摘句，專拈《論》、《孟》有仁字處用心，謂能勝任愉快乎？又況抱古注舊訓拘墟之見，挾漢宋門戶之私，則宜其所失之益遠矣。

清儒於考據，用力勤，涉獵廣，而創獲多。然其大體，乃頗似於校勘輯逸之所為。蹠實有餘，蹈虛不足。施於每一書之整理，洵為有功。其於古人學術大體，古今史跡演變，提挈綱宗，闡抉幽微，則猶有憾。此必具綜合之慧眼，有博通之深識，連類而引申之，殊途而同歸焉，此亦一種考據，豈僅比對異同，網羅散失之謂乎。清儒於小學音韻，造詣深者，差已睎此境界。其他猶懸然也。

清儒亦有言，非通群經，不足以通一經。推此說之，非通諸史，亦不足以通一史。非通百家，亦不足以通一家。清儒考據，其失在於各別求之，而不務於會通。章實齋號為長於平章學術，其分別清儒為學途轍，謂浙西尚博雅，浙東貴專家。其實博涉必尚會通，否則所涉雖博，而仍陷於各別之專。清儒往往專精一史，專治一子。一史一子已畢，乃又顧而之他。故所繁稱博引，貌為博而情則專，實未能兼綜諸端，體大思精，作深入會通之想也。

衡量清學一代所得，小學最淵微。整理經籍，瑕瑜已不相掩。至於子、史兩部，所觸皆其膚外，而子部為尤甚。此正其輕忽於義理探求之病。然求明古書義理，亦豈能遂捨訓詁考據而不務？後有作者，正貴擴其意境，廣其途轍，就於清儒訓詁考據已有業績，而益深益邃，庶有以通漢宋之囿，而義理考據一以貫之，此則非爭門戶、修壁壘者之所能知也。

《老子》為晚出書，汪容甫已啟其疑。然汪氏所疑，特在《史記》所載老子其人其事，固未能深探本書之內容。梁任公推汪氏意，始疑及《老子》本書。所舉例證，亦殊堅明。然梁氏亦復限於清儒舊有途轍，未能豁戶牖而開新境。且《老子》書晚出於《論語》，其說易定。而其書之著作年代，究屬何世，莊老孰先孰後，則其讞難立。余之此書，繼踵汪、梁，惟主《老子》書猶當出莊子、惠施、公孫龍之後，則昔人頗未論及。持論是非，當待讀者之自辨。而本書所用訓詁考據方法，亦頗有軼出清儒舊有軌範之外者。此當列諸簡耑，以告讀吾書者也。

《老子》書開宗明義，即曰：「道可道，非常道。名可名，非常名。」以清儒訓詁小學家恆見遇之，若不煩有訓釋。而實不然。先秦諸子著書，必各有其書所特創專用之新字與新語，此正為一家思想獨特精神所寄。以近代語說之，此即某一家思想所特用之專門術語也。惟為中國文字體製所限，故其所用字語，亦若慣常習見。然此一家之使用此字此語，則實別有其特殊之涵義，不得以慣常字義說之。

韓昌黎有言，道其所道，非吾之所謂道。《老子》書開宗明義，道名兼舉並重。即此一名字，其涵義，亦非孔子《論語》必也正名乎之名字涵義，所可一例而視。若深而求之，《老子》書中所用道名二字，不惟其涵義與《論》、《孟》有別，並亦與《莊子‧內篇》七篇所用道名二字涵義有不同。此正莊老兩家之所以各成其為一家言也。此非熟參深通於《莊》、《老》兩書之全部義理，將無法為此二字作訓釋。清儒惟戴東原《孟子字義疏證》，為能脫出訓詁舊軌。焦里堂、阮芸台繼踵，亦多新見。然清代學術大趨，則終在彼不在此。抽其耑，未暢其緒，故其所謂訓詁明而義理明者，亦虛有其語耳。

今試就此名字，比觀《莊》、《老》兩書，分析其涵義內容，較量二氏對此名字一觀念之價值評判，則有一事甚顯然者。《莊子・內篇》七篇，每兼言名實，此與《孟子》略相似。兼言名實，則每重實不重名。故莊子曰：「名者，實之賓也，吾將為賓乎？」此莊子之無重於名也。而《老子》書則道名兼重。有常道，復有常名。又曰：「自古及今，其名不去，以閱眾甫。吾何以知眾甫之狀哉，以此。」其名不去，即常名也。正因有此等常名，乃可使吾知眾甫之狀。然則常名者何指？是即吾所謂此乃一家思想所特用之一種新語也。即常字，古經籍亦不多見。後世重視此常字，實承《老子》。讀古書者，貴能游情於古作者之年代，其心若不知有後世，然後始可以瞭解此古書中所新創之字語，及其所影響於後世者何在。否則亦視為老生常談，而不知我之沉浸染被於此老生常談中者之深且厚也。俞曲園《諸子平議》，破此常字為尚字。此正其錮蔽於清儒小學訓詁家之恆習常見，乃不知此常字乃老子所創用。故老子又鄭重申言之，曰：「不知常，妄作凶。」亦豈可以尚字說之乎？

必欲求《老子》書中此常名一語涵義所指，則仍須一種訓詁，而此種訓詁，則仍必憑於考據。清儒解經訓字，或憑字書，或憑古注。因其重古注，遂重家法。而諸子書固無家法可循。為諸子作注，其事較晚起。注《老子》者莫著於王弼。弼之注自古及今，其名不去，曰：「無名則是其名也。」既曰無名，則并名而不立，烏得謂其名不去乎？是王注之未諦也。今以《老子》本書注

《老子》，則所謂自古及今，其名不去者，此必為《老子》書開端所謂之常名可知矣。然則何者乃始為常名？當知名實兼言，此為孟莊時代之恆語。一名指一實。此一實即一物也。惟由莊子意言之，萬物在天地間，若馳若驟，如莊周之與蝴蝶，鼠肝之與蟲臂，化機所驅，將漫不得其究竟。故名無常而不足重。老子則不然。老子曰：「有物混成，先天地生。寂兮寥兮，獨立而不改，周行而不殆，可以為天下母。吾不知其名，字之曰道，強為之名曰大。大曰逝，逝曰遠，遠曰反。」此所謂先天地生，即首章無名天地之始也。可以為天下母，即首章有名萬物之母也。謂之混成，則無可分別，故曰不可名。謂之不改，則常在不去，乃終不可以無名，故又強而為之名。而道則終是不可名者。故既曰「大道無名」，又曰「吾不知其名，字之曰道」。則道者乃無可名而強為之字，字與名之在《老子》書，涵義亦有別。今若進而問何者始為可名？在老子意，似謂有狀者乃始可名。狀即一種形容也。今若強為道作形容，則曰大，曰逝，曰遠，曰反，此皆道之狀也。道既有狀，故得強為之名。

然則名字之在《老子》書，其重要涵義，乃指一種物狀之形容，因於有狀而始立。狀字在《老子》書，又特稱曰象。老子曰：「道之為物，惟恍惟惚。惚兮恍兮，其中有象。恍兮惚兮，其中有物。窈兮冥兮，其中有精。其精甚真，其中有信。自古及今，其名不去。」然則就《老子》書釋《老子》，名當有兩種，一為物體之名，一為象狀之名。物之為物，若馳若驟，終不可久，故其名不去者，實是一種象狀之名，而非名實之名也。故曰《老子》書中名字，乃與《莊子》書中名字涵義所指有大別也。

老子言道演化而生萬物，其間有象之一境，此亦老子所特創之新說，為《莊子》書所未及，故象之一字，亦《老子》書所特用之新名也。若循此求之，《老子》書中所舉有無曲全，大小高下，動靜強弱，雌雄黑白，榮辱成敗，種種對稱並舉之名，實皆屬象名，非物名也。以近代語釋之，此等皆為一種抽象名詞。然則老子之意，乃主天地萬物生成，先有抽象之表現，乃始有具體之演化者。《易・繫傳》承之，故曰：「易有太極，是生兩儀。兩儀生四象，四象生八卦。」所謂易，即道體也。所謂儀，亦象也。又曰：「在天成象，在地成形。」天必先於地，故知象亦先於形。今試再淺釋之。天下凡黑之物，皆在演化中，皆不可久，皆可不存在而可去。獨黑之名則較可常在而不去。故黑物非可常，而黑名較可常。老子之意，似主天地間，實先有此較可常者，乃演化出一切不可常者。而王弼之說《老子》乃主天地萬物以無為體，以無為始，又必重歸於無，此實失《老子》書之真意。郭象注《莊》，則已知王弼體無之論之不可安而力辨之矣。然余之此辨，則非自持一義理，謂老子是而王弼非。余實僅為一種考據，一種訓詁，僅指王弼之說之無當於《老子》書之本意耳。然試問若果捨卻訓詁考據，又何從而求老子、王弼所持義理之真乎？

老子謂天地間惟有此較可常者，故人之知識乃有所憑以為知。故曰：「不出戶，知天下。不闚牖，見天道。」莊子認為天道不可知，而老子則轉認為可知。試問其何由知？老子亦已明言之，曰：「執大象，天下往。」以天地萬物一切演化之胥無逃於此大象也。故曰：「吾何以知眾甫之狀哉，以此。」此乃《老子》書中所特別提出之一種甚深新義，所由異於莊周。居今而知此兩家持論之異，則亦惟有憑於考據訓詁以為知耳。

上之所述，特舉《老子》書開宗明義兩語為說，以見欲明古書義理，仍必從事於對古書本身作一番訓詁考據工夫。此即在宋儒持論，亦何莫不然？如程、朱改定《大學》，陽明主遵古本，此即一種有關考據之爭辨也。又如朱、王兩家訓釋格物致知互異，此即一種有關訓詁之爭辨也。居今而欲研治宋儒之義理，亦何嘗不當於宋儒書先下一番訓釋考覈之工乎？孟子曰：「聖人先得吾心之同然。」欲知聖人之心，必讀聖人之書。欲讀聖人之書，斯必於聖人書有所訓釋考據。否則又何從由書以得其心？象山有言曰「《六經》皆我註腳」，試問何以知《六經》之皆為我註腳乎？豈不仍須於《六經》有所訓釋考據？象山又曰「不識一字，我亦將堂堂地做一個人」，然固不謂不識一字亦能讀古人書，可以從書得心，用以知古人義理之所在也。

然治《老子》書，欲知《老子》書中所持之義理，其事猶不盡於上述。孟子曰：「誦其詩，讀其書，不知其人可乎？所以論其世也。」讀《老子》書，考覈《老子》書中所持之義理，而不知老子其人，則於事終有憾。不幸老子其人終於不可知，則貴於論老子之世。以今語說之，即考論《老子》書之著作年代也。雖不知其書之作者，而得其書之著作年代，亦可於此書中所持之義理，更有所瞭然矣。

考論一書之著作年代，方法不外兩途。一曰求其書之時代背景，一曰論其書之思想線索。前者為事較易，如見《管子》書有西施，即知其語之晚出。見《中庸》有今天下，車同軌、書同文，行同倫之語，即知其語當出於秦人一統之後。梁任公辨《老子》書晚出，亦多從時代背景著眼。余定《老子》書出莊周後，其根據於《老子》書之時代背景以為斷者，所舉例證，較梁氏為詳密，然就方法言，則仍是昔人所用之方法也。惟余論《老子》書之思想線索，則事若新創，昔人之運用此方法者尚尠，爰再約略申說之。

人類之思想演進，固有一定必然之條貫可言乎？此非余所欲論。余特就思想史之已往陳跡言，而知當時之思想條貫，則確然有如此而已。以言先秦，其人其世其書，有確可考而無疑者，如孔子、墨子、孟子、莊周、惠施、公孫龍、荀子、韓非、呂不韋皆是。就於其人其世先後之序列，而知其書中彼此先後思想之條貫，此亦一種考據也。然先秦諸家著書，亦有不能確知其書之作者與其著作之年代者，如《易傳》、《中庸》，如《老子》，如《莊子》〈外〉、〈雜〉篇皆是。然其人雖不可知，而其世則約略尚可推。此於考求其書時代背景之外，復有一法焉，即探尋其書中之思想線索是也。何謂思想線索？每一家之思想，則必前有承而後有繼。其所承所繼，即其思想線索也。

若使此一思想在當時，乃為前無承而後無繼，則是前無來歷，後無影響。此則絕不能巋然顯於世而共尊之為一家言。故知凡成一家言者，則必有其思想線索可尋。

探求一書之思想線索，必先有一已知之線索存在，然後可據以為推。前論思想條貫，即此各家思想前承後繼之一條線索也。就其確然已知者，曰孔、墨、孟、莊、惠、公孫、荀、韓、呂，綜此諸家，會通而觀，思想線索，亦既秩然不可亂。今更就此諸家為基準，而比定老子思想之出世年代，細辨其必在某家之後，必在某家之前。此一方法，即是一種新的考據方法也。

思想線索之比定，亦有甚顯見而易決者。如《論語》重言仁，而老子曰：「失道而後德，失德而後仁。」又曰：「天地不仁。」此即老子思想當晚出於《論語》之證也。《墨子》書有〈尚賢篇〉，而老子曰：「不尚賢，使民不爭。」此又老子思想當晚出於《墨子》之證也。世必先有黑之一語與黑之一觀念之存在，乃始有非黑之語與非黑之觀念之出現，故曰此顯見而易定也。

循此推之，莊、惠兩家，皆言萬物一體，莊子本於道以為說，惠施本於名以立論。今《老子》書開宗明義，道名兼舉並重，故知老子思想又當晚出於莊、惠兩家也。然則先秦道家，當始於莊周，名家當始於惠施，不得謂老子乃道、名兩家共同之始祖。老子特綜匯此兩家，而別創一新義耳。此種思想線索之比定，則較為深隱而難知。

然更有其深隱難知者。試再舉例。如老子：「視之不見名曰夷，聽之不聞名曰希，搏之不得名曰微，此三者不可致詰，故混而為一。」此一條立論甚新奇，遍求之先秦諸家思想，乃甚少同持此意見者。有之，惟公孫龍之〈堅白論〉。公孫龍主堅白可以外於石而相離，故曰：「拊石得堅而不得白，視石得白而不得堅，故堅白石可二不可三。」就常識論，石是物體之名，堅白乃象狀之詞。物體是實，象狀則虛。石為一實體，而兼包堅白二象狀。故堅白相盈，不相離也。公孫龍顧反其說。循公孫龍之意，豈不象狀之名，可以脫離於物之實體而獨立自在乎？《老子》書正持此義。常識謂所視所聽所拊，皆必附隨某一物之實體。老子似不認此說，乃謂所視所聽所拊，本皆相離，各別存在，乃由於不可致詰，故遂混而為一焉，此非其立論之有與公孫龍相似乎？

詳老子之意，天地最先，惟有一物混成，是即其所謂道也。道之演變，先有象狀，再成具體。如此言之，則抽象之通名當在先，個別之物名當在後。淺說之，老子若謂：天地間當先有黑白之分，乃始有白馬、白石、白玉、白雪、白羽之分。黑白之分較先較可常，而馬石玉雪之分，則較後而較為不可常。故《莊子》書屢言物，而《老子》書屢言名，屢言象，更不言物。此兩書之顯然異致也。蓋莊子雖屢言於物，然莊子實主未始有物。既謂未始有物，故老子承之，乃改就一切象狀之可名者以為說。此莊老思想大體之不同，亦可以由此而推也。

蓋名之為用，愈具體，則可析之而愈小。愈抽象，則可綜之而愈大。惠施分言大一小一，即所以推論萬物之一體。而公孫龍變其說，謂堅白石相離不相盈，則彼彼止於彼，此此止於此，天地間萬名，各離而自止於其所指。而老子又變其說，乃成象名在先，物名在後，以證其天地之原始於不可名狀之道。然則老子之思想，豈不與公孫龍有一線索可尋乎？

公孫龍又曰：「物莫非指，而指非指。」若以公孫龍書與《老子》書互參，則公孫龍之用此指字，亦猶《老子》書之創用一象字也。就人言之曰指，就物言之曰象。凡天地間一切物之抽象之名，此兩家皆認其可以離物而自在，此皆人之所由以知於物而就以指名於物，象狀於物者也。如曰此物白，白即此物之可指目之一端，亦即此物之可形容，可名狀之一象也。故知老子之說，實與公孫龍相近。而公孫龍之說，則顯為承於惠施而變者。而莊子則譏惠施，曰：「天選子之形，子以堅白鳴。」然則，堅白之說，惠施唱之，公孫龍承之，所以成為當時之名家。莊子不喜其說，主於觀化而言道，所以自成為當時之道家。今老子乃承於莊、惠、公孫之說而又變，遂兼攬道名兩觀念，而融會為說。又不言堅、白，而更稱夷、希、微，則益見為抽象，此即老子之所謂玄之又玄也。即此一端，豈非思想線索之猶可微辨而深探之一例乎？凡此云云，則必博綜會通於先秦諸子思想先後之條貫而後始見其必如是，故曰：「非通諸子，則不足以通一子也。」

言清儒考據者，率盛推閻百詩之《尚書古文疏證》。然古文《尚書》乃有意作偽，故有偽跡可尋。《老子》書則自抒己意，彼非有意作偽，又何從抉發其偽跡？故余書之辨《老子》，與閻氏之辨《尚書》古文亦復不同。蓋余之所辨，特亦孟子之所謂求知其人，而追論其世。作意不同，斯方法亦不得不隨而變也。昔宋儒歐陽脩，疑《易傳》，疑《河圖洛書》，其語人曰：「余嘗哀夫學者，知守經以篤信，而不知僞說之僞經也。自孔子沒，至今二千歲，有一歐陽脩者為是說，又二千歲，焉知無一人焉與修同其說也。又二千歲，將復有一人焉。然則同者至於三，則後之人不待千歲而有也。《六經》，非一世之書。將與天地無終極而存。以無終極視數千歲，頃刻耳。」是則余之有待於後者遠矣。《老子》亦非一世之書。其書固不僞，而說之者多僞。以有僞說，遂成僞書。《老子》書至今亦逾二千歲矣，至於余而始為此辨，竊亦有意自比於歐陽。則余說之成為定論，豈能不遠有待於後人乎？至於漢宋門戶之辨，則固不以厝余懷也。

莊老通辨

目次

中卷之上

中卷之下

下卷

右文中〈關於老子成書年代之一種考察〉，成於民國十二年夏。〈再論老子成書年代〉，成於二十一年春。此兩篇，曾與拙著《先秦諸子繫年》中〈老子辨〉一篇合刊，由上海大華書店印行，書名《老子辨》。

民國三十四年，在成都。成〈比論孟莊兩家論人生修養〉及〈記魏晉玄學三宗〉共兩篇。三十七年，在無錫江南大學。是年春，成〈郭象莊子注中之自然義〉一篇。冬，草創《莊子纂箋》，越年脫稿。

四十二年在香港，成〈莊〉、〈老〉兩小傳，及〈道家政治思想〉，共三篇。

四十四年，成〈莊老宇宙論〉、〈王弼郭象注易老莊用理字條錄〉，又〈莊老太極無極義〉，共三篇。

四十五年，成〈釋道家精神義〉，及〈莊子外雜篇言性義〉，共兩篇。

四十六年，成〈老子書晚出補證〉，及〈王弼論體用〉，共兩篇。上述十五篇合成今書，前後計之，已歷三十五年矣。

諸文多數均曾分別於各雜誌刊載，此次彙合付印，逐篇均有修訂增潤。然大體各仍舊貫，未能竟體改寫。語或重出，亦恐有小小相牴牾處，幸讀者諒之。

本書專為討論莊、老兩家之思想，而辨訂其先後。其關於莊、老兩家之生卒年世，及歷史傳說之種種考訂，則均詳見於拙著《先秦諸子繫年》。

拙著與本書可互相發明參證者，除《先秦諸子繫年》外，尚有《國學概論》、《中國思想史》、《墨子》、《惠施公孫龍》諸書，幸讀者參閱。

此書於民國四十六年十月，由香港新亞書院研究所初版發行。民國六十年，又在臺北再版發行。今又補入三篇，一、〈三論老子成書年代〉，二、〈莊子書言長生〉，三、〈莊老與易庸〉，皆早年之作，今一併收入此集，全書共十八篇。交臺北三民書局出版。特識數語，以告讀者。

中華民國七十九年五月

上卷

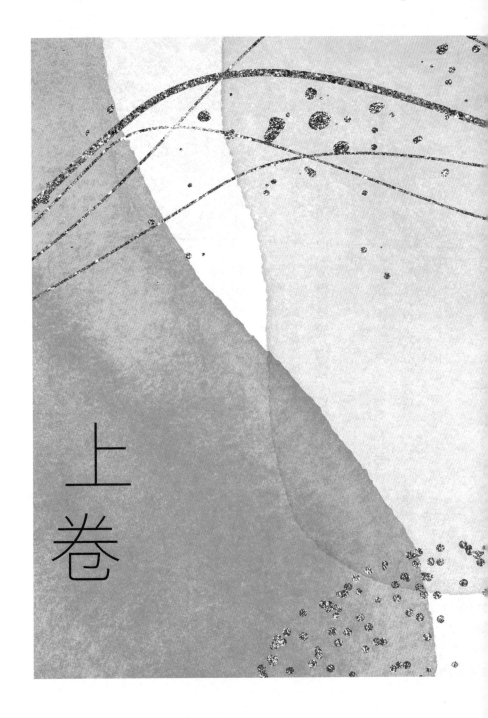

中國道家思想之開山大宗師——莊周

儒家道家，乃中國思想史裡兩條大主流。儒家宗孔孟，道家祖老莊。《論語》、《孟子》、《老子》、《莊子》四部書，兩千年來，為中國知識階層人人所必讀。但就現代人目光，根據種種論證，《莊子》一書實在《老子》五千言之前。莊周以前，是否有老聃這一人，此刻且不論。但《老子》五千言，則決然是戰國末期的晚出書。如此說來，道家的鼻祖，從其著書立說，確然成立一家思想系統的功績言，實該推莊周。

莊周是宋國人。宋出於商之後。中國古代，東方商人和西方周人，在性格上，文化上，有顯然的不同。古人說商尚鬼，周尚文。商人信仰鬼神與上帝，帶有濃重的宗教氣。這一層，只看商湯的種種故事與傳說，便可推想了。和此相關的，是商人好玄理，他們往往重理想勝過於人生之實際。如春秋時的宋襄公，他守定了君子不重傷，不禽二毛，不鼓不成列，幾句話，不管當面現實，給楚國打敗了。春秋晚期，宋向戌出頭發起弭兵會，這還是宋人好騖於高遠理想之一證。

但古人又說商尚質，周尚文。商人既帶宗教氣，重視鬼神重於生人，又好懸空的理想，而忽略了眼前的實際，如何又說他們尚質呢？因質是質樸義，又是質直義。大概商人抱定了一觀念，便不顧外面一切，只依照他心裡的觀念直率地做出來，不再有曲折，不再有掩藏，因此說他們尚質了。在《孟子》書裡，有宋人揠苗助長的故事。在《莊子》書裡，有宋人資章甫適諸越的故事。在《韓非》書裡，有宋人守株待兔的故事。在《列子》書裡，有宋人白晝攫金的故事。這些也可看出商人的氣質。他們心裡這麼想，便不再顧及外面的一切環境與情實。這也是他們質的一面呀！莊子是宋國人，我們該瞭解當時宋人一般的氣質，可以幫助我們瞭解莊周之為人，及其思想之大本。

莊周是宋之蒙縣人，這是一小地名，在今河南省商丘附近，向北四十里處便是了。在當時已是偏於中國的東南。那裡有一個孟渚澤，莊周還常去捕魚的。戰國時，那一帶的水利還不斷有興修。有一條汳水，為當時東南地區通往中原的要道。莊周便誕生在這交通孔道上。直到西漢時，那一帶地區，土壤膏腴，水木明秀，風景清和，還是一好區域。所以漢文帝時特地把來封他的愛子梁孝王。梁國有著名的東苑，苑中有落猨巖、棲龍岫、雁池、鶴洲、鳧渚諸宮觀。那裡充滿著奇果與佳樹，瑰禽與異獸。自苑延亘數十里，連屬到平臺，平臺俗稱修竹苑，那裡有蒹葭洲、鳧藻洲、梳洗潭。漢時梁國在睢陽，即今河南商丘縣之南。若沒有天時地利物產種種配合，梁孝王不能憑空創出一個為當時文學藝術風流薈萃的中心。莊周的故鄉，便在這一地區內，我們卻不能把現在那地區的乾燥枯瘠來想像這曠代哲人而同時又是絕世大文豪的生地呀！

此一地區，即下到隋唐時代，一切風景物產，也還像個樣子。隋薛道衡〈老子碑〉有云：

對苦相之兩城，繞渦穀之三水。芝田柳路，北走梁園。沃野平皋，東連譙國。

又說：

原隰爽塏，亭皋彌望。梅梁桂棟，曲檻叢楹。烟霞舒卷，風霧淒清。

這是描寫一向相傳老子的家鄉。就人文地理言，正當與莊周生地，同屬一區域。我們即從隋代人對相傳老子家鄉的描寫，也可推想戰國時莊周生年景物之一斑了。

莊周曾做過蒙之漆園吏。《史記．貨殖列傳》說「陳夏千畝漆」，這指的是私人經營。在戰國中期，大概這些還都是貴族官營的。莊周為漆園吏，正如孔子做委吏與乘田。但漆園究竟是青綠的樹林，更與天地自然生意相接觸，沒有多少塵俗的冗雜。這當然是莊周自己存心挑選的一個好差使。

莊周正與梁惠王同時。梁惠王是戰國最早第一個大霸主。在那時，已是游士得勢的時期了。莊周有一位老友惠施，卻是梁惠王最尊信的人。曾在梁國當過長期的宰相。梁惠王尊待他，學著齊桓公待管仲般，不直呼他姓名，也不以平等禮相待，而尊之為父執，稱之曰叔父，自居為子姪輩。但莊周與惠施，不僅在思想學說上持異，在處世作人的態度上，兩人也不相同。莊周近是一個儒家所謂隱居以求其志的人。他認為天下是沉濁的，世俗是不堪與相處的。他做一漆園吏，大概他的經濟生活勉強可以解決了。他也不再想其他活動。他對世俗的富貴顯達，功名事業，真好稱是無動於心的。

他曾去看他的老友，梁國大宰相惠施。有人對惠施說：「莊周的才辯強過你，他來了，你的相位不保了。」惠施著了慌，下令大梁城裡搜查了三天連三夜。要搜查莊周的行蹤。結果，莊周登門見他了。莊周說：「你知道南方有一種名叫鵷鶵的鳥嗎？它從南海直飛到北海，在那樣遼遠的旅程中，他不見梧桐不下宿，不逢醴泉不下飲，不遇楝實，俗稱金鈴子的，它就不再吃別的東西了。正在它飛過的時候，下面有一隻鴟，口裡啣著一死鼠，早已腐爛得發臭了。那隻鴟，生怕鵷鶵稀罕這死鼠，急得仰著頭，對它張口大叫一聲，嚇！現在你也想把你梁國的相位，來對我嚇的一聲嗎？」

或許他因惠施的關係，也見過梁惠王。他穿著一身大麻布縫的衣，還已帶上補綻了。腳上一雙履，照例該有一條青絲縛著做履飾，這在當時叫做絇，絇鼻則罩在履尖上。莊周沒有這麼般講究，他把一條麻帶捆著履，如是般去見梁惠王。惠王說：「先生！你那樣地潦倒呀！」莊周說：「人有了道德不能行，那才是潦倒呀！衣破了，履穿了，這並不叫潦倒！而且這是我遭遇時代的不幸，叫我處昏君亂相間，又有什麼辦法呢？」這算當面搶白了梁惠王，惠王也就和他無話可說了。

後來楚王聽到他大名，鄭重地派兩位大夫去禮聘。莊周正在濮水邊釣魚，那兩大夫鞠躬說：「我們大王，有意把國家事情麻煩你先生。」莊周一手持著釣魚竿，半瞅不睬地說：「我聽說楚國有一隻神龜，死了已三千年，你們國王把它用錦巾包著，繡笥盛著，藏在太廟裡。遇著國家有疑難事，便向它問吉凶。我試問：這一隻神龜，寧願死了留這一套骨殼給人貴重呢？還是寧願活著，在爛泥路上，拖著尾爬著呢？」那兩大夫說：「為神龜想，是寧願活著，拖著尾在泥路上爬著的。」莊周說：「好！你們請回吧！我也正還想拖著尾在泥路上爬著呀！」

有一次，宋國有一個曹商，奉宋王命使秦，大得秦王之歡心，獲得一百輛的車乘回到宋國來。他去見莊子。他說：「要叫我住窮巷矮簷下，黃著臉，癟著頸，織著草鞋過生活，我沒有這本領。要我一句話說開了萬乘之主的心，立刻百輛車乘跟隨我，這我卻有此能耐。」莊周說：「我聽說：

秦王病了，下詔求醫生。替他破癰潰痤的，賞一乘車。替他舐痔的，賞五乘車。做的愈臭愈下的，得車愈多。你也替秦王舐了痔的吧？怎麼得這許多車！好了，請你快走開吧！」

但莊周的生活，有時也實在窘得緊。有一次，他到一位監河侯那裡去借米。監河侯對他說：「好！待我收到田租和房稅，借你兩百斤黃金吧！」莊周聽了，忿然地直生起氣來。他說：「我昨天來，路上聽得有叫我的。回頭一看，在車輪壓凹的溝裡有一條小鯽魚，我知道是它在叫。我問道：『鯽魚呀！你什麼事叫我呀！』那鯽魚說：『我是東海之波臣，失陷在這裡，你能不能給我一斗一升水活我呢？』我說：『好吧！讓我替你去遊說南方的吳王與越王，請他們興起全國民眾，打動著長江的水來迎接你，好不好？』那鯽魚生氣了，它說：『我只要你一斗一升水，我便活著了。你這麼說，也不煩你再去吳國與越國，你趁早到乾魚攤上去找我吧！』」

莊周大概這樣地過著一輩子，他的妻先死了。他老友惠施聞訊來弔喪，莊周正兩腳直伸，屁股著地，敲著瓦盆在唱歌。惠施說：「她和你過了一輩子，生下兒子也長大了。她死了，你不哭一聲，也夠了。還敲著瓦盆唱著歌，不覺得過分嗎？」莊周說：「不是呀！她初死，我心上那裡是沒有什麼似的呢？但我仔細再一想，她本來沒有生，而且也沒有形，沒有絲毫的影蹤的。忽然裡有了這麼一個形，又有了生命，此刻她又死去了，這不像天地的春夏秋冬，隨時在變嗎？她此刻正像酣睡在一間大屋裡，我卻跟著號啕地哭，我想我太想不通了。所以也不哭了。」

後來莊周也死了。在他臨死前，他的幾個學生在商量，如何好好地安葬我們的先生。莊周說：「我把天地當棺槨，日月如連璧，星辰如珠璣，裝飾得很富麗。世界萬物，盡做我賫送品。我葬具齊備了，你們再不要操心吧！」他學生說：「沒有棺槨，我們怕烏鴉老鷹吃了你。」莊周說：「棄在露天，送給烏鴉老鷹吃。埋在地下，送給螻蛄螞蟻吃。還不是一樣嗎？為什麼定要奪了這一邊的食糧送給那一邊？這是你們的偏心呀！」

莊周真是一位曠代的大哲人，同時也是一位絕世的大文豪。你只要讀過他的書，他自會說動你的心。他的名字，兩千年來常在人心中。他笑盡罵盡了上下古今舉世的人，但人們越給他笑罵，越會喜歡他。但也只有他的思想和文章，只有他的笑和罵，真是千古如一日，常留在天壤間。他自己一生的生活，卻偷偷地隱藏過去了，再不為後人所詳細地知道。只知道有這樣一個人，就是了。他的生平，雖非神話化，但已故事化。上面所舉，也只可說是他的故事吧！若我們還要仔細來考訂，那亦是多餘了。

但莊周的思想和文章，卻實在值得我們去注意。據說在他以前的書，他都讀遍了。在他以前各家各派的學術和思想，他都窺破了他們的底細了。但他從不肯板著面孔說一句正經話。他認為世人是無法和他們講正經話的呀！所以他的話，總像是荒唐的，放浪的，沒頭沒腦的，不著邊際的。他對世事，瞧不起，從不肯斜著瞥一眼，他也不來和世俗爭辨是和非。他時時遇到惠施，卻會痛快地談一頓。

有一次，他送人葬，經過惠施的墓，他驀地感慨了。他對他隨從的，講著一段有趣的故事。他說：「昔有郢人，是一個泥水匠，一滴白粉髒了他鼻尖，像蒼蠅翼般一薄層。他叫一木匠叫石的，用斧頭替他削去這一薄層白粉。那石木匠一雙眼，似乎看也沒有一看似的，只使勁運轉他手裡的斧，像風一般地快，儘它掠過那泥水匠的鼻尖。那泥水匠兀立著不動，像無其事樣，儘讓對面的斧頭削過來。那一薄層白粉是削去了，泥水匠的鼻尖皮，卻絲毫沒有傷。宋國的國王聽到了，召去那石木匠，說：『你也替我試一試你的手法吧！』石木匠說：『我確有過這一手的，但我的對手不在了，我的這一手，無法再試了。』」莊周接著說：「自從這位先生死去了，我也失了對手方，我沒人講話了。」

其實惠施和莊周，雖是談得來，卻是談不攏。有一次，兩人在濠水的石梁上閒遊。莊周說：「你看水面的鯈魚，從容地游著，多麼快樂呀！」惠施說：「你不是魚，怎知魚的快樂呢？」莊周說：「你也不是我，你怎知我不知魚的快樂呢？」惠施說：「我不是你，誠然我不會知道你。但你也誠然不是魚，那麼你也無法知道魚的樂，是完完全全地無疑了。」莊周說：「不要這樣轉折地儘說下去吧！我請再循著你開始那句話來講。你不是問我嗎？你怎知道魚的快樂的。照你這樣問，你是早知道我知道魚的快樂了，你卻再要問我怎麼知道的，我是在石梁上知道了的呀！」

這裡可見莊周的胸襟。惠施把自己和外面分割開，好像築一道牆壁般，把自己圍困住。牆壁以外，便全不是他了。因此他不相信，外面也可知，並可樂。莊周的心，則像是四通八達的，他並沒有把自己和外面清楚地劃分開。他的心敞朗著，他看外面是光明的，因此常見天地萬物一片快活。

又一次，他們兩人又發生辯論。惠施問莊周，人真個是無情嗎？莊周說：「是。」惠施說：「沒有情，怎算得人呢？」莊周說：「有了人之貌，人之形，怎不算是人？」惠施說：「既叫是人了，那得無情呢？」莊周說：「這不是我所說的情！我是要你不要把好惡內傷其身呀！」

這兩番辯論該合來看。惠施既自認不知道外面的一切，卻偏要向外面事物分好惡，那又何苦呢？莊周心上，則是內外渾然的，沒有清楚地劃分出我和外面非我的壁壘。他在濠上看到鯈魚出遊，覺得牠們多快樂呀！其實鯈魚的快樂，還即是莊周心上的快樂。那是自然一片的。不是莊周另存有一番喜好那鯈魚之情羼雜在裡面。照他想，似乎人生既不該有衝突，也不該有悲哀。

莊周抱著這一番他自己所直覺的人生情味要告訴人，但別人那肯見信呢？說也無法說明白。所以他覺得鵾呀、鵬呀、雉呀、魚呀，一切非人類的生物，反而比較地像沒有心上的壁壘，像快樂些，像更近道些，像更合他的理想些。他只想把他心中這一番見解告訴人，但他又感得世人又是無法對他們講正經話，因此，他只有鵾呀、鵬呀，假著鳥獸草木說了許多的寓言。他又假託著黃帝呀、老子呀，說了許多的重言。重言只是借重別人來講自己話。其實重言也如寓言般，全是虛無假託的。他自己也說是荒唐。

莊周的心情，初看像悲觀，其實是樂天的。初看像淡漠，其實是懇切的。初看像荒唐，其實是平實的。初看像恣縱，其實是單純的。他只有這些話，像一隻巵子裡流水般，汩汩地盡日流。只為這巵子裡水盛得滿，盡日汩汩地流也流不完。其實總還是那水。你喝一口是水，喝十口百口還是水。喝這一杯和喝那一杯，還是一樣地差不多。他的話，說東說西說不完。他的文章，連連牽牽寫不盡。真像一巵水，總是汩汩地在流。其實也總流的是這些水。所以他要自稱他的話為巵言了。

但莊周畢竟似乎太聰明了些，他那一巵水，幾千年來人喝著，太淡了，又像太洌了，總解不了渴。反而覺得這一巵水，千變萬化地，好像有種種的怪味。儘喝著會愈愛喝，但仍解不了人的渴。究不知，這兩千年來，幾個是真解味的，喝了他那巵水，真能解渴呀！

你若不信，何妨也拿他那巵子到口來一嘗，看是怎樣呢！

中國古代傳說中的博大真人——老聃

老子究竟有沒有這一個人呢？戰國諸子，很喜歡稱述到老子。最先可考的，是在莊子的書裡。但莊子寓言無實，而且下面所引之各節，又未必是莊子親筆。有些並出於西漢。但總在司馬遷《史記》以前，並為《史記》所根據。我們不妨先簡單地一說。

莊子的〈天運篇〉說：

孔子行年五十有一而不聞道，乃南之沛，見老聃。

這是說老聃是南方沛縣人，孔子向之問道。又〈庚桑楚篇〉：

老聃之役庚桑楚，得老聃之道，北居畏壘之山。

他告訴南榮趎說：

吾才小，不足以化子，子胡不南見老子。南榮趎贏糧七日七夜，至老子之所。

這也說老子居住在南方。又〈寓言篇〉：

陽子居南之沛，老聃西遊於秦，邀於郊，至於梁而遇老子。

這是說老子由沛西遊於秦。但楊朱年代還在墨翟後，不能與孔子問道的老子同時。則楊朱所遇，應非孔子所見之老子。則老子究竟和孔子抑楊朱同時呢？這裡卻有問題了。

〈天道篇〉又說：

孔子西藏書於周室，子路謀曰：由聞周之徵藏史有老聃者，免而歸居。夫子欲藏書，則試往因焉。孔子曰：善。往見老聃。

這是說：老聃曾為周之徵藏史，但孔子去見他，那時他已免而歸居了。則孔子見老子，似乎應該仍在沛，不在周。

但這裡又另有一問題。孔子生平言論行事，均詳見於《論語》，為何孔子見老聃，《論語》獨不記載呢？莊子的〈外物篇〉又說：

老萊子之弟子出薪，遇仲尼，反以告，曰：有人於彼，……不知其誰氏之子。老萊子曰：是丘也，召而來。仲尼至，云云。

這又說孔子見了老萊子。這一說卻在《論語》有佐證。

《論語・微子篇》：

子路遇丈人，以杖荷篠。子路問曰：子見夫子乎？丈人曰：孰為夫子！植其杖其芸。

芸是除草義，萊亦是除草義。可見老萊子即是荷篠丈人，只說是一個在田除草的老人。那老人的名字，當時可並不曾記下。所以司馬遷《史記》的〈老子列傳〉裡也說：

或曰：老萊子，亦楚人也。著書十五篇，言道家之用，與孔子同時云。

這即是告訴了我們，有人在懷疑，孔子見老聃，其實即是老萊子的訛傳之一消息了。

司馬遷又說：

自孔子死之後百二十九年，而《史記》周太史儋見秦獻公，曰：始秦與周合，合五百歲而離，離七十歲而霸王者出焉。或曰：儋即老子。或曰：非也。世莫知其然否。老子，隱君子也。

這他又告訴了我們，有人在懷疑，孔子見老聃，即是秦獻公時由周入秦的太史儋。但試問：老聃如何能活這麼大的年齡呢？所以司馬遷又說：

蓋老子百有六十餘歲，或言二百餘歲，以其修道而養壽也。

若把太史儋認為即是孔子所見之老聃，便須有二百餘歲的高壽。所以司馬遷也要說世莫知其然否了。

今試問：太史儋是否真有其人呢？這也難說了。司馬遷在上引文中所說的史記，係指《秦史》言。當司馬遷時，其餘列國的史記都在秦始皇焚書案中被燬了。司馬遷所見，只賸《秦史》了。故知他上文所說的史記，定指《秦史》言。在戰國時，秦、趙兩國最流行讖書，那全是些跡近神話的預言。秦、趙兩族，本是同一本源的。只有這兩國，獨多那些神話性的預言之流傳。太史儋預言，便是其中之一例。所以太史儋縱有其人，而這一番預言，則出於當時秦、趙兩國一種通行的殊俗與異風，我們卻不必信以為真了。

我們既知太史儋與孔子所見之老聃，在漢時已誤混為一人，則上引《莊子・寓言篇》楊朱見老聃一節，也可解釋了。這一節，正也把太史儋和孔子所見之老聃，誤混為一呀！

因於太史儋與老聃誤混為一了，於是遂有如下的故事。司馬遷〈老子列傳〉說：

老子修道德，其學以自隱無名為務。居周久之，見周之衰，乃遂去至關。關令尹喜曰：子將隱矣，彊為我著書！於是老子乃著書上下篇，言道德之意五千餘言而去。莫知其所終。

這裡提到老子著的《道德經》五千言。其實今傳的《老子》五千言，絕非孔子以前或同時人所著。即如上引老萊子著書十五篇，也同樣出於後人之偽託。大抵孔子同時的老聃，是並無著書的。而且這五千言，也並非太史儋所著。司馬遷也並沒有說太史儋有著作呀。此五千言的成書年代，應該在《莊子》書之後。這一層，這裡暫置不論吧！讓我們先把此故事再來作一番分析。

所謂老子過關，究竟過的是什麼關？有人說是函谷關，但在孔子時，並沒有函谷關之名。這裡只稱二崤，又稱桃林之塞，乃晉地。秦取殽函，在秦孝公後惠王時，那已是孟子、莊子的時代了。秦人在此因險設關，始有所謂函谷關。則函谷關之出現，至早不能在秦惠王以前。因此說太史儋去周適秦過函谷關，是不合史實的。所以前人不說這是函谷關，而說是散關。但散關位置在秦之西，並不是由周適秦之所經。於是後人又說關令尹既強老子著書，又同老子同去流沙之西，這就成為老子化胡的故事了。這一故事，便由老子過散關而聯想引生的。這一說，顯然更荒誕，而且與太史儋由周適秦的傳說也不合。

經上之分析，可見太史儋由周適秦，縱使有其人，有其事，而過關著書的一段，則為戰國晚年以下人添造。只因當時人都知道由東去秦先要過函谷關，卻忘了函谷關是秦惠王以後才有呀！

其次讓我們說到關令尹。在莊子的〈天下篇〉，有關尹與老聃。〈天下篇〉裡說：

> 關尹老聃聞其風而說之。

又說：關尹曰云云，老聃曰云云。接著說：

> 關尹老聃乎！古之博大真人哉！

〈天下篇〉並非莊子之親筆，大概已是戰國晚年時期的書了。〈天下篇〉裡把關尹敘在老聃前，不像說關尹是老聃的弟子。而且關尹自有書，〈天下篇〉也已引述了。《漢書．藝文志》，道家有《關尹子》九篇。既是關尹自己也著書，又當時人推崇他的地位並不在老聃下，便不像有子強為我著書那些說法了。

可見司馬遷這一條故事，還在〈天下篇〉之後，而且與〈天下篇〉所說違背了。而且關尹像是一人名，司馬遷那段故事中，卻把關尹轉變成關令尹，這是一官名了。依照從來記載的常例，也沒有僅載一官名，而不載那當官者的姓名的。除非那人的姓名失傳了，無法再詳考。但關尹顯然是戰國晚年一顯學，先秦百家有許多處稱述他，都只稱為關尹，他的書也稱《關尹子》。可見關尹本是人名，不該混作關令尹的官名呀！

而且司馬遷也只說「關令尹喜曰」，這喜是喜歡義。關令尹遇見老子過關而滿心地喜歡，因而強他著書了。但後人又誤會了，竟說這關令尹名喜，又稱他尹喜。那真是以誤傳誤，不可究詰了。

現在我們再試問：那關尹究竟是怎樣的一人呢？有沒有其他事跡可考呢？這一問題，卻更複雜了。但不妨把我的意見，在此簡單地一說。在我推想，關尹實即是環淵。環淵也是楚人，他和孟子、莊子略同時。戰國人公認他是一個道家。他亦著書上下篇，發明黃老道德之術。只因環淵和關尹，由於雙聲疊韻之字音相近，而把一名兩寫，後來遂誤傳為兩人了。

但如何又把關尹即環淵，牽搭上太史儋，而生出這一故事來的呢？這因環淵在當時，和詹何齊名。他們同是楚人，又同是講道術。戰國人因此時時把詹何、環淵並稱了。相傳詹何能前知，他坐堂上能知門外牛黑而角白。於是又有人把他誤混上以前能前知的周太史儋了。因於詹何、環淵，時時相連稱，於是太史儋連上關尹，而捏造出出關強著書的一番故事來。

或許有人會懷疑，如何當時這一輩著書成名的學者們，會弄得如此模糊而糾纏不清了的呢？這也有一個理由。因當時的道家們，和儒、墨、名、法各家的大師有不同。他們多數是隱淪自晦的，不浮現到政治舞臺的上層去。因此他們的生平行實，不易為人所知曉。莊周是例外了，但莊周也實在並無生平行實可說的。可說的還只是些故事。我們只能從他書中故事來推說他生平。其他人的著書體例不同於莊周，便叫後人更難推尋了。而且一輩隱淪自晦的人，又假託著另一輩隱淪自晦的人而著書，這更使他們中間弄得模糊而糾纏不清了。我們只一讀《漢書・藝文志》所載道家的書目，便可明白得這中的理由。

根據上面推論，姑把老子的故事傳說，簡單分成如下之三說：

①孔子見老聃，此老聃實是老萊子，即是《論語》中的荷篠丈人，乃南方一隱者。孔子南遊時，子路曾向他問路，並曾在他家宿過夜。孔子又叫子路再去見他，但沒有見到了。孔子見老聃的故事，即由此而衍生。

②太史儋去周適秦，此人見於《秦史》之記載。但後人也認他為孔子所見之老聃，於是老聃遂成為周史官，又成為去周適秦而隱了。

③老聃出關遇關令尹，此故事流傳最遲，出處無考，殆已在漢初。關尹乃戰國道家環淵之誤

傳。環淵與詹何同時齊名，遂把詹何誤混為太史儋，而引生出過關遇關尹之傳說。

然則今《小戴記》中的〈曾子問〉，何以也載孔子適周問禮於老聃呢？這因孔子問道於老聃之說，流傳得太廣了，所以後代的儒家，也把來編造出孔子問禮老聃的記載。儒家稱述孔子故事，不可信的也太多了。即如司馬遷〈孔子世家〉所載，經後人駁正的，豈不甚多嗎？孔子適周為《論語》、《孟子》所未載，經過兩千年考訂，到底考訂不出那一年是他適周可能的年代。因此這一說雖見於《小戴記》，我們也儘可置之不信了。

然則司馬遷《史記》何以又說老子名耳字聃，姓李氏，好像確鑿有據呢？其實老聃只是壽者的通稱。《說文》：

聃，耳曼也。

《詩・魯頌・毛傳》：

曼，長也。

長耳朵是壽者相，所以說老聃，猶之乎說一位長耳朵的老者。亦猶後人說一位白眉毛的老人般。古書又有稱續耳離耳的。《初學記》引《韓詩》：

離，長也。

可見續耳離耳同還是長耳朵，在莊子也只說孔子曾去見了一位長耳朵的老者就是了。但後人穿鑿，便把離耳又轉成李耳，於是變成老子名耳字聃姓李氏，確鑿有名有姓了。

但司馬遷《史記》又何以說他是楚苦縣厲鄉曲仁里人呢？這更簡單。老子已成了漢代的大名人，自該替他安排一出生的鄉里。厲鄉又名賴鄉，賴與厲的字聲，近於老萊子之萊，以及李耳之李，而且苦縣地點約略又近於沛，因此遂替那長耳朵的老人派定了他的出生的家鄉了。

但司馬遷《史記》何以又說：

老子之子名宗，宗為魏將，封於段干。宗子注，注子宮，宮玄孫假，假仕於漢孝文帝。而假之子解，為膠西王卬太傅，因家於齊。

這不是老子有清楚的姓氏名字，有確實的出生鄉里，並有詳細的子孫譜系嗎？其實也不然。魏列為諸侯，已在戰國了。若果老子年齡高過於孔子，試問他的兒子如何能為魏將呢？大概這封於段干的，最早也該和孔子孫子思同時了。《戰國策》有段干崇為魏使秦割地求和事，依字形看，段干宗必然會便是段干崇。但已在魏安釐王時，連當太史儋的兒子也不配，如何說是孔子所見老聃的兒子呢？或許漢代李氏與戰國段干氏，在其先世的血統上有關係，這卻說不定。至於那位膠西太傳，他自稱係老聃後人，則大可不必重視了。

如是則今傳《道德經》五千言，究是誰人所造呢？這一問題，則更難詳定了。當知古代好些偉大的名著，從來不知道作者之真實姓名的，並不止《老子》五千言。即如《易・繫辭》、《中庸》、《大學》，後代儒家奉之為經典，又何嘗能知道其著作人之真姓名。像此之類，直傳到現在，膾炙人口的名著，而無真實作者的名氏可指的，至少也有一二十種吧！《老子》五千言，並不比〈易繫〉、《中庸》更特出。我們此刻並不知其書作者之主名，這是無足深怪的。若論此五千言之成書年代，則斷當在莊周書之後，當與荀卿、韓非略同時而稍前，種種證據，可惜不能在這裡列舉了。後人把此五千言當作孔子所見老聃之手筆，正如把比此五千言更晚出的《易・繫辭》上下傳，當作孔子的親筆，一樣地無稽。《易・繫辭》非孔子作，直要到宋儒歐陽脩，才始提出疑問來。可見積非成是之說，是不乏其例的。若我們此刻把《老子》五千言的成書年代，移到戰國之晚期，則孔子當時，是否真有一老聃，孔子是否和他見過面，是否向他問過禮，這些問題的歷史價值，自然減輕了，也不值得我們過細推尋了。

關於老子成書年代之一種考察

《老子》書之晚出，大可於各方面證成，此篇特其一端。乃自古代學術思想之系統著眼，說明《老子》書當出《莊子．內篇》七篇之後者。

大凡一學說之興起，必有此一學說之若干思想中心，而此若干思想中心，絕非驟然突起。蓋有對其最近較前有力之思想，或為承襲而闡發，或為反抗而排擊，此則必有文字上之跡象可求。《老子》一書，開宗明義，所論曰「道」與「名」，此為《老子》書中二大觀念。就先秦思想史之系統，而探求此二大觀念之所由來，並及其承前啟後遞嬗轉變之線索，亦未始不足以為考察其成書年代之一助。且一思想之表達與傳布，又必有所藉以表達與傳布之工具。如其書中所用之主要術語，與其著書之體裁與作風，皆是也。此等亦皆不能逃脫時代背景之影響與牢籠，則亦足為考定書籍出世年代之一助也。

道

今按《老子》書中「道」字，有一主要之涵義，即道乃萬有之始，雖天與上帝，從來認為萬物之所從出者，《老子》書亦謂其由道所生，此乃老子學說至堪注意之一特點也。如云：

道沖，而用之或不盈，淵兮似萬物之宗。……吾不知其誰之子，象帝之先。四章

容乃公，公乃王，王乃天，天乃道，道乃久。十六章

孔德之容，惟道是從。道之為物，惟恍惟惚。惚兮恍兮，其中有象。恍兮惚兮，其中有物。二十一章

有物混成，先天地生。寂兮寥兮，獨立不改。周行而不殆，可以為天下母。吾不知其名，字之曰道，強為之名曰大。二十八章

人法地，地法天，天法道，道法自然。二十八章

> 大道氾兮其可左右，萬物恃之而生。三十四章
>
> 道生一，一生二，二生三，三生萬物。萬物負陰而抱陽，沖氣以為和。四十二章
>
> 道生之，德畜之，物形之，勢成之。五十一章

上引七章，正可見道字為《老子》書中重要一觀念，為其書中心思想之所寄。今尋孔子《論語》言道，範圍僅指人事，與老子所言道殊不相類。《墨子》書言義不言道。故孔、墨所言，就其思想內容言，均若淺近，而老子獨深遠。孔、墨思想尚若質實，而老子獨玄妙。以思想史之進程言，《老子》書已斷當出孔、墨之後。至莊子論道，從來皆認為與老子相同，抑細考實亦不然。其真同於《老子》書者惟一節。其言曰：

> 道有情有信，無為無形。可傳而不可受，可得而不可見。自本自根，未有天地，自古以固存。神鬼神帝，生天生地。〈大宗師〉

此亦謂道先天地生。然《莊子．內篇》七篇言道先天地，亦惟此一節耳，而此節乃頗有晚出偽羼之嫌。證別詳其他言道，如「道不欲雜」、「惟道集虛」、「魚相造乎水，人相造乎道」，凡諸道字，皆與《論語》素樸之義為近，與老子深玄之旨為遠。則莊周言道，實為孔、老中間之過渡。縱謂上

引一節道生天地之說，亦出莊子親筆，此亦僅可謂莊子雖有此意，而持之未堅，廓之未暢。在莊子思想中，猶未成為一確定之觀念。必至《老子》書，乃始就此義，發揮光大，卓然成一系統。而《老子》首章「道可道非常道，名可名非常名」，其語尤明承《莊子》而起。莊子之言曰：

道惡乎隱而有真偽，言惡乎隱而有是非。道惡乎往而不存，言惡乎存而不可。道隱於小成，言隱於榮華。故有儒墨之是非。……物無非彼，物無非是，……是亦彼也，彼亦是也。……彼是莫得其偶，謂之道樞。〈齊物論〉

又曰：

道行之而成，物謂之而然。……無物不然，無物不可。……恢恑譎怪，道通為一。

道未始有封，言未始有常。

大道不稱，大辨不言。道昭而不道，言辨而不及。孰知不言之辨，不道之道。

此皆以道與言並稱，即老子道名並提之所本。在莊子之意，僅以此破儒、墨兩家是非之辨。儒、墨在當時，群言淆亂，皆所以爭道之是非，故莊子論之如此。是其在思想史上之先後脈絡，層折條貫，皆甚明白，無可疑者。故謂《老》出《莊》後，其說順。謂《老》居《莊》先，其義逆。

即此以觀，《老子》成書年代，其較《莊》尤晚出，已居然可見。

今更據上引老子論「道」各節，擇其與道字相涉諸名詞，如「帝」、「天」、「地」、「物」、「大」、「一」、「陰陽」、「氣」、「德」、「自然」、「象」、「法」之類，一一推溯其思想上之來源與線索，以證成吾說如次：

一　帝

帝字見於《詩》、《書》、《左氏》內外傳者，皆指上帝言。《論語》不言帝，而常言天，天即帝也。然帝字之確然涵有人格性，則似較天字為尤顯。《論語》用天字，雖可指其亦具有人格性，而蒼蒼之義顯已明白存在。故《論語》之轉帝言天，顯見為古代素樸的上帝觀念之一種轉變，亦可謂是一種進步也。尋其轉變之跡，則可遠溯自春秋時代，其詳證當求之於《左傳》，此處不備論。墨子亦常言天，而《墨子》書中之天字，則與古人言上帝無殊異。僅其改用天字，可徵其時代之後起耳。獨〈貴義篇〉「子墨子北之齊，遇日者，曰：『帝以今日殺黑龍於北方，先生色黑，不可以北。』」一節，乃用帝字。此言墨子不信日者，非不信有帝也。然縱謂《論語》、《墨子》對於信重天帝之觀念有輕重，要為皆有古代素樸的上帝觀念之傳統存在，故《論語》、《墨子》絕不言道先天地，即孔、墨皆不知有老子「道為帝先」之說也。若知之而不信，亦應有所駁難。惟《周易．說卦傳》「帝出乎震」一語，亦言帝有所出，乃與老子相似。則以〈說卦傳〉尤較《老子》為晚出耳。若問何以見其非《老子》之襲取〈說卦傳〉，而必謂〈說卦傳〉之晚出於《老子》，則因老子道為帝先之論，在其書中，有精密之層次，有一貫之系統，顯為《老子》全書一中心思想，亦其創見所在，宜非可以外襲而得。至於〈說卦傳〉帝出於震之語，若以為是孔子語，則與《論語》思想不符。若謂其非出孔子，則單文碎義，既未有以見其全體思想之規模與條理，組織與系統，則試問何以〈說卦傳〉作者，突然創此前所未有之新論，而又不暢盡言之，此乃無說可通。故謂〈說卦傳〉此語出《老子》後，襲取自《老子》也。此為考論古書真偽，比定思想系統先後，所必守之準繩。否則古代思想之演進程序，必將揉雜碎亂，無可整理。故此〈說卦傳〉單文，必當如此安排也。

《墨子》而下，先秦諸子論及帝字者有莊子。篇中引《莊》僅限〈內篇〉，〈外〉、〈雜〉諸篇，多出《莊》後，不盡可據，茲不及。其言曰「古者謂是帝之縣解」，此猶是古傳帝字之常義。至云：

> 南海之帝為儵，北海之帝為忽，中央之帝為混沌。儵與忽時相遇於混沌之地，混沌待之甚善。儵與忽謀報混沌之德，曰：「人皆有七竅，以視聽食息，此獨無有，嘗試鑿之。」日鑿一竅，七日而混沌死。〈應帝王〉

則言帝有生死，遠異在昔《詩》、《書》之陳義。知莊子已不信有上帝，似較孔、墨思想更進一步。故彼乃借上帝為寓言，因古人言上帝，而彼特造南海之帝、北海之帝、中央之帝云云，此足以證莊子之不再確信古代傳說之上帝觀念也。因謂雖帝亦制乎道，故得道則生，違道則死。帝有生死，則帝亦降為一物。此所謂「天地尚不能久」也。其又一條見前引，曰「道神鬼神帝，生天生地」。此乃謂鬼神上帝皆得道而始神，則神不在帝而在道，道在帝先，此明與《老子》書相似。然此一節，余固已疑其為有晚出偽羼之嫌者。今即退一步言，認此節亦為《莊子》本文，則亦僅能謂老莊乃比較同時之產物，故其思想上之態度，及其發表之形式，與其所用之術語，皆有相近似處。以思想史發展之進程言，則孔、墨當在前，老、莊當在後。否則老子已先發道為帝先之論於前，孔、墨不應重守天命天志之說於後。何者？因此道為帝先之觀念，何以突然創出於老子之心中，此必有其時代思想上之背景，有其思想線索之來歷與層次，絕非可謂是老子一人偶然忽創此說。而且此一思想，既有其前影，則亦必有其後果。絕不能於孔、墨思想中，絕無痕跡，絕無影響。論思想史之演進線索，不當如是。否則亦將無思想史可言耳。

二　天

《論語》天字凡十餘見，大體皆為一理想上有意志、有人格、有作為之上帝。故《論語》雖不言上帝，而大體論之，孔子仍為遵守古代傳統素樸的上帝觀念者。故孔學重知天命。墨子尤然，常以尊天事鬼為是，詬天侮鬼為非。其學說行事，自謂一本天志。孟子亦稱知天、事天，雖曰「莫之為而為者天也，莫之致而至者命也」。莫之為，故歸之於天為之。莫之致，故諉之於天命之。此所謂天，仍是舊誼。至莊子言天，而其義始大變。其論天籟，曰：

夫吹萬不同，而使其自己也，咸其自取，怒者其誰邪？〈齊物論〉

曰自己，曰自取，乃始以後世自然義言天。自然者，謂非冥冥之中別有一天帝以使之然也。老子言天，亦本自然為說，與莊同，與孔、墨、孟異。今使老子言自然之天在前，孔、墨、孟重言神道之天在後，直待莊子，而始再言此自然之天。則老子思想之於其後起之孔、墨、孟諸家，為落空無影響，而孔、墨、孟諸家之於先起之老子，為脫節無反應。就思想史上之演進線索言，若成為反覆混淆，而無條理可循矣。故當謂莊老較同時，同出孔孟之後，始得成條貫也。

今試再將莊、老兩家論天之言，細為比較，則知《老子》書猶出《莊子》後。何則？莊子重言天，故曰：

是以聖人不由而照之於天。

是以聖人和之以是非，而休乎天鈞。

和之以天倪，因之以曼衍。〈齊物論〉

依乎天理。

公父文軒見右師而驚曰：「是何人也，惡乎介也。天與！其人與！」曰：「天也，非人也。」

是遯天倍情，忘其所受，古者謂之遁天之刑。〈養生主〉

按：遯天謂違反自然，倍情謂背道。情者，即道有情有信之情。

渺乎小哉，所以屬於人。謷乎大哉，獨成其天。

道與之貌，天與之形，烏得不謂之人。〈德充符〉

按：此道與天互言之。

知天之所為者，天而生也。知人之所為者，以其知之所知，以養其知之所不知，終其天年而不中道夭者，是知之盛也。

是之謂不以心捐道，不以人助天，是之謂真人。

按：此亦道與天互言。

且夫物不勝天久矣。

子貢曰：「敢問畸人。」曰：「畸人者，畸於人而侔於天。」〈大宗師〉

盡其所受於天而無見得，亦虛而已。〈應帝王〉

其重言天如此，故荀子評之曰：「莊子蔽於天而不知人。」〈解蔽〉蓋莊子之意，猶若有合乎天者始為道之一觀念，存其胸中。雖其對於天字之涵義，不復嚴守古昔相傳之神道觀，而其尊天、崇天、天道不可知之說，無形中尚受舊說之纏縛，而未盡擺脫者。故孔、墨乃積極的尊信天，知天命、天志之必如此，而還從人事上盡力。莊子則消極的尊信天，既謂天道不可不遵依，而天道又未必盡可知，於是遂使其於人事，有徬徨卻顧，而失其直前勇往之毅氣與壯志。然其指導人當知天命，實與孔子意態較相近。故《莊子》書乃時時稱道孔子與顏淵，此亦其間思想遞嬗一線索也。

至《老子》書乃捨天而言道，曰：

孔德之容，惟道是從。一十一章

道常無名，樸雖小，天下莫能臣。

譬道之於天下，猶川谷之於江海。三十二章

不道早已。三十三章

道常無為而無不為，侯王若能守之，萬物將自化。三十七章

上士聞道，勤而行之。

夫唯道，善貸且成。四十一章

天下有道，卻走馬以糞。天下無道，戎馬生於郊。為學日益，為道日損。四十八章

道生之，德畜之。勢成之，物形之。是以萬物莫不尊道而貴德。五十一章

以道蒞天下，其鬼不神。六十章

按：此即道神鬼神帝之意。

道者萬物之奧。六十二章

天下皆謂我道大，似不肖。六十七章

可見《老子》書中道字之地位，實較《莊子》七篇之言道者為遠過。故曰「天乃道」，曰「天法

道」，加道於天之上，乃不再見有古代素樸的天帝觀念之纏縛，此與莊子之言天者遠殊矣。即此可證《老子》書當較《莊子》七篇尤晚出也。不然，老子之於道與天，先已分言之，明明謂道尊於天，莊子思想既承襲自老子，而於此復混言之，又謂合乎天乃道，此非學術思想層累前進之象也。故在莊子時，古代神秘的天之意義雖已變，而至老子時，古代神秘的天之地位乃大降，即此可以推斷莊老之先後也。

三 地

《論語》、《墨子》僅言天，不言地。何者？天即上帝，地乃大塊之物，不得與天相配言也。莊子則並言天地。何者？《莊子》書中之天字，已成為萬物自然之總名，否則亦塊然之一物，無復至高無上惟一獨尊之意義也。故曰：「乘天地之正，御六氣之辨。」〈逍遙遊〉曰：「地籟天籟。」曰：「天地一指，萬物一馬。」〈齊物論〉曰：「官天地，府萬物。」曰：「吾以夫子為天地。」〈德充符〉曰：「未有天地，自古以固存。」曰：「生天生地。」曰：「先天地而生而不為久。」曰：「豨韋氏得之以挈天地。」曰：「以天地為大鑪，造化為大冶。」曰：「遊乎天地之一氣。」〈大宗師〉曰：「吾示之以地壤天壤。」〈應帝王〉此皆以天地並言，於是天字之意義變而地位降。《老子》亦然，曰：

天地不仁，以萬物為芻狗。五章

玄牝之門，是為天地根。六章

天長地久。七章

有物混成，先天地生。十五章

道大，天大，地大，王亦大。十五章

天地相合以降甘露。三十二章

天得一以清，地得一以寧。三十九章

亦皆天地並言。而曰：

人法地，地法天，天法道，道法自然。

則天地猶若有等級，而皆屈居於道與自然之下。此蓋既合言之，而復析言之，然後天字之地位，益不可復舊觀。《中庸》亦每以天地並言，而曰：「惟天下至誠為能盡其性。能盡其性，則能盡人之性。能盡人之性，則能盡物之性。能盡物之性，則可以贊天地之化育。可以贊天地之化育，則可以與天地參矣。」僅此一節，已足證《中庸》之晚出。何者？此節盡性語襲自《孟子》，參贊天地語襲自《莊》、《老》。故其書顯不能前出於《孟子》也。何以謂其盡性語襲自《孟子》？因孟子道性善，故主盡性。然孟子言人之性善異於物性，故不言盡物性。《中庸》推盡人性而至盡物性，已非孟子本意，故不得謂孟子承子思之言，而知是後人層累孟子之言以為言也。何以謂天地並言襲自《莊》、《老》？《中庸》曰「天命之謂性」，曰「鬼神之為德」，曰「郊社以事上帝」，曰「惟天之命於穆不已」，是《中庸》之言天與帝，時亦為昭赫之上帝，而言天地之化育萬物，則近於《莊》、《老》自然之天地。此顯見是糅雜儒道以為言也。惟莊子僅言一氣之化，而《中庸》又增一育字，此猶《易大傳》天地之大德曰生之義。而其說亦自《老子》來，即所謂道生之，德畜之也。此乃《中庸》、〈易繫〉作者襲取莊老天地自然之新觀念，而復會歸於儒家之仁道觀念以為說。又說「參天地」，則以人合於天地，仍側重於人道。此明為後人兼採儒、道兩家之說而層累言之也。其曰「可離非道也」，與孔子「何莫由斯道也」異。其曰「道者自道也」，與孔子「道之將廢」、「人能弘道非道弘人」異。蓋《中庸》此等處，皆襲自道家觀念也。豈有子思於其親祖父之學，而已大相乖戾至此。凡此皆道家之精言，故知非道家之襲取於《中庸》，而乃《中庸》之襲取自道家。孟子闡性善，莊子發道體，而《中庸》綜述之。則《中庸》思想之後出於孟莊，亦從可決矣。《易・繫辭》天、地、人三才之說，亦與《中庸》參天地同例。此皆雜糅儒、道兩家之言，出於莊、老以後也。

四 物

《論語》不言物。何者？孔子僅論人事，未及心物對立之問題也。《墨經》始言物，曰：

〈〈經上〉〉知，接也。〈〈說〉〉知：知也者，以其知遇物而能貌之，若見。

〈〈經上〉〉恕，明也。〈〈說〉〉恕：恕也者，以其知論物，而其知之也著，若明。

〈〈經下〉〉物之所以然，與所以知之，與所以使人知之，不必同，說在病。

此言知而遂及於物也。其所討論之重心，在知識而不在物。又曰：

〈〈經說下〉〉物盡異，大小也。

〈〈經下〉〉物盡同名。

〈〈經下〉〉數物，一體也。說在惟一俱是。

此論名實異同而遂及於物也。其討論之重心，則在名實之異同，而亦不在物。大率《墨經》論物，大要不出此二途。然《墨經》已為晚出，絕不出墨子手。蓋由名家晚起，以名學立場而闡述墨家兼愛之旨者。至孟子倡性善，常言反求之本心，而以心之陷溺放失，歸罪於物欲，於是心物二字，遂漸成一對立之地位，而成為學術上思想上討論之一新問題。故曰：

耳目之官不思則蔽於物，物交物，則引之而已矣。心之官則思，思則得之，不思則不得也。

是孟子雖言外物，而其討論之所側重，仍是偏傾於內心一方面，初不以物之本質為注意討論之一問題也。至莊子出，乃始進而對於外物觀察其本質與真相。於是又為先秦思想界闢出一新境界。大率莊子論物，有如下之四義：

一、討論物之來源者

自來言物，均歸諸天帝創造，莊周獨加非難，謂物皆無待而自然。其言曰：

罔兩問景曰：「曩子行，今子止。曩子坐，今子起。何其無特操與？」景曰：「吾有待而然者耶？吾所待又有待而然者耶？吾待蛇蚹蜩翼耶？惡識所以然，惡識所以不然？」

善乎郭象之言曰：「造物者無主，而物各自造。物各自造而無所待焉，此天地之正也。」造物無主，此乃莊子思想一大創見，前此所無有也。凡一學說之興起，必有其背景焉，有其動機焉。當莊周時，舉世方共信上帝造物，而何以莊周獨創此可驚之偉論，則試問其背景何若，其動機又何在？蓋莊生之時，正儒、墨兩家爭辨甚烈之時也。其時學者莫不欲得一是非之標準，則莫不追而求之於冥冥之上帝。蓋欲爭事物之是非，不得不推尋事物之根源，則必溯及於創世造物之上帝。如曰「天生下民，有物有則」、「惟皇上帝，降衷於下民」，非古人以上帝為事物最後根源，是非最後標準之所在乎？故墨子言天志，其言曰：

> 我言天志，譬若輪人之有規，匠人之有矩。輪匠執其規矩以度天下方圓，曰中者是也，不中者非也。今天下士君子之書，不可勝載，言語不可盡計，上說諸侯，下說列士，其於仁義，則大相遠也。何以知之？曰：我得天下之明法以度之。〈天志上〉

此為墨家以天志為自己學派辯護之確證。至於儒家亦莫不然，請證之於《孟子》。其言曰：

> 規矩，方圓之至也。聖人，人倫之至也。欲為君，盡君道。欲為臣，盡臣道，二者皆法堯舜而已矣。不以舜之所以事堯事君，不敬其君者也。不以堯之所以治民治民，賊其民者也。〈離婁上〉

此儒家之以堯、舜為是非之標準也。推而究之，則亦以天為是非之標準。何者？「孟子道性善，言必稱堯舜」，而曰：「聖人先得吾心之所同然者。」人之性善，乃天所與，而堯舜聖人，不過為人性善之一實證耳。故墨者夷之見孟子，孟子告之以人之葬其親，由於中心之不獲已。又謂儒者一本，而墨二本。一本者，即一本之於天，謂標準之無二也。蓋儒家本人心以言天，則天志與人心合，故曰一本。墨家離人心言天志，則天志與人心為二本矣。然墨家之自主所說，固亦謂一本之於天志也。莊子對於當時儒墨之辨，極欲有所判定，而覺其雙方各執一見，各有是非，定讞難成，於是激而為斬根塞源之論，以為萬物本非天造，則是非亦無一定。故曰：

道，形而成之。物，謂之而然。惡乎然，然於然。惡乎不然，不然於不然。物固有所然，物固有所可。無物不然，無物不可。故為是舉莛與楹，厲與西施，恢詭譎怪，道通為一。〈齊物論〉

蓋墨儒之爭，其勢均必推極於造物之天。莊子則曰天亦一物耳，非別有一能造物者。非別有一能造物之天，即更無超出物外而為萬物最後是非之同一標準矣。故莊子言道，言自然，而昔人之據天以為一切是非之最後同一標準者自破。此乃莊子自然論之所由起也。

二、討論物之情狀者

夫討論是非，一方必求其有外界之標準，如儒、墨之言天是也。而一方又必對其內部有相當之認識，於是知識之評價尚焉。然知識之可恃，乃在外物之有常，而莊生則力破其說。曰：

> 昔者莊周夢為胡蝶，栩栩然胡蝶也，自喻適志與，不知周也。俄而覺，則蘧蘧然周也。不知周之夢為胡蝶與，胡蝶之夢為周與。周與胡蝶，則必有分矣，此之謂物化。〈齊物論〉

物既隨時而化，不居常境，故人類當前之知識，亦復隨化而不足恃。知識不足恃，則是非無可定。故曰：

> 齧缺問乎王倪曰：「子知物之所同是乎？」曰：「我惡乎知之？」「子知子之所不知耶？」曰：「我惡乎知之？」「然則物無知乎？」曰：「我惡乎知之？」

三、討論物之法則者

物既自然，非天造，則無所謂天秩、天序、天衷、天則之類矣。而又時化不居，則又無所用於物質物體之名矣。然則物固有其法則可求乎？曰：有之。物之法則，亦即此自然之時化而已。於此物之時化，莊生則名之曰道，亦曰天。故其言曰：

死生，命也。其有夜旦之常，天也。人之有所不得與，皆物之情也。

蓋莊生既言知之不足恃，而此則又言知之無所用也。

四、討論對物之應付者

物象既隨時變動，不居故常，我之知識又不可恃而無所用，莊生乃謂應付物之方法，在乎一順其自然而隨時與之俱化，而人之私智小慧無與焉。故曰：

若化為物，以待其所不知之化已乎。且方將化，惡知不化哉？方將不化，惡知已化哉？

又曰：

藏小大有宜，猶有所遯。若夫藏天下於天下，而不得其所遯，是恆物之大情也。特犯人之形而猶喜之，若人之形者，萬化而未始有極也，其為樂可勝計耶？故聖人將遊於物之所不得遯而皆存。審乎無假，而不與物遷。命物之化，而守其宗。遊心於淡，合氣於漠，順物自然而無容私焉，而天下治矣。至人之用心若鏡，不將不迎，應而不藏，傷，孰肯以物為事。

此莊生所主張應付外物之態度與方法也。故曰：

自我觀之，仁義之端，是非之途，樊然殽亂，吾惡能知其辨？

以上詳引《莊子》書中之對物觀念。我所以不憚煩稱詳引，而又條分縷析以說之者，凡以見莊子之言，乃前此之所未有，而特由莊子所獨創，而其所以獲此創闢，則因彼乃針對當時儒墨是非之辨而起，此乃思想史上對於某項問題之逐步轉移與發展之一例。就其思想本身言，確有其背景，又確有其動機，脈絡先後，皆可指證，固非漫無因緣來歷，偶爾而云然也。繼此請言《老子》。

老子言物，有與莊同，有與莊異。同者在論物之來源。老子之言曰：

無名天地之始。有名萬物之母。一章

天下萬物生於有，有生於無。四十章

萬物生於無，明其非生於天也。然莊子僅言物之無待於天，固未嘗確言萬物之創生於無，則莊老雖同，而仍不同。此層詳後有無一節若其與莊異者，則在論物之形狀與其應物之態度。其言曰：

致虛極，守靜篤，萬物竝作，吾以觀復。夫物芸芸，各復歸其根。歸根曰靜，是謂復命。復命曰常，知常曰明。不知常，妄作凶。十六章

此一節，老子論物之情狀與其應物之態度者已至明且盡。莊生僅言物化，而老子又進一層言之，彼以謂物之化，常循環而反覆，故雖化而實靜，雖變而實常。在《莊子》，雖有「不與物遷而守其宗」、「死生命也，夜旦之常天也」之語，要之，僅足為《老子》書之啟示，而不如《老子》之明晰也。

老子又曰：

視之不見名曰夷，聽之不聞名曰希，搏之不得名曰微。此三者不可致詰，故混而為一。其上不皦，其下不昧，繩繩不可名，復歸於無物。十四章

又曰：

字之曰道，強為之名曰大，大曰逝，逝曰遠，遠曰反。二十五章

反者道之動。四十章

天下有始，以為天下母。既得其母，以知其子。既知其子，復守其母，沒身不殆。五十二章

是老子於物之自然而時化之中，已籀得一至大之公例。萬物雖變，而其變有公例可循。則變亦有常矣。萬物雖動，而其動有公例可守，則動而如靜矣。此等公例，在老子則稱之曰道。道之於萬物，為其母，為其根，為其命。故曰：

侯王若能守之，萬物將自賓。三十二章

又曰：

侯王若能守之，萬物將自化。化而欲作，吾將鎮之以無名之樸。三十七章

此又莊老一絕異之點也。莊子喜言神人、真人，其於物，則屢言物不能傷、物無害者。而老子則常言侯王，於物則言御，言鎮，言以為芻狗。故莊子雖有〈應帝王〉之篇，然其意固常在退避，不若老子之超然燕處，而有取天下之志。故莊生之論，由其針對於墨儒是非之辨而發，其意態常

見為反抗，為懷疑，為消極，為破壞。而老子之論，則繼莊子而深求之，故以承續肯定積極建設者為多。以此判之，亦可見《老子》書之晚出於《莊》也。

五　大

大字為一形容詞，若無甚深涵義之變。然而不然。《論語》孔子曰：「大哉堯之為君，唯天唯大，惟堯則之。」此以天為大也。至《老子》書乃名道為大，此亦有所本，其本在莊子。莊子鑑於儒墨之爭辨是非，各守一先生之言，顓顓焉自以為莫吾易，故慨乎其言之，曰：「道隱於小成。」「故有儒墨之是非，以是其所是，而非其所非。」鵾鵬之與斥鷃學鳩，何以相笑？曰以不相知。鰌、猨猴、麋鹿、蝍且鴟鴉之於民，何以相非？曰以不相知。故莊生喜言大，所以破己執。己執破，則儒墨是非之辨可以息。故莊子言大知，所以通彼我。言大道，所以和是非。其意皆有激而然。至老子道大之言，則特承於周而為虛美之詞矣。則豈不即就此一字而亦可以推尋諸書先後之痕跡乎？

六一

孔子曰：「吾道一以貫之。」一非道也。老子則曰：

道生一，一生二，二生三，三生萬物。

今試問此在道之後、萬物之前之所謂一、二、三，三者果何物乎？欲求其解，則在《莊子》。莊子之言曰：

有始也者，有未始有始也者，有未始有夫未始有始也者。有有也者，有無也者，有未始有無也者，有未始有夫未始有無也者。俄而有無矣，而未知有無之果孰有孰無也。今我則已有謂矣，而未知吾所謂之果有謂乎，其果無謂乎？天下莫大於秋毫之末，而泰山為小。莫壽於殤子，而彭祖為夭。天地與我並生，萬物與我為一。既已為一矣，且得有言乎？既已謂之一矣，且得無言乎？一與言為二，二與一為三。自此以往，巧曆不能得，而況其凡乎。故自無適有，以至於三，而況自有適有乎？無適焉，因是已。〈齊物論〉

郭象解之曰：

> 夫以言言一，而一非言也，則一與言為二矣。一既一矣，言又二之，有一有二，得不謂之三乎？夫以一言一，猶乃成三，況尋其支流，凡物殊稱，雖有善數，莫之能紀也。故一之者與彼未殊，而忘一者無言而自一。

象之此解，可謂妙得莊旨。蓋莊子之所謂一、二、三者，皆指名言言，非實有其物也。此在《墨經》亦有之，曰：

> 〈〈經上〉〉言，出舉也。〈〈說〉〉言：言也者，口態之出名者也。

此謂言以出名，則名言為二也。名言已為二，則孰為之一？在《墨經》作者之意，則一名即一實，是即一矣。此乃晚起墨家以名學立場闡述墨家兼愛之說者之所持。且所謂萬物為一者，實非莊生之言，乃其友惠施之言也。惠施歷物之意，而曰萬物一體。惠施，墨者徒也，欲闡陳兼愛之義，因言萬物一體。萬物一體之說，亦見於《墨經》：

> 〈〈經下〉〉數物，一體也。說在俱一惟是。〈〈說〉〉數俱一，若牛馬四足。惟是，當牛馬，

數牛數馬，則牛馬二。數牛馬，則牛馬一。若數指，指五而五一。

此即名家之萬物一體論也。究其立論根據，初不過在辨名實之異同。如言一足，則三足在外。言一牛，則牛之四足皆舉。而馬猶在外。曰一物，則牛馬同體矣。惠施本此意引申之而為大一、小一、畢同、畢異之論，遂曰「萬物一體」，故當兼愛。不知由此而證萬物之一體，則僅限於名言之數，而並未觸及萬物之本體。且名言之域，苟是即言以求，則一已成三，豈能一天下之言，而使之盡一於我乎？此莊生之所以主忘言而齊物論也。則莊生此條所言之一、二、三，求其陳義立論之所自，乃屬確有根源，確有來歷，確可指證，而有其特定之涵義者。至《老子》書乃漫曰：「道生一，一生二，二生三，三生萬物。」彼初不知一、二、三只指名言，而萬物則是實體，實體豈能自名言中生。則何說以自圓乎？王弼注《老》，亦知一、二、三是名言，然亦不能發明名言生實物之理也。

《老子》書又曰：

昔之得一者，天得一以清，地得一以寧，神得一以靈，谷得一以盈，萬物得一以生，侯王得一以為天下貞。

王弼之〈注〉曰：

一，數之始而物之極也。

彼又不知數是名言，物是實體，數不足以生物，數之始烏得即以為物之極。老子此處所言一，蓋即以指道。老子又曰：

載營魄，抱一。

此一亦是道。蓋老子既曰「道生一」，而又即以一稱道也。今即以《老子》書中之一，推溯至於《莊子》書中之一，又推溯至於惠施與《墨經》所論之一，其間思想演變遞進之跡，脈絡分明，路徑宛然，先後順序皆可指證。若謂《老子》書先出於莊子，則請問其所謂「道生一，一生二，二生三」之說，果是何指？其真實之意義又何在？此必萬辭而莫得其解矣。

七　陰陽一氣

然莊生亦自持萬物一體之論者，特其與惠施之持論有不同。蓋惠施以名數證萬物之一體，莊子取其結論而變其立說，遂轉據萬物之實體言。其言曰：

> 凡物無成與毀，復通為一。

> 自其異者視之，肝膽楚越也。自其同者視之，萬物皆一也。物視其所一，不見其所喪。

今問此萬物之所一者何在乎？曰：在乎其皆為一氣之所化，故以謂之一體也。故曰：

> 與造物者為人，而遊乎天地之一氣。

此謂天地萬物，皆一氣之自然而時化以成也。故曰：

> 夫若然者，又惡知死生先後之所在？假於異物，託於同體。

又曰：

> 夫造物者將以予為此拘拘也，浸假而化予之左臂以為雞，浸假而化予之右臂以為彈。浸假而化予之尻以為輪。

又將以為鼠肝，為蟲臂，將萬化而未始有極也。於是《莊子》書又言六氣，（御六氣之辨）言陰陽，（必有陰陽之患）

至《老子》遂云：

萬物抱陰負陽，沖氣以為和。

此其說，以前孔、墨、孟子皆未之言也。至其後《易・繫傳》出，乃始汲莊老之陰陽緒言而發揮之，成為一系統之學說。故論先秦陰陽學派成立之層次，首當溯源於莊周，次老子，次《易傳》，而陰陽學說乃始成立。而鄒衍特潤色之以五行，凡論先秦陰陽學派之最先根源者，當從此起。此亦中國古代萬物一體論成立之一番層折也。誠使《易・繫傳》成於孔子，《老子》書又前出於孔子，則老子、孔子皆已言陰陽於前，萬物一體，早有此論，惠施之徒與《墨經》之作者，又何愚而再唱名數的萬物一體論於後乎？墨子又何不自萬物一體中述其兼愛之旨，而必上推天志以言兼愛乎？故自思想史之演進順序言，必如予此之所定，庶為順理成章，或較有當於古人之真相也。

八　德

《莊子・內篇》僅言德，不及性，《老子》亦然。此莊老之所由與儒家異。然莊子以道言對稱，老子則以道名對稱，至於道德連文，此在《莊子・內篇》尚未見，至《老子》書始有：

失道而後德，失德而後仁。

與「道生德育，尊道貴德」之言，而後乃始道德並舉，此二字遂若有對等之位置。《莊子》〈外〉、〈雜〉篇則時以道德並舉成為一名詞，則此諸篇顯然又出老子後也。

九　有無

孔、墨、孟皆不言有無，言有無者，自莊老提出萬物起源之問題始。然莊子言有無亦與《老子》書微有不同。莊子之言曰：

古之人其知有所至矣。惡乎至？以為未始有物者，至矣，盡矣，不可以加矣。其次以為有物矣，而未始有封也。其次以為有封矣，而未始有是非也。

此所謂未始有物者，並不指無而言。蓋謂天地一指，萬物一馬，道通為一，無彼與是，故曰未始有物也。莊生之意，特就萬類紛然之中，見其同源於一大化，而不認其原始本初即有彼是之分別耳。非追論在萬物之先，更有一未始有物，即所謂無之一境界也。莊生又言之曰：

有始也者，有未始有始也者，有未始有夫未始有始也者。有有也者，有無也者，有未始有無也者，有未始有夫未始有無也者。俄而有無矣，而未知有無之果孰有孰無也。今我則已有謂矣，而未知吾所謂之果有謂乎？其果無謂乎？……天地與我並生，萬物與我為一。既已謂一矣，且得有言乎？一與言為二，二與一為三，故自無適有，以至於三，而況自有適有乎？

此始以有無對言。然所謂有無者，僅言有謂之與無謂，非論有物之與無物也。故莊子並不遠論物始，僅就物而致辨於其彼我封界、名言有無之間。故有無二字，在莊書尚未成為確然對立之兩名詞。故《莊子》書中又屢言無有，曰：

未成乎心而有是非，是今日適越而昔至也。是以無有為有，——無有為有，雖有神禹，且不能知。

又：

彼何人者耶？修行無有，而外其形骸。

立乎不測，而遊於無有。

足證《莊子》書中，於無字尚未確定為一特殊之名。故又言無有。其所謂無有，即無也。至《老子》書則不然，乃始確然以有、無兩字對立，成為有特殊意義之兩名詞。故曰：

無，名天地之始。有，名萬物之母。

常無，欲以觀其妙，常有，欲以觀其徼。

有之以為利，無之以為用。

天下萬物生於有，有生於無。

於是無之一名，乃若確然為天地之所自始，萬物之所從生。此在莊子時，並無此義。以無之一觀念之確立，亦可證《老子》成書決然在莊周之後矣。蓋老子既主道先天地，而又名道為一，名道為無，故說天地萬物生於無。至問道何以既為一，又為無，此則仍需求解於莊生〈齊物〉有謂無謂之說，此皆老後於莊之顯然而無復可疑者。

十 自然

莊子雖創自然之論，而自然一名詞，猶未確定。故曰「咸其自取」，曰「惡識所以然，惡識所以不然」，曰「因其固然」，此皆自然也。又曰：「常因自然而不益生」，曰「順物自然而無容私焉」，〈內篇〉自然二字，僅此再見。可證莊子當時，自然二字尚未確立成為一名詞也。至《老子》書始曰：

道法自然。

又曰：

輔萬物之自然而不敢為。

百姓皆謂吾自然。

又曰：

希言自然。

自然二字，乃始確然成為一名詞，而占思想上重要之地位。此又可以證吾莊先老後之說。至《莊子．外篇》又少言自然，直至漢初《淮南王書》，乃始盛言自然。可證《老子》言自然，不能遠出孔子以前也。

十一　象

象字古書用者極少，莊子僅云「寓六骸，象耳目」，此乃象字之常誼。至《老子》書而象字乃始有其特別之涵義。如云：

道之為物，惟恍惟惚。惚兮恍兮，其中有象。恍兮惚兮，其中有物。

又云：

無狀之狀，無象之象。十四章

大象無形。四十一章

執大象，天下往。五十三章

此諸象字，乃始見在哲學上有特殊神秘之涵義焉。老子謂道生萬物，其間先經象之一級。在此時，已有成象，而尚未成形。有形為物，無形為象。象之為狀，恍惚無定形，故為未成物前之一先行境界。其後《易・繫辭傳》言象，即本諸《老子》書。若謂《易傳》是孔子作，老子、孔子言天地萬物生成階次，既已如此清楚明晰，何以莊、孟兩家都漫不省？此絕無說可通者。

以上論有無，論自然，論象，凡此諸語，在《莊子》書，僅是義取達意，多屬臨文遣辭之恆旨。至《老子》書，則顯見此等字語，均已成為特鑄之專名，所以形容天地萬物創始之妙理，而確然成為哲學上一固定之名詞，一特有之觀念。如此之類，尚不乏例。如莊言「必有真宰，而特不得其朕。可形已信，而不見其形，有情而無形」，此亦形容道體之語。至《老子》則曰：

> 道之為物，惟恍惟惚，窈兮冥兮，其中有精，其精甚真，其中有信。

精與信乃確然成為萬物生成以前之兩階段。故《老子》書肯定其辭曰「其中有精」、「其中有信」也。此若謂道之生物，因其確涵有兩要素，曰精與信，故得引生萬物也。是精與信亦已成為一特定之專名，而《莊子》書固無有也。《莊子．內篇》惟有一節，亦言道先萬物，而曰「道有情有信，無為無形」。此情字即《老子》書中之精字。然此一節，余固疑其非《莊》書本真，乃後人襲取自《老子》書而偽撰羼入者。《老子》書又曰：

> 視之不見名曰夷，聽之不聞名曰希，搏之不得名曰微，此三者不可致詰，故混而為一。其上不皦，其下不昧，繩繩不可名，復歸於無物，是謂無狀之狀，無象之象。

又曰：

大象無形。

是大象乃一種無形之物，在道與物、有與無之間之一階段，一歷程，此猶所謂精與信，皆在未成物之先，而已有其存在，而特不可確認，故又謂之恍惚也。凡此論宇宙成物之歷程者，在《莊》書皆模糊，在《老》書極明晰，在《莊》書皆未臻肯定，為辜略之辭，在《老》書則皆確切分析，昭白無疑。即此相比，《莊》、《老》兩書，果孰在先而孰在後，亦可以微辨而得矣。

至於無為二字，尤常見於《老子》書，曰：

道常無為，而無不為。

此言自無形而轉成有形，自大象而轉成萬物，一切階段，皆出自然，非有造作也。至《莊子》書中道無為無形之語，必以《老子》書解之，始獲暢明其所指，故知《莊》書此語定出老子後也。凡《老子》書中語，必以《莊子》解之而始明者，亦可知其必出莊後耳。

十二 法

《論語》不言法，僅有法語一言而已。法字之重要，始見於《墨子》。所謂：「子墨子置天志以為儀法。」〈天志下〉又曰「莫若法天」〈法儀篇〉是也。〈墨經上〉云：「法，所若而然也。」〈經下〉亦曰：「一法者之相與也盡類，若方之相合也。」莊子破是非之畛，故不喜言法。老繼莊後，其思想態度，已自破壞而重趨於建立，故曰：

人法天，天法道，道法自然，

自天三累而上，始為自然，而自然則有其一定之法則者。此後法象一觀念，遂特別為陰陽家所重視。

名

《老子》書開首即以道名並言，道字來歷，及其凡所牽涉之內涵義旨，大略如前述。今請論名字。《老子》書中論名字約可分二組：

一

道可道，非常道。名可名，非常名。一章

道常無名樸。三十二章

道隱無名。四十一章

此言道之不可以名狀也。其意承襲自莊子。蓋孔子首言正名，然此名之所指，不過君臣父子人倫間之名分，非指凡名實之名而言。《墨辯》論名，乃始指凡名實之名言，其涵義較孔子遠異。〈小取篇〉云：「夫辨者，將以察名實之理。」又云：「以名舉實，以詞抒意，以說出故。」〈經說上〉云：「所以謂，名也。所謂，實也。」又：「舉，告以之名，舉彼實也。」《公孫龍子》云：「名，實謂也。」此皆以名實對舉，與孔子正名之名不同。孟子距楊、墨，然殊不論名實。殆因墨家轉入名學立場，其事尚在後，最早如惠施輩，亦與孟子同時，故孟子不及置辯也。然淳于髡則曰：「先名實者，為人也。後名實者，自為也。」可見名實二字，在當時則已成一流行之名詞矣。故莊子亦云：「名者，實之賓也。」然其意又較墨家提出名實二字之本意不同。墨家謂「以名舉實」，其意重在名。莊子謂「名是實賓」，其意重在實。蓋墨家以名與詞為辨論真理之利器，而莊子則謂名字言說均不足以定真理，而二者意見相背，其間蓋有一至巧妙之機括焉。緣墨家根據實事實物以為辨，則名之功效自大。何者？名，實之謂也。如或謂之牛，或謂之馬，此實物之辨也。求白馬，不可以驪色之馬應，此實事之辨也。使無名字言說，則一切實事實物之理，固不可辨。然其末流所趨，往往過重於名字言說之使用與辨析，又或好為驚世駭俗之論，而轉失實事實物之理者。如云「雞三足」，是與實物相背也。如曰「犬可以為羊」，是與實事相乖也。莊子當名家詭辯之已盛，而儒墨之是非相爭不息，又親與名家鉅子惠施相友好過從，故其受名家尚言辯之刺激為最深。莊子思想所注重者，正為如何而可以打破繳繞之言辯，於是遂有其驚人可怪之論。莊子之意，遂若謂一切實事實物，固無是非之可辨。何者？大瓠可用而不可用，不龜手之藥可貴而不可貴，學鳩可以笑大鵬，彭祖可以悲眾人，昭文、師曠、惠子不足以明其好，麋鹿、蝍且、鴟鴉不足以正其嗜，莊生惝恍其言，凡以見宇宙一切事物之間，是非淆亂，無一定之標準可據。而籀其大故，則不出兩端。曰各拘於地域，各限於時分，則彼此不足以相喻而已。於是遂有「因是已」、「謂之兩行」之說。此謂各因其所是而是之，則在此時此地者，有此時此地之是，在彼時彼地者，有彼時彼地之是，使若能各止於其時地之所是而不復相非，則是非可以並行而不相悖，其實則僅有是而更無非，此即莊生意想中之大道也。故墨家之辨是非，本於人而為辨，而莊生乃本於道而為辨者。故曰「有真人焉」，明拘於地域、限於時分之見之人之非真人也。曰「至人無己」，明本於己以為辨者之非理想人之極至也。且墨家之辨，辨實事，辨實物。而莊生乃捨實事實物而辨道。故曰：「何肯以物為事？」曰：「以道觀之。」若是而墨家所重一切名實之辨，與夫儒墨是非之爭，皆若劍首之一吷，不足以復控摶矣。故名實之辨，為墨家所慎重提出者，至莊子之手，而輕輕轉移，變為言道之辨，此吾所謂一至巧妙之機括也。

然莊生之意，僅謂是非各拘於地域，各限於時分，不足以推而廣之，引而遠之耳。故曰：「聖人和之以是非，而休乎天鈞，是之謂兩行。」則莊生之意，亦不過主異時異地之各有其是，故亦當各行其是而止耳。故莊子之論雖弔詭，亦不過為儒、墨兩家作調人。至老子則時過境遷，息爭之事匪急，而認道之心方真。於是昔之以名舉實者，乃求以名舉道。而道終不可以名舉也。故曰「道隱於無名」。然而無名者又終不可以不名也，故曰「吾不知其名，字之曰道，強為之名曰大」。然則此大道者，將為實有者乎？抑僅虛名之而已乎？使道為實有，則避實言道，道終為超實之名。若使道為虛名，則道又不可以虛也。於是乃曰：「道沖而用之或不盈。」沖非虛，按《說文》：沖，搖也。此以形容道體之流動不居。流動不居則虛矣。自來只以虛訓沖，失之。不盈非實也。又曰：「道常無名，樸。」樸者，非實非虛，而為實之本質。實可名，實之本質不可名，故曰「無名之樸」。又曰「道可道，非常道。名可名，非常名」。然則道者非無實，而又不可名，故曰「無狀之狀，無物之象，是謂惚恍」。道樸可以生物實，其中間之過渡則曰「象」，曰「大象無形」，象之與形，一猶樸之與實，其間有微辨。凡《老子》書所以言道者如此。故莊子之言道，激於當時名實之繳繞，求離實而言之也。老子之言道，病於名之不可以離實，而求重返於實以言之也。求離實，故曰「道將自道」，而求重返之實，故曰「有大象」。於是後之辨實事實物之是非者，乃不求之於名，而轉求之於象，此又中國古代學術思想史中一轉變之大關捩也。老子又曰：

大辯若訥。

善者不辯，辯者不善。

多言數窮，不如守中。

守中者，莊生所謂「得其環中以應無窮」，此皆明承《莊子》書而言之也。使老子生孔子前，當時儒墨之爭未起，則老子絕不遽言及此。

二

> 道常無名，樸，雖小，天下不敢臣。侯王若能守之，萬物將自賓。天地相合以降甘露，民莫之令而自均。始制有名，名亦既有，夫亦將知止，知止所以不殆。
>
> 道常無為而無不為，侯王若能守之，萬物將自化。化而欲作，吾將鎮之以無名之樸。無名之樸，夫亦將無欲。不欲以靜，天下將自定。三十七章

前舉以無名言道，此則以無名言治也。以無名治，即是以道治。老子之意，謂天下之亂，由於民之多欲。多欲則外逐物而內喪真，違於自然之道。而欲之興，則由於名。故曰：

> 天下皆知美之為美，斯惡矣。皆知善之為善，斯不善矣。

溯其論旨，亦始莊子。莊子曰：

> 天根遊於殷陽，至蓼水之上，適遭無名人而問焉，曰：「請問為天下。」無名人曰：「去，

汝鄙人也，何問之不豫。」〈應帝王〉

莊子又以壺子之無得而相者以譋應帝王，此皆老子以無名為治之說也。惟莊子特粗抽其端緒，而未及暢發其意旨者。其後至於《莊子》之〈外篇〉，闡發此義者乃特多，以君天下者本己好惡出名字以攖天下人心者為亂之本，則其論又多出《老子》後矣。故老子斥仁義而重道德，其意亦本諸莊。不過莊子以之言學術，而《老子》書則轉移其重心而言政治，此為異耳。故在莊子，特謂是非無一定之標準，不當以吾之所是強同諸人，而老子則言君人者不應以一己之好惡號召天下之人心也。不立一定之標準，而任各己之自然者，此道體也。鎮之以無名之樸，即是鎮之以道。莊子用道以息儒墨之爭者，老子乃進一步而建此道字以為理想政治之準則。此又莊老學說不同之一點也。

以上歷舉《老子》書中所用重要各名詞，一一指陳分析其涵義，與其問題產生之背景，又推論其在思想史上展衍遞進之層次與線索，而《老子》書之晚出，顯然可見矣。苟其不然，如謂《老子》書成於孔子之前，則自孔子以下兩百年，戰國百家思想，正如《西遊記》中之孫行者，翻了十萬八千里一大筋斗，而終翻不出如來佛之掌心。讀者亦必熟讀孔墨以下，戰國兩百年各家思想，乃知《老子》一書包羅之廣，徹見之深，則其為古之博大真人，卓絕無儔，夫復何疑？若謂從來思想界，無可有此奇跡，則何如擺脫舊說之纏縛，只將《老子》成書年代移後，置之於莊子、公孫龍與荀卿、韓非之間，則自孔墨以下，戰國兩百年思想展衍，有一條貫，可以統整，而亦並無損於《老子》一書在古代思想史上所應有之地位。而且如《中庸》，如《易傳》，尤當晚出於《老子》，亦均不得其書作者之主名，而此亦並無損於《中庸》、《易傳》思想之價值。而此各書之在當時思想史上之地位，則無寧將以獲得其真實的成書年代而益顯。則此篇之所欲辨，亦意在求真，固非好標新異。雖推翻兩千年之積案，其論必歷久而後能定，然有好學深思之士，固不難目擊而首肯而心許之爾。

再論老子成書年代

老子事可論者，一其人事蹟之真偽，一其書著作之先後。余疑《史記》所傳老子姓氏邑里事業及其子孫後裔，頗不可信，已別詳於《先秦諸子繫年》，此篇則專就《老子》成書年代特加討究。余已先有〈關於老子成書年代之一種考察〉一文，又余著《國學概論》第二章〈先秦諸子〉，亦以老子思想歸入荀況、韓非晚周一期共同論列。此篇一仍夙見，亦有為上舉所已詳者，重加論次，以請教於並世研考《老子》書年代之諸賢。

一

今先就《老子》書中對於當時政治社會所發種種理論而推測其歷史背景，則其書應屬戰國晚年作品，實無疑義。老子言「不尚賢，使民不爭」，尚賢乃墨家最先主張。此緣當墨子時，貴族世襲之制，以次崩壞，弊害昭顯，墨子遂針對時病，發揮尚賢新義。在其先孔子時，雖亦有意矯正當時貴族政治之弊害，而僅及正名，惟求君君臣臣父父子子，重返於往昔貴族統制安甯期之狀態。在孔子當時，似尚未能徹底破除以前血統親親之舊觀念，而明白提出尚賢之新主張。墨子承其後而意益激進，因倡尚賢。然就墨子時政治實況大體言之，固亦仍是貴族血統世襲之舊局面，未能驟臻理想尚賢之境。下及戰國中期，於是學者尚賢理論，乃始一變而為政治上之真實情況。更後而尚賢制亦見弊害，乃復有針對時病，而發為不尚賢之教者，此則必在戰國中期以後。若當春秋中葉，列國行政，本不以尚賢為體。老子著書，何乃遽倡不尚賢之論乎？此就當時政治之演進言，而可確知其不然者。

然《老子》書雖明倡不尚賢之論，而在其無意中，實仍不脫尚賢之舊觀念。此證《老子》成書年代，必是正值尚賢思想濃厚之際。故其書中每以聖人為理想中之最高統治者，此即戰國中晚期尚賢思想無形之透露。考其先稱「聖人」，特為多知通達之稱。《左傳．襄公二十二年》，「臧武仲如晉，雨，過御叔。御叔曰：『焉用聖人？吾將飲酒而已。雨行，何以聖為？』」是當時人稱臧武仲為聖，御叔特以武仲行遇雨，不先知，疑之。《論語》以臧武仲為智，是當時聖智相通之證也。故子貢問夫子聖矣乎，孔子以「學不厭教不倦」對，此即謂「予非生而知之，好古敏以求之」也。又曰：「若聖與仁，則吾豈敢，抑為之不厭，誨人不倦，則可謂云爾已矣。」《老子》書亦云：「絕聖棄智。」此皆當時以聖人為智者之稱之明證也。然智愚與貴賤有別，智者不必居上位，若曰「內聖外王」此等語，則必至戰國中晚以後乃有之。今檢《老子》書，言及聖人者幾三十處，而十之七八，皆指政治上之最高統治者而言，就封建世襲時代人觀念論之，天子之子為天子，諸侯之子為諸侯，貴賤定於血統，初未嘗以聖人與天子作聯想。縱謂禹、湯、文、武，凡開國之君，後世子孫，必尊奉之為聖。然繼體傳統之君，則未必仍是聖人。即如幽、厲之謚，在西周人觀念中，此項意見，豈不已甚顯著。故聖之與王，在春秋以前人，絕未視為一體。此必自孟、莊以後，尚賢理論愈唱愈高，《老子》書受其影響而不自覺，故雖主不尚賢，而其意想中之最高統治者，則必歸之於聖人。此正尚賢之極致，烏得云不尚賢？故《老子》書中之政治理想，實由一理想中最賢明之統治者而發為不尚賢之治。此即其書晚出之顯證也。

尚賢理想之推展至極，則政治上之最高統治者必當為一聖人。而聖人之子，則不必仍是聖人也，因此而有禪讓論之興起。此等禪讓思想，亦應在墨家提倡尚賢主義之後而始盛。證之當時史實，如梁惠王欲讓位於惠施，燕王噲竟傳國於子之，知其時讓賢思想已極盛行。故萬章問孟子，「人言至於禹而德衰」，亦因禹不傳賢而傳子，故疑其為德衰。傳賢傳子之爭，正是尚賢與親親之爭。亦即春秋戰國思想上一大分界也。今觀《老子》書，不僅以聖人為其理想中之最高統治者，並亦常有讓賢傳天下之說。故曰：「貴以身於為天下，若可寄天下，愛以身於為天下，若可託天下。」此在《莊子・外篇・在宥》亦有之，曰：「貴以身於為天下，則可以託天下。愛以身於為天下，則可以寄天下。」此所謂託天下、寄天下者，實即讓賢禪位之意。故王弼謂「然後乃可以天下付之」也。中國古代，果有堯舜禪讓之史實與否，此處暫可勿深論。而當春秋世，則殊無傳賢讓國之說。縱有如宋襄公之欲讓位於目夷，吳諸樊兄弟之欲傳國於季札，然此仍是貴族血統世襲，所讓在兄弟之間。固與《老子》書之所謂不同也。《論語》曾子曰：「可以託六尺之孤，可以寄百里之命，臨大節而不可奪，君子人與，君子人也。」何以謂之「託六尺之孤」？此因古者貴族世襲，父死子繼，先君臨崩，孤子方幼，則擇大臣而託之，不聞有舉君位而讓之此家傳統之外也。何以謂之「寄百里之命」？因古者封建，公侯百里為大國，寄百里之命，乃極言其任重而付大，又不聞舉天下而傳也。觀於《論語》曾子之所言，知其當時之政治背景，確為屬於封建時代，貴族世襲之制度未破壞，讓賢禪國之理論未興起，故言之云云。若以推比之於《老子》書之所言，則《老子》書之為晚周時人見解，固自無疑矣。

余謂《老子》書言政治，不脫尚賢觀念，其例證尚不盡於上舉，專以聖人為政治上之最高統治者一節為然也。即《老子》書中言及從政者，其意想，亦均不似貴族世襲時代人所能有。故曰：

「持而盈之，不如其已。揣而銳之，不可長保。金玉滿堂，莫之能守。富貴而驕，自遺其咎。功遂身退，天之道。」此處功遂身退一語，後世傳誦已熟，遂視若尋常，無可詫怪矣。然此語實非春秋時代貴族世襲制度未破壞時人之所能道。請再以史實證。《左傳．文公十六年》載：「宋昭公無道，司城蕩卒，公孫壽辭司城，請使意諸為之。既而告人曰：『君無道，吾官近，懼及焉。棄官則族無所庇。子，身之貳也，姑紓死焉。雖亡子，猶不亡族。』」此緣春秋貴族世襲，司城之職，不由賢進，亦不由不肖退。既世襲於彼之一族，彼之一族，亦託庇於此職。故公孫壽雖知禍之將及而不能退，不敢退，乃使其子為之也。又〈成公十七年〉載：「晉范文子反自鄢陵，使其祝宗祈死，曰：『君驕侈而克敵，是天益其疾也，難將作矣。愛我者，惟祝我速死，無及於難，范氏之福也。』遂以自殺。」（此據杜注）若其時從政者功成而可以身退，則士燮之智，寧不及此？良亦以封建之制，貴族世襲，不比後世尚賢之局，游士得勢，朝可進而暮可退。士燮外憂國難，內慮保家，欲退無從，則惟有出於祈死與自殺之一途。蓋因身死則政不在范氏，國縱有亂，子孫可保。此與公孫壽之所為，可謂跡異而情同也。又如〈魯宣公十七年〉載：「晉郤獻子聘齊，歸而怒，欲伐齊。范武子退自朝，告其子燮曰：『郤子之怒甚矣，不逞於齊，必發諸晉國。不得政，何以逞怒？余將致政焉，以成其怒。爾勉從二三子，以承君命，惟敬。』乃請老，郤獻子為政。」此又證貴族世襲，父老子繼，惟因班序尚新，職位容可微變。故范氏父子之所以謹慎自全者，則亦僅於至此而止，非可如後世游士之潔身引去也。此因春秋時，貴族世襲，既不由功立而始進，亦不以功成而許退。事理昭白，無煩詳論。及於春秋之末，游士漸興，吳有伍胥，越有種蠡，皆以羈旅建功業，而不獲善其終。自此以往，如楚之吳起，秦之商鞅，亦以羈士得志，而富貴身首莫能長保。一旦驟失故主，大禍隨之。孤危之士，乃始有功遂身退之想。其議暢發於蔡澤之說范睢。其言曰：「四時之序，成功者去。」又曰：「功成不去，禍逐於身。」又引書曰：「成功之下，不可久處。」《老子》書亦本此等當時之實際情況與社會之共同意想而為說耳。老子又言之，曰：「功成而弗居，夫惟弗居，是以弗去。」又曰：「功成而不處，其不欲見賢。」此皆《老子》書作者自就其時代情況立說，謂賢士建功而能不自見其賢，乃能久處不去。故又曰：「不自伐，故有功。不自矜，故長。」又曰：「自伐者無功，自矜者不長。其在道也，曰餘食贅行，物或惡之，故有道者不處。」此等語，顯皆出戰國中晚游士升沉之際，非往昔貴族世襲時代之所可有也。

當春秋時，周王室封建之制猶未全壞。一天子在上，眾諸侯在下，故天子稱「天王」，其位號與諸侯迥絕。及戰國梁惠王、齊威王以下，列國相王，而後「侯王」、「王侯」之稱，代「公侯」、「侯伯」之名而起。《老子》書屢言王侯、侯王，此亦非春秋時人語也。或以《周易》蠱之上九「不事王侯，高尚其事」為說，此亦不然。當知《周易》上下篇成書，尚遠在春秋以前，即以傳世金文證之，當西周初葉，侯國稱王，亦常事，然此非所語於春秋之時也。然則《易・蠱》上九之爻，其語當更在春秋之前，否則亦春秋後人羼入。二者必居其一。當春秋時，則封建體制已臻成熟，其時諸侯稱王者惟楚，最後始有吳。而孔子《春秋》於吳楚必稱子。可見王侯並稱，事不尋常。而《老子》書乃屢言之。今若考論《老子》成書年代，與其以之上擬《周易》，遠推之春秋以前，固不如以之下儕戰國諸子，移之梁惠王、齊威王之後之為更近情實矣。

且當春秋時，諸侯卿大夫各自治其封邑，周天子之政令，不能直接及於天下之眾民。故孔子曰：「天下有道，則禮樂征伐自天子出。天下無道，則禮樂征伐自諸侯出。自諸侯出，蓋十世希不失矣。自大夫出，五世希不失矣。陪臣執國命，三世希不失矣。天下有道，則政不在大夫。天下有道，則庶人不議。」此處孔子之所謂禮樂征伐，其語意實偏重在天子諸侯卿大夫貴族階級之本身內部相互間事，而並不指政治階層之下對小民庶人者而言。此義亦極顯然。故齊景公問治國，孔子對曰：「君君臣臣，父父子子。」此所謂君臣父子，其語意亦偏重在天子諸侯卿大夫貴族階級之本身內部相互間事，亦不指貴族階層之下對小民庶人而言也。故時人云：「國之大事，在祀與戎。」祭祀所以整齊國內貴族嫡庶承襲之位。兵戎所以捍衛四封疆圉彼此之固。此亦指天子諸侯卿大夫貴族階級之本身內部相互間事，仍不指政事之下及於小民庶人者而言。一部《春秋》二百四十年，亡國亂家，其事盡於君不君，臣不臣，父不父，子不子。無論其為內亂，或外患，亦大率由貴族階級自身內部相互間事之失其體統而引起。小民庶人，則尚非當時治亂之主體。試披讀《左傳》列國間禍亂相因，固絕少以民亂難治為患者。此因當時封建形勢猶未全破，貴族世襲統治之權猶未全壞，民之為民，平居則耕田納稅，有事則陳力就役，初不成為政治上重要之對象。在當時人意想中之所謂政治事業，則大率以貴族階級之自身內部相互間事為主。既曰禮不下庶人，則禮樂征伐之對象，亦絕非小民庶人可知。至於小民庶人之崛起而成為政治事業之對象，其先見於《左傳》者則曰盜賊。盜賊在春秋中晚期已屢見，然當時政治對象之重要中心，則仍為貴族階級之自身內部相互間事，仍與小民庶人無預也。（此層詳余著〈周官著作年代考〉。）春秋時賢論政，固頗有知以民事為重者。然此皆言其影響所及。政治失軌，可以影響及於民事。民事失調，亦可以影響及於政治。當時人論政，其大體意態，如此而已。《論語》言為政，更已頗重於民事。然亦僅言道千乘之國。魯昭公八年，蒐于紅，革車千乘。千乘之國，當孔子世，似已不見為大國。然《論語》固猶未嘗言及治天下而又以民事為要歸也。苟言治天下而又以民事為要歸，則試問置此輩諸侯卿大夫貴族階級於何地？故知在春秋時，封建制度尚未崩潰，其時人則絕不能有治天下而又以民事為要歸之想像。此等想像則必出春秋之後。至《孟子》書，已屢言「王天下」、「一天下」。然其言政治，則若仍限於一國之內，固猶未及言治天下也。今《老子》書，則多言治天下，少言治國。其言治天下，又必以民事為要歸。是《老子》作者所意想中之政治，乃始是一聖人在上，百姓眾民在下，而若更不知有所謂列國諸侯、卿大夫、陪臣種種封建貴族階層之隔閡於其間。故曰：

> 不尚賢，使民不爭。不貴難得之貨，使民不為盜。不見可欲，使民不亂。是以聖人之治，虛其心，實其腹，弱其志，強其骨，常使民無知無欲。
>
> 聖人不仁，以百姓為芻狗。
>
> 聖人無常心，以百姓心為心。聖人在天下，（按：此即在宥天下之在。）歙歙然為天下渾其心。
>
> 故聖人云：「我無為而民自化，我好靜而民自正，我無事而民自富，我無欲而民自樸。」
>
> 其政悶悶，其民淳淳。其政察察，其民缺缺。……是以聖人方而不割，廉而不劌，直而不肆，光而不耀。
>
> 是以欲上民，必以言下之。欲先民，必以身後之。是以聖人處上而民不重，處前而民不害，是以天下樂推而不厭。

如老子言，以一聖人居天下之上，而百姓眾民居一聖人之下，而此在上之一聖人者，又必有待於天下眾民之樂推而不重不害焉，而後可以安其位。則試問此等觀念，豈果天子、諸侯、卿大夫封建制度未破，貴族世襲制度未壞，國之大事，專在禮樂征伐，惟祀與戎之際之所能與知乎？

《老子》書不言聖人，則言侯王。故曰：

侯王若能守之，萬物將自賓。

侯王若能守之，萬物將自化。

侯王得一以為天下貞。

此孟子所謂「保民而王，莫之能禦」也。侯王能如此施政，而天下百姓眾民便如彼響應，試問當齊桓、晉文時，鳩合諸侯，尊王攘夷，禮樂征伐，自諸侯出，此乃霸業時代，孔子所謂十世希不失者，在當時，何來有如《老子》書中之觀念？而當時之實際情況，又何嘗有如《老子》書中所陳之可能乎？

《老子》書，稱在上者曰聖人，曰侯王，又曰人主，曰萬乘之主。考「主」者，在春秋時，乃卿大夫之稱。及三家分晉，田氏篡齊，「主」稱乃移及於大國之君，而始有所謂萬乘之主。今曰「萬乘之主而以身輕天下」，又曰「以道佐人主者，不以兵強天下」，則以主與天下對稱，又不止於萬乘之主矣。此亦證《老子》成書時，在其觀念中，僅有王天下，一天下，而更無合諸侯、霸諸侯。而此王天下一天下之主，則是梁惠王、齊威王之流也。可知著書者偶下一語，而其當身之時代背景，歷史意象，即顯露無可掩，誠所謂昭然若揭。如此之例，以定《老子》書之晚出，而更何可疑乎？

《老子》書自稱聖人、侯王、人主之下，則有曰「官長」。其書曰：

> 樸散則為器，聖人用之則為官長。

此器字在《論語》亦有之，曰：「君子不器。」器者指百官之專主一職，專供一用言。曾子所謂：「籩豆之事，則有司存也。」鄭注〈士冠禮〉：「有司，羣吏有事者，謂主人之吏，所自辟除，府史以下。」賈疏：「按《周禮》，三百六十官之下，皆有府史胥徒，不待君命，主人自辟除，去賦役，補置之，是也。」胡氏《儀禮釋官》謂：「凡事有專主之者，謂之有司。」今按：仲弓為季氏宰，問政，子曰「先有司」，則知為家臣邑宰者，已得總成，不復是有司僅供器使之類矣。家臣邑宰尚然，更何論於諸侯卿大夫，各有封邑，即各有臣屬，故僅在於「動容貌，正顏色，出辭氣」，貴乎道而不器也。今《老子》書則曰「樸散則為器，聖人用之則為官長」，則試問此諸卿大夫各得封邑，與天子、諸侯同守宗廟，同傳百世者，又何在？又曰：

> 不敢為天下先，故能成器長。

器長者，即百官之長，即指政治上之最高統治者，是即聖人也。在《老子》書中之政治，在上惟聖人，在下惟百姓，而與聖人分治天下者則為官長，官長則等如有司，如器。大樸散，始有分司別用之器。此等觀念，細論之，仍是封建貴族世襲制度已壞，游士得勢，尚賢之說方盛，乃始有之。故老子所謂樸散則為器、為官長，正與《論語》君子不器之意相違異。此猶如前舉《老子》書云寄天下、託天下，而《論語》則謂寄百里之命、託六尺之孤也。只就此等處兩兩對比，深細互觀，便知《論語》乃春秋時代人觀念，而《老子》書則為戰國晚年人觀念，時代背景，歷史意象，顯露褟著，更無可疑。當知古今大哲人著書立言，彼其書中所蘊蓄之義理，固可超越時代，歷久常新。而其書中義理所由寄託而表現之若干具體意象、特殊觀點，及其所供驅使以表達其義理之若干特有辭語，則終無可以超脫其成書之時代背景，而謂其可以預據後代人之實際事狀以立說，此乃斷無之事也。

《老子》書言在上治人者，曰聖人，曰官長，而在下被治者則曰百姓，其非春秋時人語，已如上舉。今再進而一究其言及在下百姓之有待於在上治人者之所以治之者之又屬何事乎？在《老子》書，則首先言及百姓之好智。故曰：

愛民治國，能無智乎？

又曰：

古之善為道者，非以明民，將以愚之。

民之難治，以其智之多。

故以智治國，國之賊。不以智治國，國之福。

好智之次，則曰多欲。故曰：

聖人之治，常使民無智無欲。

又其次則曰好動，蓋尚智多欲則好動，其事相引而起。故曰：

使民重死而不遠徙。

又曰：

我好靜而民自正（定）。

又其次則曰不畏死。故曰：

民不畏死，奈何以死懼之？

又曰：

民之輕死，以其求生之厚，是以輕死。

凡此種種，所謂尚智、多欲、好動、輕死，凡《老子》書中所認為民之難治者盡在此，故尤為聖人為治之所先也。則試再問，當春秋時，亦有此等現象否？試熟玩《左傳》一書，所記春秋二百四十年間事，大抵皆貴族階級自身內部相互間之動亂爭奪為主耳。而何有乎如《老子》書之所謂百姓之好智多欲好動而輕死乎？此乃王官之學，流散入民間，諸子興起，百家競鳴，乃始有此現象。戰國百家中最先出者為儒，然孔子弟子七十人，多數惟在魯衛諸邦，尚未見當時民間之尚智而好動之成為一種普遍現象也。孔子曰：「士而懷居，不足以為士矣。」孔子之於士之尚智而好動，蓋猶重獎之，而非深抑之。非有此等提唱，則亦不能有將來戰國游士尚智好動之風氣。而至《莊子・外篇・胠篋》則曰：

至德之世，……民結繩而用之，甘其食，美其服，樂其俗，安其居，鄰國相望，雞狗之音相聞，民至老死而不相往來。若此之時，則至治矣。今遂至使民延頸舉踵，曰：「某所有賢者，贏糧而趨之。」則內棄其親，而外去其主之事，足跡接乎諸侯之境，車軌結乎千里之外，則是上好智之過也。

此其說，與《老子》書至相似。然此等現象，必至戰國中晚期以下乃有之。在戰國初期，儒墨新興，尚不至此。《老子》書中所深斥民間之尚智而好動，若捨《莊子・胠篋》之言，與夫並時諸書之記載，而返求之於《左傳》與《論語》，則渺不可得其跡象，故於此又知《老子》書之決然為晚出也。

《老子》書言民間之多欲，則曰：

大道甚夷，而民好徑。朝甚除，田甚蕪，倉甚虛，服文綵，帶利劍，厭飲食，財貨有餘，是謂盜夸，非道也哉！

夫其曰「朝甚除而田甚蕪」，則是在朝者尚賢好智，故在野者棄耕耘而競仕宦，故致甚除於朝而蕪於野。此種景象，又豈春秋時所有乎？亦豈戰國初期之所能有乎？又曰「服文綵，帶利劍，厭飲食，而財貨有餘」，當知此輩皆來自田間，故致於野甚蕪而倉甚虛，此亦顯是戰國晚期游士食客之風既盛，乃始有之也。當孔子時，至於陪臣執國命而極矣。故子張學干祿，子夏亦曰：「學而優則仕。」孔子曰：「三年學，不志於穀，不易得也。」然「子華使齊，冉子為其母請粟，子曰：

『與之釜。』請益，曰：『與之庾。』冉子與之粟五秉。子曰：『赤之適齊也，乘肥馬，衣輕裘。吾聞之也，君子周急不繼富。』原思為之宰，與之粟九百，辭，子曰：『毋！以與爾鄰里鄉黨乎？』」當時孔子門弟子，得附聖人之驥尾，其在當時，可謂甚煊赫矣。然其生活情況不過如此。若再溯之孔子之前，游宦之士尤極少見。晉有靈輒者，餓於桑下，曰：「宦三年，未知母之存否。」趙盾與之簞食與肉焉。當春秋之世，求如靈輒之例者，亦僅見耳。又烏有所謂服文綵，帶利劍，厭飲食，財貨有餘，若老子之所譏乎？若其有之，則在孟嘗、春申、信陵、平原四公子之門。且武器之有劍，亦始春秋末年，然尚不為當時社會士流普遍之佩帶品。《論語》僅言射御，何嘗有所謂帶利劍。此即僅就一器物之微，而已足徵其書之晚出矣。故無論就大體言，或就小節言，《老子》書之為晚出，乃無往而不流露其成書時代之背景。苟為拈出，則盡人可見，固不待明眼特識也。

《老子》書言民間之尚智而好動，其所得則曰「財貨有餘」。其富貴而得志，則曰「金玉滿堂」。老子之所以教之，則曰：「不貴難得之貨，使民不為盜。」又曰：「人多伎巧，奇物滋起，法令滋彰，盜賊多有。」當春秋時，列國君卿大夫相贈賂，大率曰束錦加璧，兵車文馬，歌鐘寶鼎，以至於獻女納妾，而止矣，無以復加矣。在當時所謂難得之貨，即此等錦璧、車馬、鐘鼎、伎妾之類，然絕不遍及於民間。至黃金之用，則亦始見於戰國。貨幣流通，亦自戰國而始盛。孟子稱大王居邠，事狄以皮幣、犬馬、珠玉，而不得免。又曰：「寶珠玉者，殃必及身。」當孟子時，黃金之使用已廣，然《孟子》書尚言珠玉，不言金玉也。今如《老子》書所言，財貨金玉，民間胥可以尚智好動而得之。故曰：「民之輕死，以其求生之厚，是以輕死。」此又絕非春秋時代民間經濟狀況之所有也。

《老子》書又言之曰：「民不畏死，奈何以死懼之？若使民常畏死，而為奇者吾得執而殺之，孰敢？」此即所謂「人多伎巧，奇物滋起，法令滋彰，盜賊多有」也。春秋「鄭子臧聚鷸冠，鄭伯聞而惡之，使盜誘殺子臧。君子曰：『服之不衷，身之災也。』」此乃好奇之一例。然當戰國時，鷸冠遂成為儒服。是春秋時貴族卿大夫服之而見為不衷而遭殺身之禍者，至戰國時，則成為民間知識分子尚智好動者之常服矣。又春秋鄧析為《竹刑》，鄭駟歂用之而殺鄧析。然鄧析固是鄭之大夫，至戰國時人而造為鄧析之種種怪說者蜂起。則凡所謂民間之為奇者，其固在春秋之世乎？抑將謂起於戰國乎？當春秋時，貴族世襲之制猶未破壞，故曰：「刑不上大夫，禮不下庶人。」當時治國者知有禮有制，而不知有所謂法。法令之起，亦當在戰國也。（此層詳余〈周官著作年代考〉。）

凡此皆據《老子》書推測其所論政治社會各項背景，而知其書之晚出而無可辯護者。其次則請再以學術思想之系統言之。

二

先秦顯學，實惟儒墨兩家，此韓非已言之。其後起諸家，則法源於儒，農、名、道家源於墨，陰陽家兼融儒道，最為晚出。（此處論證，略見余《國學概論》第二章〈先秦諸子〉，詳論散見《先秦諸子繫年》。）在儒墨之初期，其議論大體，歸於反抗當時貴族階級之矯僭，而思加以改革。儒義緩和，可稱右派。墨義激進，當為左派。墨主兼愛，論其思想底裡，亦為反對當時貴族階級之特權。而墨家之所以證成其兼愛之說者曰天志，此為墨家思想之初期，今當暫稱之為天志的兼愛論，或宗教的兼愛論。繼此以往，墨說又大變。雖亦同主兼愛，而所以必需兼愛之理據，則不復遠推於天志，而別創為萬物一體之論。萬物既屬一體，則兼愛自所當然。其所以證成萬物之為一體者，主要則在於對物名之種種綜合與分析，今當暫稱此為名辨的兼愛論。為此主張者，後世目之為名家，而惠施其魁傑也。（余有〈墨辯探源〉一篇，論此較詳，其文刊載《東方雜誌》二十八期。）

惠施一派之主張，其說亦可徵於《墨經》：

〈〈經下〉〉數物一體也。說在俱一惟是。
〈〈說〉〉數俱一，若牛馬四足。惟是，當牛馬，數牛數馬，則牛馬二。數牛馬，牛馬一。
若數指，指五而五一。

蓋自名數之為用論之，愈分析，則愈見其異。愈綜合，則愈見其同。故分之則為「萬」，為「畢異」。合之則為「一」，為「畢同」。惠施歷物，稱「萬物畢同畢異」，又稱「大一小一」，此皆本名數之綜合與分析立論，此其說亦可暫稱之為「名數的萬物一體論」。（惠施學說詳見余著《惠施公孫龍》一書，由商務印書館出版。）此亦墨家思想之流變也。

莊子與惠施相反，彼乃承認惠施萬物一體論之新見解，而反對其論證之方法者。故曰：「天地與我並生，萬物與我為一。既已為一矣，且得有言乎？既已謂之一矣，且得無言乎？一與言為二，二與一為三，故自無適有，以至於三，而況自有適有乎」。〈齊物論〉莊子謂「天地與我並生，萬物與我為一」，此即惠施萬物一體之見解也。此下云云，則反駁惠施以名數綜析而證成此萬物一體之理論者。而莊子於此，則自創新義，主於從實際事物作觀察，而認出萬物實體之隨時遷化，變動不居。故曰：「凡物無成與毀，復通為一。」又曰：「自其異者視之，肝胆楚越也。自其同者視之，萬物皆一也。物視其所一，而不見其所喪。」又曰：「假於異物，託於同體。」此假於異物託於同體之變，在莊子謂之為「物化」。物化之分析，至於最後一階段，則有其大通合一，至細而不可察者，莊子名之曰「氣」。故曰：「與造物者為一，而遊乎天地之一氣。」凡所謂物之成毀，則皆假於異物，託於同體之一氣之變化。精而論之，則皆一氣之運行也。若是言之，亦足證成萬物之一體，而似較惠施之僅止於名言之辨者，為切實而進步矣。莊子又稱此天地萬物之一氣之運行者曰「道」。故曰：「道烏乎往而不存。」蓋儒墨初期立論，其實皆上本於天志，而歸極於人事。此不僅墨子然，即孔子亦然，即其後之孟子，亦無不然。而惠施之所以創立萬物一體之新說者，其意在別求一說以證成墨家之兼愛論。莊子則取惠施萬物一體之意，而深觀乎物化，於是乃有所謂「烏乎往而不存」之「道」。「道」字之新觀念，可謂由莊子而確立。故莊子言道，乃遠與孔孟儒家之言道不同。而自有此道字之新觀念，於是往者天帝創造萬物之素樸的舊觀念遂破棄，不再為思想界所重視，此則莊子思想在當時一種最有價值之貢獻也。今論墨子思想之最大貢獻，在能提出平民階級與貴族階級之一體而平等。惠施思想之貢獻，在能超出人類範圍，而論點擴及乎宇宙萬物，以尋求其平等之一體。莊子思想之貢獻，在能繼承惠施，進而打破古代相傳天神創世之說，而別自建立其萬物一體之新論證。故自墨子以下，其所謂「愛」者，已絕非昔人之所謂「愛」。自惠施以下，其所謂「物」者，更絕非昔人之所謂「物」。而自莊子以下，其所謂「道」者，又絕非昔人之所謂道矣。此乃先秦思想進展一線索之可確指以說者。

今《老子》書中言道，則顯近於莊子，而復有其不同。其一：曰道先天地而存在。故曰：

有物混成，先天地生。……吾不知其名，字之曰「道」。

又曰：

道，淵兮似萬物之宗，吾不知其誰之子，象帝之先。

此在《莊子》書中若已先有其說，故曰：

道，神鬼神帝，生天生地。

又曰：

自本自根，未有天地，自古以固存。

然此節似為晚出偽羼，非《莊子．內篇》之本真。其次老子言道，始分陰陽。其書曰：

萬物負陰而抱陽，沖氣以為和。

至是乃確指此天地萬物之一氣者，又分陰陽兩性。在《莊子・內篇》，言六氣，又言有陰陽之患，似其時尚未確立氣分陰陽之新觀念。至《莊子》〈外〉、〈雜〉篇，乃始與《老子》書相合，然外雜篇更出《老子》後，今當暫稱此派為「陰陽的萬物一體論」，其義乃暢發於《易傳》，《易傳》成書，則亦出《老子》之後也。

惠施之後復有公孫龍，其學亦承襲惠施，然龍之為學，復與施異。彼乃不談萬物一體，而專意於辨名實。蓋惠施之論萬物一體，其所以證成之者有兩途。一則分析萬物名數，而達於畢異之小一，一則綜合萬物名數，而達於畢同之大一。公孫龍則轉而益進，並不認有物與名數之辨。故曰：「物莫非指，而指非指。」指即名數也。若據常識，名數所以別物，而物則確有實體，故物之有實體，與所以指此物之名數不同。公孫龍似不認有此別，故曰：「堅白石可二不可三。」又曰：「白馬非馬。」其結論則曰：「彼彼止於彼，此此止於此。」公孫龍之主張，一名止於一實，一實亦止於一名。其立論思想，尤偏重在名數之分析，而更不再及於綜合之一面。故曰：「離也者，天下故獨而正。」（公孫龍學說，詳余著《惠施公孫龍》，此處限於篇幅，敘述頗未明暢，讀者當取《惠施公孫龍》一書細參。）蓋莊子取惠施之結論，而變換其證法。公孫龍則推衍惠施之證法，而又別出其結論。公孫龍後於惠施，而猶及見莊周。自公孫龍之說出，而後名字含義，遂有哲學上之最高地位。故公孫龍之所謂名，與以前之所謂名者又絕不同，猶之莊子之所謂道，與以前之所謂道者絕不同也。

今考《莊子・內篇》，言名實者凡數見，曰：「我將為名乎，名者，實之賓也。」又曰：「名實未虧，而喜怒為用。」又曰：「是皆求名實也，名實者，聖人之所不能勝也。」又曰：「德蕩乎名，知出乎爭。」又曰：「名實不入，而機發乎踵。」又曰：「無為名尸，無為謀府。」是《莊子・內篇》言名實，猶守舊義，非有新解。至《老子》書，所用名字，其含義乃與莊子突異。蓋老子又兼採公孫龍思想也。故《老子》書開首即曰：「道可道，非常道。名可名，非常名。」謂天地萬物盡於道，此莊周之說也。謂天地萬物盡於名，則公孫龍之說也。兩說絕不同，《老子》書乃混歸於一。此《老子》書猶較公孫龍為晚出也。老子繼是而曰：「無名，萬物之始，有名，萬物之母。」今本或作「無名，天地之始。有名，萬物之母。」或云：當於有、無字逗。然考《史記・日者列傳》：「無名者，萬物之始也。」王弼〈注〉：「凡有皆始於無，故未形無名之時，則為萬物之始。及其有名有物之時，則長之育之，亭之毒之，為其母也。」是王本兩句皆作萬物，與《史記》合。至於斷句，則或於有、無字逗，或於名字逗，義實兩通，亦據王弼〈注〉而可知。然以無名為萬物之始，以有名為萬物之母，此種理論，明出名家，即前所謂名數的萬物一體論也。而其義尤近於公孫龍。此與莊子所倡氣化的萬物一體論，實相違異。而《老子》書乃牽合為說，故曰：「道常無名，樸。」推《老子》書作者之意，蓋當萬物無名之際，乃所謂道，及其有名，則已非道而是器矣。故道乃在器之先。若據莊周舊說，則萬物遷化，莫非天地之一氣，而此一氣之運行，即所謂道，則萬物遷化之本身即是道，非在萬物遷化以前別有道。故莊子曰：「道行之而成，物謂之而然。」道見於運行，非在運行之前先有道也。物施以稱謂，非在稱謂之外別無物也。在莊周之意，天地萬物，只是一氣之運行。其運行本身即是道。道則惟一，故物乃同體，人則從而加以名謂識別，遂若世間誠有此一物彼一物之存在。其實則萬物一體，而又遷化無常，不居其故。故道者，乃綜合此遷化之大體，而名言則就此遷化之大體而加之以分別。故謂除去此遷化之大體以外別無道，可也。謂除去對於此遷化之大體之種種名相分別以外別無物，則殊不可。縱謂莊子未嘗認可於此種種分別之物相，然在莊子意中，明明有超乎此種種名相分別之外之合一大通之遷化之大體曰道者之存在。此乃莊子思想之要點。故〈齊物論〉有云：「道烏乎往而不存，言惡乎存而不可。道隱於小成，言隱於榮華。」此皆道言對舉。道指其真實，言指其辨認。故曰：「是非之彰也，道之所以虧也。」又曰：「道未始有封，言未始有常。」又曰：「大道不稱，大辨不言。」凡〈齊物論〉一篇道言並舉，其言字所指，小之則彼我之識別，大之則是非之爭論，並不謂此萬物一體從名言而起，亦不謂捨卻名言，即無此萬物大全合一相通之體之存在也。惠施歷物之意，說萬物畢同畢異，以為有大一小一之別，而曰天地一體。此亦認有此一體也。而莊子深不喜其說，以為萬物一體，應從觀化中見，不當從言辯上證。當知從名字言辯之綜析而證天地萬物之一體，則言辯本相即已非一。若果是一，更無言辯，更烏從於言辯中而得萬物一體之真相乎？故莊子曰：「忘言而齊物矣。」故論萬物一體，苟能以道觀之，則不必更論於名言。若以名言綜析求之，則更無當於道真。惠施、莊周畢生議論不合，正在此處。而公孫龍之於惠施，則又變本而加厲。如由公孫龍之說，凡屬一名，即是一實。名之所在，即是實之所在。如稱馬，馬是一名，亦即是一實。如稱白，白又是一名，亦即又是一實。如此則白馬自當與馬不同。名不同，而實亦異。如堅、白、石，非石之一實而有堅、白之二名，乃石是一名，同時即是一實，堅與白又同是一名，同時又即同是一實也。故曰：「物莫非指，而指非指。」此亦可謂物莫非名，而名非名也。故主於道以為論者是莊周，主於名以為論者是惠施、公孫龍。今《老子》書，開宗明義，即以「道」、「名」二者兼舉，此非莊周與惠施、公孫龍各得《老子》精義之一偏，乃老子自匯此兩家而合說之耳。然兩家各有特詣，合說乃成兩損。老子曰「道生一，一生二，二生三，三生萬物」，此語極含糊。所謂道生一者，此「一」究何指？所謂一生二，二生三者，此「二」與「三」又何指？試問在道與萬物之間，別有此所謂一、二、三三者，究屬何等？所謂三生萬物者，此三究是何物？故老子此條，實費分解。王弼說之曰：

萬物無形，其歸一也。何由致一？由於無也。由無乃一，一可謂無。已謂之一，豈得無言乎？有言有一，非二而何？有一有二，遂生乎三。——從無之有，數盡乎斯。過此以往，非道之流。

然弼之此解，其義實據《莊子・齊物論》。而後世治《老》者，亦莫之能易也。今試會合《莊》、《老》兩書而比觀之，其果為莊周後起而發揮老子之義乎？抑是《老子》書後起而承襲莊周之說乎？善讀書者，已不難微辨而得之矣。且在莊周，本屬一種反駁之說，而在《老子》書，則轉成為肯認之詞。今試問道生萬物，何以於中間定要橫梗此生一、生二、生三三節。此所生之一二三者，如王弼解，既是指名言，則豈得謂道生名言，名言再生萬物乎？此其不通，盡人可知。且《老子》書明明亦云：「萬物負陰而抱陽，沖氣以為和。」則萬物只是一氣，一氣運行，即所謂道。萬物之遷化不居即是道，道即是萬物之遷化不居。如此為說，豈不直捷？豈不切近？何必再作迂迴，乃謂道生一，一生二，二生三，三生萬物，而必為此不明不實之說乎？王弼勉強作解，宜無是處。乃曰「從無之有，數盡於斯，過此以往，非道之流」。則莊生所謂「道惡乎往而不存」者復非矣。

故依莊周之說，即萬物之遷化者便是道，而不論於物體之成毀與生死。從公孫龍之說，即萬物之異同者盡是名，而不論於物質之虛實與有無。依常識言，馬為實有，白則虛名，故白馬亦是馬。依公孫龍說，則不問世間果有物質與否，果有此馬與否，而僅主一名止於一實，一實止於一名。故「馬」為一名，即是一實。「白」亦一名，亦是一實。故曰「白馬者，馬與白也」。白與馬為二名，亦即是二實。故白馬為非馬。因馬止一名，止一實也。故莊周從一物之成毀生死言，公孫龍從物之異同虛實言。兩說判然各別。至《老子》書乃混為一談，既稱道為萬物之宗，又稱「無名萬物之始，有名萬物之母」。故《老子》書中言道，其含義與莊周不得不違異。舉其大者有二：一日老子以「一」言道，如日「昔之得一者，天得一以清，地得一以寧，神得一以靈」云云，王弼云：「一，數之始而物之極也。」《莊子・內篇・大宗師》亦云：「豨韋氏得之以挈天地，伏羲氏得之以襲氣母。」惟此一節，與《老子》書相似。然《莊子》此節，實係晚出偽羼。此皆主道先於萬物之說也。《老子》書中，「一」字即指「道」。王弼謂「一者數之始而物之極」，此解甚確。蓋《老子》書作者，本自以名數的萬物一體論，與氣化的萬物一體論相混，故遂以一為道，又謂乃物之最先發源。至於莊子，則即以萬物之遷化所謂萬不同處者為道，故曰：「舉莛與楹，厲與西施，恢詭譎怪，道通為一。」並非謂先從一處生出此莛與楹，厲與西施之萬不同也。二曰老子以「無」言道，曰：「天地萬物生於有，有生於無。」蓋既謂道生天地萬物，而道則無可指，故道即是無。而《莊子・內篇》則又絕無此論也。（參看余〈關於老子成書年代〉之一種考察篇中論有無一條。）蓋莊子曰「因是」，因是者，當境如如而皆是。故曰：「道無乎不存。」又曰：「道行之而成。」宇宙間並非先有一道，由是再生萬物。若曰先有一道，由道生萬物，則此道惟一無對，故得以一訓。既是惟一無對，則亦無可別識，無可名言，故得以無訓。然既曰無可別識，無可名言，則即已是別識名言之矣。故曰「既以為一矣，且得有言乎，既以謂之一矣，且得無言乎」也。然當知此等辨論，乃莊子所以反駁惠施之名數的萬物一體論而設，不謂後人，如《老子》書作者，乃即取此以言萬物之生成也。

故老莊思想，其顯然不同處，有可得而略說者。在莊子則即「萬物之遷化」而認其是道，在老子則推尋萬物生成之本源而名之曰道。其異一也。故在莊子則當境即是，因是而已，即物化，即道真，而在老子則道生萬物，且其間尚有層次，其言之鑿鑿者，如曰：「道之為物，惟恍惟惚。恍兮惚兮，其中有象。恍兮惚兮，其中有物。」在道與物之間，別有象之一級。此義在後乃大暢於《易傳》，於是遂有聖人製器尚象之說。「象」字在哲學思想上有地位，蓋自《老子》與《易傳》始。老子之所以必於道物之間，增出此「恍兮惚兮，其中有象」之一級者，因欲牽合於「無名萬物之始」而為說也。此又老莊之相異二也。

以上論《老子》書中論萬物原始，混并莊周、公孫龍兩派為說，故既言陰陽，又辨名言，含義往往相衝突。次及《老子》書中之人生論，則其說似又別有據，而且與其宇宙論部分不相條貫。請繼此再加申說。

墨子主兼愛，一變而為惠施之萬物一體論。又轉化而為莊周之物化論，以及公孫龍之惟名論。莊周、公孫龍之說，又合併而成老子之虛無論。其說已略如上舉。然墨學貴實行。非禮非樂，節用節葬，苦行自刻，為墨學之基點，而特副之以兼愛之妙辨。兼愛論之發展，而有惠施、公孫龍為名家，至其苦行自刻之精神，則傳而為農家，如許行是也。（許行為墨徒，詳余《先秦諸子繫年》。又余有《墨子》一小書，詳論此義。）然墨子之道，「生勤死薄，其道大觳。使人憂，使人悲，其行難為，反天下之心，天下不堪。」於是有起而別為之說者，曰宋牼。蓋持墨家兼愛之說，視人之父若其父，其論為人所難信，於是有惠施起，而造為萬物一體之新說。而苦行自刻，生勤死薄，其事又為人所難守，於是有宋牼起，而造為人心欲寡不欲多之新說。荀子以墨宋兼稱，蓋宋牼亦墨學晚起一大師，在晚周思想界如荀卿之徒，猶知之也。余觀《老子》書，其言人生涉世之道，大體從宋牼來。宋牼所著書雖已佚，而其所創說，則猶有可徵者。

《漢書．藝文志》小說家，〈宋子〉十八篇，班固云：「孫卿道宋子，其言黃老意。」則《老子》書與宋牼相通，漢人已言之。今考荀子稱「子宋子曰：『人之情欲寡，而皆以己之情為欲多，是過也。』」〈正論篇〉又曰：「宋子蔽於欲而不知得。」〈解蔽篇〉「宋子有見於少，無見於多。」〈天論篇〉《莊子．天下篇》亦言之，曰：「宋牼情欲寡，（今本誤作情欲置之）以為主。」又曰：「以禁攻寢兵為外，以情欲寡淺為內。」是宋牼始倡情欲寡淺之義也。然今《老子》書，固亦力持情欲寡淺之說者。故曰：

五色令人目盲，五音令人耳聾，五味令人口爽，馳騁畋獵令人心發狂，難得之貨令人行妨。

又曰：

少思寡欲，絕學無憂。

又曰：

少則得，多則惑。餘食贅行，有道不處。

禍莫大於不知足，咎莫大於欲得。

為道日損，欲不欲。

此皆發明人情欲寡不欲多之義也。荀子又稱：「子宋子曰：『明見侮之不辱，使人不鬥。』」〈正論篇〉韓非亦言之曰：「宋榮子之議，設不鬥爭，取不隨仇，不羞囹圄，見侮不辱。」莊子亦稱之，曰：「宋榮子舉世譽之而不加勸，舉世非之而不加沮，定乎內外之分，辨乎榮辱之竟。」〈逍遙遊〉此宋牼提倡墨家非鬥，而別創為榮辱之新界說。在常人認以為辱者，宋榮子不以為辱。常人所不以為榮者，宋榮子轉以為榮。（關於墨家非鬥一義，余別有詳論，此不能盡。）《老子》書中類此說者亦極多。故曰：

強大處下，柔弱處上。弱之勝強，柔之勝剛，天下莫不知，莫能行。聖人之道，為而不爭，以其不爭，故天下莫能與之爭。

又曰：

報怨以德，勇於敢則殺，勇於不敢則活。

強梁者不得其死，吾將以為教父。

此皆以不鬥爭為教也。又曰：

大直若屈，大白若黷。知其雄，守其雌，知其榮，守其辱。處人之所惡，而受國之垢。

《莊子・天下篇》稱宋子又曰：「是漆雕之廉，將非宋榮之恕。是宋子之寬，將非漆雕之暴。」寬與恕，皆心之能容也。宋牼以心能寬恕，能容受，為心之自然功能。故曰：「語心之容，名之曰心之行。」蓋宋牼一方既提倡情欲寡淺之說，使人無多欲，無多求，一方又另定榮辱之界，使人無出於鬥爭，而歸其說於人心之能容。能容則自可無爭，無爭則欲求自減。人能明乎此，則苦行自刻，安之若性，而墨家兼愛之精神，推行不難矣。是人心能容之說，亦宋牼所特創也。然今《老子》書亦言「容」，故曰：

知常容，容乃公，公乃王，王乃天，天乃道，道乃久。

特提容字，即宋子語心之容也。自孔、墨、孟、莊，言人心之德性者詳矣，然皆不及此「容」字。惟《尚書．洪範》亦云：「思曰容。（今本作睿）」〈洪範〉言五行，其書當亦起戰國晚世，殆亦受宋牼思想之影響。故宋牼立論凡三大綱，一曰情欲少，不欲多。一曰見侮不辱。一曰容為心行。此皆當時認為宋牼所創之新說，而今《老子》書皆有之。莊周號為能傳老子之學，而今〈內篇〉七篇，論人生涉世之道，又並不類老子，則何也？夫求學術思想之系統，而論其流變，此事本難明定確指。今若謂《老子》書在前，而孔、墨、孟、莊以下皆後起，則是莊周見《老子》書而取其論道之一端，惠施、公孫龍承襲其論名之一部分，宋牼則竊取其論心之情欲者，而孔子傳《易》，則又得其論陰陽、論象之說。此數子者，各得《老子》書之一偏，不能相通貫，而老子最深遠，為後來九流百家所自出。縱橫家得其「欲歙固張，欲弱固強」之意，兵家得其「不得已而用之，恬淡為上」之旨。墨子兼愛取其慈儉之教。孟子「不嗜殺人者得天下」，乃竊其「樂殺人者不可得志於天下」之句。《老子》五千言如大海，諸子百家如鼹鼠飲河，各飽其腹而去，此亦復何不可！若謂《史記》稱老聃，其人其事，未盡可信，《老子》書五千言，不必定出孔子前，則今《老子》書中之思想，明與莊周、公孫龍、宋牼諸家相涉，其書宜可出諸家後，乃有兼採各家以成書之嫌疑也。

以上自學術思想之流變言之，疑《老子》書出宋牼、公孫龍同時稍後之說也。

三

昔清儒辨《偽古文尚書》，一一為之搜剔其出處，明指其剽竊之所自，而《偽古文尚書》一案遂定。然《老子》書實非《偽古文尚書》比，其書五千言，潔淨精微，語無枝葉，本不求剽竊見信，亦何從以剽竊證偽？故自文字文句求之，而證《老子》書之為偽出，其事不如證《偽古文尚書》者之易。然《老子》書果誠晚出，則在文字文句之間，其為晚出之跡，亦終有其不可掩者。即如前舉「道生一，一生二，二生三，三生萬物」，語本《莊子》。「愛以身於為天下，可以寄天下。貴以身於為天下，可以託天下」，語似《論語》「可以託六尺之孤，可以寄百里之命」，而時代顯屬晚出。「樂殺人者不可以得志於天下矣」，其語與《孟子》「不嗜殺人者能一之」極相似，亦可斷為戰國時人語，非春秋前所有。此等處，皆已不可掩其後出之跡。而余觀《老子》書，專就其文字文句求之，仍有確然可以斷其為晚出，而不盡於上舉者。老子云：

天地不仁，以萬物為芻狗，聖人不仁，以百姓為芻狗。天地之間，其猶橐籥乎！虛而不屈，動而愈出。

此處「芻狗」兩字極可疑。王弼〈注〉云：

天地任自然，無為無造，萬物自相治理，故不仁也。仁者必造立施化，有恩有為。造立施化，則物失其真。有恩有為，則物不具存。物不具存，則不足以備載矣。地不為獸生芻，而獸食芻。不為人生狗，而人食狗。無為於萬物，而萬物各適其所用，則莫不贍矣。若慧由己樹，未足任也。聖人與天地合其德，以百姓比芻狗也。

王氏此注極牽強，謂「地不為獸生芻，而獸食芻。不為人生狗，而人食狗」，此不免陷於增字詁經之嫌，殊未足信。其謂「聖人以百姓比芻狗」，語更含糊，未為的解。疑《老子》書之本意，並不如是。河上公〈注〉云：

> 天地生萬物，人最為貴。天地視之如芻草狗畜，不責望其報也。聖人愛養萬民，不以仁恩。法天地，行自然。視百姓如芻草狗畜，不責望其禮意。

芻草狗畜，其語無本，所解更不如王弼遠甚。其實「芻狗」一語，明見《莊子・天運篇》，謂：「芻狗之未陳也，盛以篋衍，巾以文繡，尸祝齋戒而將之。及其已陳也，行者踐其首脊，蘇者取而爨之而已。」天地之間，虛而不屈，動而愈出，有弟而兄啼，時一過往，全成陳跡，神奇又化為腐臭，故曰「天地不仁，以萬物為芻狗，聖人與化為人，則以百姓為芻狗也」。如是以《莊子》書為說，文義極明顯，更無可疑。不必如王弼注語之迂迴。即宋儒自蘇轍以下解《老子》，亦無弗用《莊》書芻狗義。然王弼絕非未見《莊子》之書，何以近捨結芻為狗之說，而必別自生訓乎？此由王弼認《老子》書在前，《莊子》書在後，則萬不能在《老子》書中轉運用《莊子》文句，故雖知《莊》書有芻狗之說，而王弼不敢用以解《老子》，此正見王弼之明細謹慎，而自有其不得已。此古人注書用心精密之一例也。今若謂《老子》書屬晚出，其芻狗之語，當與《莊子・天運篇》所謂芻狗者同義，則文義明白而易解。惟〈天運〉列《莊子・外篇》，並明見有漢人語。或芻狗一章較早。然亦不能必謂《老子》書中芻狗一語，定晚出於〈天運〉之此章。蓋在戰國晚世，必有此芻狗之譬，先已流行，《老子》書特渾用之，而〈天運篇〉此章乃詳述之。今特據有〈天運〉此章，而證《老子》芻狗一語之同為晚出，則必可定也。

老子又云：

天下之至柔，馳騁天下之至堅，無有入無間。

《莊子・養生主》則云：「彼節者有間，而刀刃者無厚，以無厚入有間，恢恢乎其於遊刃，必有餘地矣。」是謂以無厚入有間也。今《老子》書乃謂以無有入無間，此亦襲《莊子》，而加深一層為說者。

《莊子・人間世》有云：「絕迹易，無行地難。」老子曰：

善行無轍迹。

亦襲莊意而語加潔。抑且當惠施、莊周時，辨者有言曰「輪不輾地」，此即車行無轍也。又曰「指不至」，此即徒行無跡也。莊子之所謂絕跡，亦自是當時學者間共同討論之一題，而何以遠在春秋時老子著書已能先及於此乎，此又無說以解也。

老子曰：

多言數窮，不如守中。

王弼注語，似有脫誤，極難明瞭。今按：其說似亦出《莊子・齊物論》：「彼莫是得其偶，謂之道樞，樞始得其環中，以應無窮。」老子倒言之，故曰「多言數窮，不如守中」。然莊子道樞「樞」字，又見《墨經》：

〈《經上》〉彼不可兩，不可也。（梁氏〈校釋〉謂「兩」下「不可」二字衍，亦通。）

〈《說》〉彼凡牛樞非牛也，兩也，無以非也。

此條在「辯，爭彼也」一條以前，先界說「彼」字。「彼」是一物（實），只當一名，故曰「彼不可兩」。今有一物，或謂之牛，或謂之馬，本無不可。然既已約定成俗，群謂之「牛」矣，則不當又別謂之「馬」。故謂之「馬」者不可。所以不可者，乃在彼之不可兩。故曰：「彼不可兩，不可也。」此乃先說所以有不可之故。辨者即辨其可與不可，故有當否勝負也。「凡牛樞非牛者」，樞乃戶樞義，《管子》有〈樞言篇〉，注：「樞者居中。」《淮南・原道訓》：「經營四隅，還反於樞。」樞常居中而轉動。今謂此物名「牛」，即有「非牛」一名，與為對偶。牛名只一，非牛之名無窮，如「羊」如「馬」，皆可謂之非牛，而非牛之名自「牛」名生，故「牛」名為主。今以

「牛」名為中樞，「非牛」之名為外環，如下圖：

故曰：「凡牛，樞非牛，兩也。」以牛為樞，則凡其四環皆非牛。以馬為樞，則其四環皆非馬。故自牛言之，牛為樞，而馬為環，馬則非矣，牛則是矣。自馬言之，則馬為樞而牛為環，牛則非矣，馬則是矣。故曰：「是亦一無窮，非亦一無窮。」道樞者，知馬之可以為樞，而牛亦可以為樞，是之謂「兩行」。是之謂「因是」。是之謂「彼是莫得其偶」。是之謂「可以應無窮」。今老子謂「多言數窮，不如守中」，所守係何等之中乎？王弼云：「若橐籥有意於為聲，則不足以供吹者之求。」是據上文「天地之間其猶橐籥乎」為說，則老子「守中」乃成「守虛」之義。然此兩句是否連續上文，從來說者多有爭辯。且即如弼說，以「中」訓「虛」，固亦可謂老子之虛中，乃由莊周之「環中」來。要之治《老子》書，必本莊周為說，其義乃可得通。否則將漫不得其語義之所指，亦將漫不得其語源之所自，此即《老》後於《莊》之確證也。

又老子曰：

益生曰祥，心使氣曰強。

「益生」見《莊子・德充符》，曰：「不以好惡內傷其身，常因自然而不益生。」「心使氣」見《莊子・人間世》，曰：「一若心，無聽之以耳，而聽之以心。無聽之以心，而聽之以氣。氣者，虛而待物者也。」故老子因之，曰「益生曰祥」，祥者不祥。又曰「心使氣則僵」矣。「強」當作「疆」，即「僵」之借字也。（此說據馬敘倫《老子覈詁》。）然則不引莊子之說，則老子此語之義即不顯。此亦可證《老》出於《莊》後，胥與上引諸條一例也。

又老子曰：

專氣致柔，能嬰兒乎。

焦竑曰：「心有是非，氣無分別，故心使氣則強，專於氣而不以心間之則柔。」焦氏此解，於《老》書專氣義，最為恰適。夫心氣問題，亦在莊周、孟子書中始有之，《論語》、《墨子》猶絕不見心氣兼言成為一論題者。何以遠在孔子以前，遽已有此等語。故若抹去《孟》、《莊》書而專治《老子》，則終將無說以通。則《老子》書之晚出於莊周，又復何疑耶？

又老子曰：

> 服文綵，帶利劍，厭飲食，財貨有餘，是謂盜夸。

說者不得「盜夸」二字之解。韓非〈解老〉作「盜竽」，疑是本字。然〈解老〉云：「竽也者，五聲之長也，故竽先則鐘瑟皆隨，竽唱則諸樂皆和。今大姦則作，俗之民唱。俗之民唱，則小盜必和。故服文綵，帶利劍，厭飲食，而財貨有餘者，是之謂盜竽矣。」其說亦迂迴。疑〈解老篇〉所云，乃得其本字而失其本義耳。「盜竽」之解，亦見《韓非》書。〈說林〉：「齊宣王使吹竽，必三百人。南郭處士請為王吹竽，宣王悅之，廩食以數百人。宣王死，湣王立，好一一聽之，處士逃。」此乃當時齊人調侃游士食客之所造，其說雖見《韓非》書，而其事傳述當在《韓非》前。余疑《老子》書或當出於齊，（別有論，詳《先秦諸子繫年》。）此殆據當時人口述故事，而曰「謂之盜竽」，猶今人之云「濫竽」也。吹竽又事屬韓昭侯，亦見《韓非》書，此足證其傳說在當時之流行。故以盜竽與芻狗之用語，而證《老子》書之晚出，此兩事亦可歸納為一例也。

又老子曰：

> 同謂之玄，玄之又玄，眾妙之門。

《老子》書屢言玄字，河上公〈注〉：「玄，天也。」王弼〈注〉：「玄，冥也。」此與《莊子·

大宗師》「於謳聞之玄冥」之玄同義。而玄何以指天，後人於此皆無說。惟宋蘇子由說之，曰：「凡遠而無所至極者，其色必玄，故老子常以玄寄極也。」呂吉甫曰：「玄之為色，黑與赤同乎一也。天之色玄，陰與陽同乎一也。名之出玄，有欲與無欲同乎一也。」兩家之說允矣，而蘇氏之語，尤為深得《老子》書用此玄字之真源。《莊子・逍遙遊》：「野馬也，塵埃也，生物之以息相吹也。天之蒼蒼，其正色也，其遠而無所至極邪，其視下也，亦若是則已矣。」蓋老子言玄，猶莊子言天之蒼蒼，故古經籍亦言蒼天，《詩・王風・黍離》，「悠悠蒼天」是也。而後世道家特喜言玄天。《莊子・雜篇》有「玄古」，此尤玄為遠而無所至極之義之確證。故《老子》書用此玄字，必如蘇氏之解，絕與莊周天之蒼蒼語有淵源也。而《老子》書之晚出於莊周，亦即於此而可微辨以得矣。至《易・坤・文言》「天玄而地黃」，其語顯出老子後。《尚書・舜典》「玄德升聞」，玄德字亦本《老子》，必為晚周儒家之妄羼。而《莊子・外篇・天道》有玄聖素王之名，則更見為漢人語。此又即就一字之使用，而可以推論群書真偽先後之一例也。

上之所舉，皆據文字文句間求之，雖其事若近瑣碎，然亦足證《老子》書確有晚出於莊周之嫌疑也。再次，請本古人著書之大體言，則亦可證成《老子》書之確為晚出者。

春秋之際，王官之學未盡墜，學術不及於民間，私家以著書自傳者殆無見。老子果為王官與否，請儒汪中所辨，義據堅明，殆成定論。至於孔門儒家，始播王官六藝為家學。然孔子《春秋》

本之《魯史》，訂正禮樂，亦不出王官六藝之範圍。《論語》之書成於孔門，記言記事，仍是往者史官載筆之舊式也。下逮《孟子》七篇，議論縱橫，其文體若已遠異於《論語》。然亦不脫記事記言之陳式。此皆當時著書體例之最早的法式也。下至《莊子》，號為荒唐矣，然其書寓言十九，雖固妙論迭出，而若仍困於往昔記言記事之陳格，文體因循，猶未全變。然已能裁篇命題，如內篇〈逍遙遊〉、〈齊物論〉之類，較之以〈梁惠王〉、〈公孫丑〉名篇者，自為遠勝矣。惠施之書五車，惜後世不傳，不審其體例。《墨子》書最先，當僅是貴義公孟諸篇，體類《論》、《孟》者先傳。今其書如〈天志〉、〈尚同〉、〈兼愛〉、〈尚賢〉，一義一題，雖亦有「子墨子曰」云云，然固不拘於對話。此其文體，殆絕不出《孟》、《莊》之前矣。至《公孫龍》、《荀子》書，乃始為嚴正之論體，超脫對話痕跡，不復遵襲記事記言之陳套，空所依傍，自抒理見。然《荀》書如〈議兵〉諸篇，亦復仍遵舊規也。至《老子》書，潔淨精微，語經凝鍊。既非對話，亦異論辨。此乃運思既熟，融鑄而出。有類格言，可備誦記。頗異乎以前諸家之例矣。若老子著書早在前，則何其後起諸家之拙，而文運之久滯而不進乎？

今讀《老子》書，開首即曰：「道可道，非常道。名可名，非常名。」此絕非子曰學而時習之，以及孟子見梁惠王之例，可相比擬。必求與《老子》書粗可比類者，如《公孫龍》「物莫非指，而指非指」，及《中庸》「天命之謂性，率性之謂道，修道之謂教」，以及《大學》「大學之道，在明明德，在親民，在止於至善」之類，此皆於一篇一書之開端，總絜綱領，開宗明義，要言不煩，此其為文體之進展，必皆出於戰國之晚年，而不能早出於《論》、《孟》、《莊子》之前。此又據於當時文體之演變，而可定其成書年代之先後也。

又《老子》書用韻語，或以為韻文例先散文之證。然韻文例先散文，以言詩歌之先官史，則洵然爾。其先播之於樂，則為詩歌。其次載之於冊，乃為官史。又其次而流散於私家，則有師弟子之「論語」。官史之與「論語」，則屬散文，本此而謂散文之晚出於韻文則可也。散文之先為史，史必晚於詩。繼史而有論，論又晚出於史。詩與史與論之三者，可謂是古代文學自然演進之三級。若至《老子》書，其文體乃論之尤進，而結句成章，又間之以韻，此可謂之論文之詩化，其體頗亦雜見於《莊子》，至《荀子》書而益多有。《老子》書則竟體以韻化之論文成書也。如此言之，則《老子》書之文體，其絕不能先於《論語》一類之對話，為記事記言之史體者，又斷可決矣。故《論語》已為官史之解放，官史則為〈雅〉、〈頌〉之解放。而孟、莊著書，則又為《論語》之解放。公孫龍、荀況，又為《孟》、《莊》之解放。《老子》書之文體，儕之荀、公孫之儔則類，推之《論語》之前，則未見其為妥愜也。後有《易大傳》，文體似《老子》，均係散體論文之韻化，不得援詩歌先於論文為例，而謂其書用韻，即證為古作也。

余觀《漢書．藝文志》，著錄諸子，大率盡出戰國以下，而往往託之春秋之前，此在劉向、歆父子已多辨析。後人為諸子證偽，亦頗有片言折獄者。惟《老子》書之為晚出，則雖辨者已多，而論爭猶烈。若至今而不能定。此緣其書誦習既熟，愛玩者多，故雖有確證，未易啟信。近人辨《老子》書晚出，始梁任公，所舉諸證，皆屬堅強，優足以資論定矣。繼而為辨者，又復新義絡繹，時有可取。余茲所陳，若幾於買菜之求益焉。而倉促成文，所欲言者，猶憾有未盡。要自別闢蹊徑，足補梁氏諸人未盡之緒。抑近人雖疑《老子》書晚出，而猶多謂其當在《莊子》之前者，然即以《老子》書屢稱「侯王」、「王侯」一端言之，齊魏會徐州相王，為六國稱王開端，其時已當惠施、莊周之世，（六國稱王事，余《先秦諸子繫年》有詳考。）則《老子》書至早不能在莊周前，抑又明矣。又莊周〈內篇〉與〈外〉、〈雜〉諸篇時代有先後，亦為辨《老子》成書年代者連帶必及之問題。此篇未能詳論，更端為篇，姑俟之異日焉。

三論老子成書年代

《老子》書之晚出，今日已成定論。顧或主在莊子前，或主在莊子後。余夙主後說，昔曾造論兩篇，一曰〈關於老子成書年代之一種考察〉，成於民國十二年夏，刊載於《燕京學報》之第八期。一曰〈再論老子成書年代〉，成於民國二十一年春，刊載於北京大學之《哲學論叢》。翌年，由滬上某書肆合印單冊，名《老子辨》。今忽忽又十五年，意有未盡，爰草三論。距首論初稿，則已二十四年矣。

此論之成，先有一大前提，即謂〈易繫〉、《中庸》，皆出《莊》、《老》之後。余在三十三年春，曾著〈易傳與禮記中之宇宙論〉一篇，刊於《思想與時代》第三十四期（現收入《中國學術思想史論叢》第二冊。），大體謂《易》、《庸》所論宇宙人生，皆承襲《莊》、《老》，而改易其說以就儒統。老子思想，則適為莊周書與《易》、《庸》之過渡。當時在篇中雖偶及此義，未遑詳論。此篇續闡前說，讀者必參閱彼文，乃可備得本篇之作意。

莊子論宇宙，其最要義，厥為萬物皆本一氣，其死生成毀，皆一氣之化，故〈內篇〉屢言「造化」，又稱「物化」。萬物既盡屬一氣之化，故曰：「假於異物，託於同體。」「孰知死生存亡之一體。」〈大宗師〉又曰：「惡知死生先後之所在？」（同上）故曰：「凡物無成與毀，復通為一。」〈齊物論〉苟有悅生而惡死，必為莊生之所笑。抑莊生時言之，曰：「大塊載我以形，勞我以生，佚我以老，息我以死。」（同上）又以生為附贅縣疣，死為決疣潰癰。則推極莊生之意，無寧謳歌死尤甚於謳歌生。儒家建本人事，故《荀子．解蔽篇》譏莊周「蔽於天而不知人」。死生一體，固屬天然。而好生畏死，則人之常情。今莊子齊而等視，故曰「蔽於天而不知人」也。〈易繫〉則曰「天地之大德曰生」，《中庸》亦曰「贊天地之化育」。又曰：「天地位，萬物育。」夫有生必有死，而必曰「天地之大德曰生」者，此本人以立言之所宜有也。夫固知天地萬物，胥出一氣之化，而必曰「化育」焉，則認生育為造化之主。一陰一陽之謂道，而《易》、《庸》立言，必主於陽不主於陰，此見儒家陳義本諸人，與莊子之超夫人而本乎天者異趣。顧《老子》書，則已漸露此傾向。故老子常言「生」，常言「育」，乃轉近《易》、《庸》，而與莊周之「齊死生一成毀」者遠焉。今舉其說如次：

萬物作焉而不辭，生而不有。二章

生之畜之，生而不有，為而不恃，長而不宰，是謂元德。十章

孰能安以久動之徐生，保此道者不欲盈。十五章

大道氾兮，其可左右。萬物恃之而生而不辭，功成不名有。衣養萬物而不為主。三十四章

萬物得一以生，……萬物無以生，將恐滅。三十九章

道生一，一生二，二生三，三生萬物。四十二章

道生之，德畜之，物形之，勢成之。五十一章

道生之，德畜之，長之育之，亭之毒之，養之覆之，生而不有，為而不恃，長而不宰，是謂元德。同上

此見老子言道生萬物，偏言生，不言死，與莊周齊死生而一言者不同。蓋莊子「本天」言，老子「本人」言，人情好生惡死，故必曰「道生萬物」，又曰「道生德畜，長育養覆」，此證老子之轉近儒義，故曰其書乃莊周與《易》、《庸》之過渡。又《荀子・天論篇》：「老子有見於詘，無見於信。」此亦顯涉人事，非關自然。

莊子本天而言，故常見大化之日新，曰：「方將化，惡知不化哉。方將不化，惡知已化哉？」

〈大宗師〉又曰：「有駭形，無損心。有旦宅，無情死。」（同上）駭形者，變化為形，駭動不留。旦宅者，旦暮改易，生如蓮廬。故曰：「造適不及笑，獻笑不及排，安排而去化，乃入於寥天一。」（同上）人生不可控摶，「方生方死，方死方生，行盡如馳，莫之能止，日夜相代」，〈齊物論〉若「藏舟於壑，藏山於澤，而夜半有力者負之而走」也〈大宗師〉。雖此說非謂其不信，要非生人之情所樂聞。〈易繫〉、《中庸》則轉言之曰，大化雖日新，而此日新之化，則固不息不已，可久而可常。烏見所謂行盡如馳而莫之能止乎？故莊子曰「化則無常」，而《易》、《庸》即「以化為常」，此又其相互異趣之一端。老子言「道」，既偏重人事，故其書亦時言常，不言無常。曰：「道可道，非常道。名可名，非常名。」則知老子心中自可有一「常道」，有一「常名」矣。而莊子則曰「言未始有常」，又曰：「仁，常而不成。」此又莊老之異趣。故老子曰：

> 復命曰常，知常曰明，不知常，妄作凶。十六章
>
> 常德不離，復歸於嬰兒。……常德不忒，復歸於無極。……常德乃足，復歸於樸。二十八章
>
> 道常無名，三十二章
>
> 道常無為而無不為，三十七章
>
> 用其光，復歸其明，無遺身殃，是為習常。五十二章

知和曰常，知常曰明。五十五章

其他《老子》書中常字尚屢見，此老子主「有常」，不主無常之證。老子既主有常，故亦主「可久」。其言曰：

天長地久，天地所以能長且久者，以其不自生，故能長生。七章

孰能安以久動之徐生，十五章

天乃道，道乃久。十六章

不失其所者久。三十三章

知足不辱，知止不殆，可以長久。四十四章

有國之母，可以長久，是謂深根固柢，長生久視之道。五十九章

「有常」、「可久」，此《易》、《庸》義，非莊周義也。老子主有常，主可久，故亦重「積」。曰：「早服，謂之重積德。重積德，則無不克。」（五十九章）「積」之為義，荀卿極言之，而《易》、《庸》承襲焉。此又《老子》書近於荀卿、《易》、《庸》，而遠於莊周之一證也。

莊子曰：「人謂之不死奚益，其形化，其心與之然，可不謂大哀乎？」〈齊物論〉凡莊子之主無

常者，每由其形之遷化不居徵之。然則老子主有常可久，亦可證形之不遷不化乎？曰不可。雖然，形雖化而自有其不化者曰「象」。象者，像也。凡人之形，必與人之形相像，古今人形皆相像也。凡馬之形，必與馬之形相像，古今馬形皆相像也。故指形則化，執象則留。老子曰：

無狀之狀，無物之象，是謂惚恍。迎之不見其首，隨之不見其後。執古之道，以御今之有。能知古始，是謂道紀。十四章

道之為物，惟恍惟惚。惚兮恍兮，其中有象。恍兮惚兮，其中有物。二十一章

執大象，天下往。三十五章

大象無形，道隱無名。四十一章

蓋以象言道始於老。莊子論道，僅指其遷化日新，變動不居者言。老子乃始於此遷化日新變動不居之中，籀得幾許常然不變之大例。故知雖無停形而有成象，智者玩索其象，即可以逆推其變。故曰：「執古之道，可以御今之有。」矣。此又老子就天道而挽合之於人事之一大轉變。《老子》書中言此者最多，茲舉一例言之，如曰：「大曰逝，逝曰遠，遠曰反。」（二十五章）「反者道之動」（四十章）「與物反，然後乃至大順。」（六十五章）故曰：「曲則全，枉則直，窪則盈，敝則新，少則得，多則惑，是以聖人抱一為天下式。」（二十二章）此即道有成象之一端。老子又

常言「式」，曰：「知其白，守其黑，為天下式。」（二十八章）又曰：「知此兩者亦稽式，常知稽式，是謂玄德。」（六十五章）惟道有象，故有式。惟其有式，故知有常。惟道有常，故可執古道以御今有。《老子》五千言，其最大發揮，在此一義。此則顯與莊周異，而與《易》、《庸》近。以其通天道於人事，以人事為主而運用天道，與莊周之知有天而不知有人者大異。

「象」字古書極少用，《易傳》乃曰：「易者象也，太極生兩儀，兩儀生四象，四象生八卦。」八卦重為六十四，可以象天地古今一切之事變。又曰：「書不盡言，言不盡意，然則聖人之意其不可見乎，子曰：聖人立象以盡意。」「書不盡言，言不盡意」，語本《莊子》。莊子曰：

世之所貴道者書也，書不過語，語有貴也。語之所貴者，意也。意有所隨。意之所隨者，不可以言傳也。〈天道〉（按：本文引《莊子》語皆據〈內篇〉，獨此條出〈外篇・天道〉，未必真莊子語，然大體則與莊子意近，與老子意遠，故援以為證。）

莊子所謂意之所隨，乃指天地之實相。實相遷流不停，新新無故，故曰「不可以言傳」。既不可以言傳，故曰「知者不言，言者不知」也。（同上）但大化雖日新，萬形雖日變，而實有其不新不變者存。此不新不變者，即所謂「無物之象」，「無形之象」也。一陰一陽之謂道，寒往暑來，日往月來，方生方死，方死方生，前日之日，非今日之日矣，今年之暑，非去年之暑矣，此指其日新無故，遷流不停者言。抑此日往月來，寒往暑來，死生相續，陰陽相繼，則終古常然，更無變。故曰：「執大象，天下往。」一陰一陽之相尋無已，更迭不息，即大象也。大象在握，萬物不能違，其將何往乎？故曰：「易與天地準，彌綸天地之道。」天地之道，豈有出此一陰一陽之外哉。陰陽即兩儀也，一陰一陽即太極也，太極即天地之大象，可以盡天地萬物一切之變矣。所謂聖人之立象以盡意者如此。故道有遷流日新，意之隨此者不可以言傳，道亦有一常不變，得其象而存之，則烏見意之不可盡哉。《易傳》之盛言夫「象」，其義即承老子，故曰老近《易》、《庸》與莊則遠，此就其偏重人事之一端言之。

《老子》書既重人事，故其言天道，亦常偏就近人事者言之。曰：「天網恢恢，疏而不失。」（七十三章）又曰：「天之道，其猶張弓與，高者抑之，下者舉之，有餘者損之，不足者補之。天之道損有餘而補不足。」（七十七章）又曰：「天道無親，常與善人。」（七十九章）天之道利而不害，此非其明證耶？故嘗論之，莊周之與《老子》書，譬之佛經，猶般若之與涅槃也。般若掃相，涅槃顯性，莊主於「掃」，老主於「顯」，此則其分別之較然者。太史公以老、莊、申、韓同傳，然謂韓非原於老。《韓非》書有〈解老〉、〈喻老〉篇，老、韓兩家陳義相通處，此不詳論。但若謂韓非原於莊，則大見不倫。豈不以《老子》晚出，其書自與《韓非》、《易》、《庸》時代為近而然乎？或曰：昔有譏援儒入釋者，今子之言，豈不將攀老以入之儒耶？曰：不然，此非余之言，昔荀卿已言之。曰：「莊子知有天而不知有人。」，又曰：「老子有見於詘，無見於信。」夫詘信非人事乎？故莊子重天而忽人，老子本人以言天。莊老之別，固甚顯矣。抑有大同而小異者，亦有大異而小同者。《莊》之與《老》，大同而小異之類也。《老子》之與《易》、《庸》，大異而小同之類也。夫莊老同為道家，同言天道，大義相通，十之七八，盡人所知，何待再論。凡我所辨《莊》、《老》、《易》、《庸》之異同，乃據其義尚隱而不為人知者言之，非所謂援老入儒也。

或曰：莊老異同之辨，誠如子言，抑異同與先後尚有別，安知非《老子》書在前，孔子繫《易》，子思作《中庸》，就其偏重人事者而推闡之，莊子盡飜窠臼，乃專崇天道，何必《老子》在《莊子》之後，《易》、《庸》又在《老子》之後乎？曰：言不可以一端盡。《易傳》非孔子作，《中庸》非子思作，二書皆當出秦漢間，此前代早有論者。莊子論道，乃承儒墨是非而為破，非承老聃而為變，亦不能盡於茲篇之所論。

或曰：近人有言，辨《老子》晚出，分而觀之，皆若不足以定讞，合而論之，辭乃可成。子所謂言不可以一端盡者，是亦類此之謂歟？曰：否否，不然。莊生有言，立百體而謂之馬，一體之無當於全馬，固也。然誠見馬者，見馬之一體，固知其為馬之一體矣。故見馬蹄，絕不以為羊蹄也。見馬尾，絕不以為狗尾也。見馬耳，絕不以為牛耳也。讀余前兩論者，雖不見此文，固已可信《老子》之晚出矣。讀此文者，雖不見余前之兩論，亦可斷《老子》之為晚出而無疑，烏見必合其全而始能定讞也。

三十六年二月在昆明五華學院

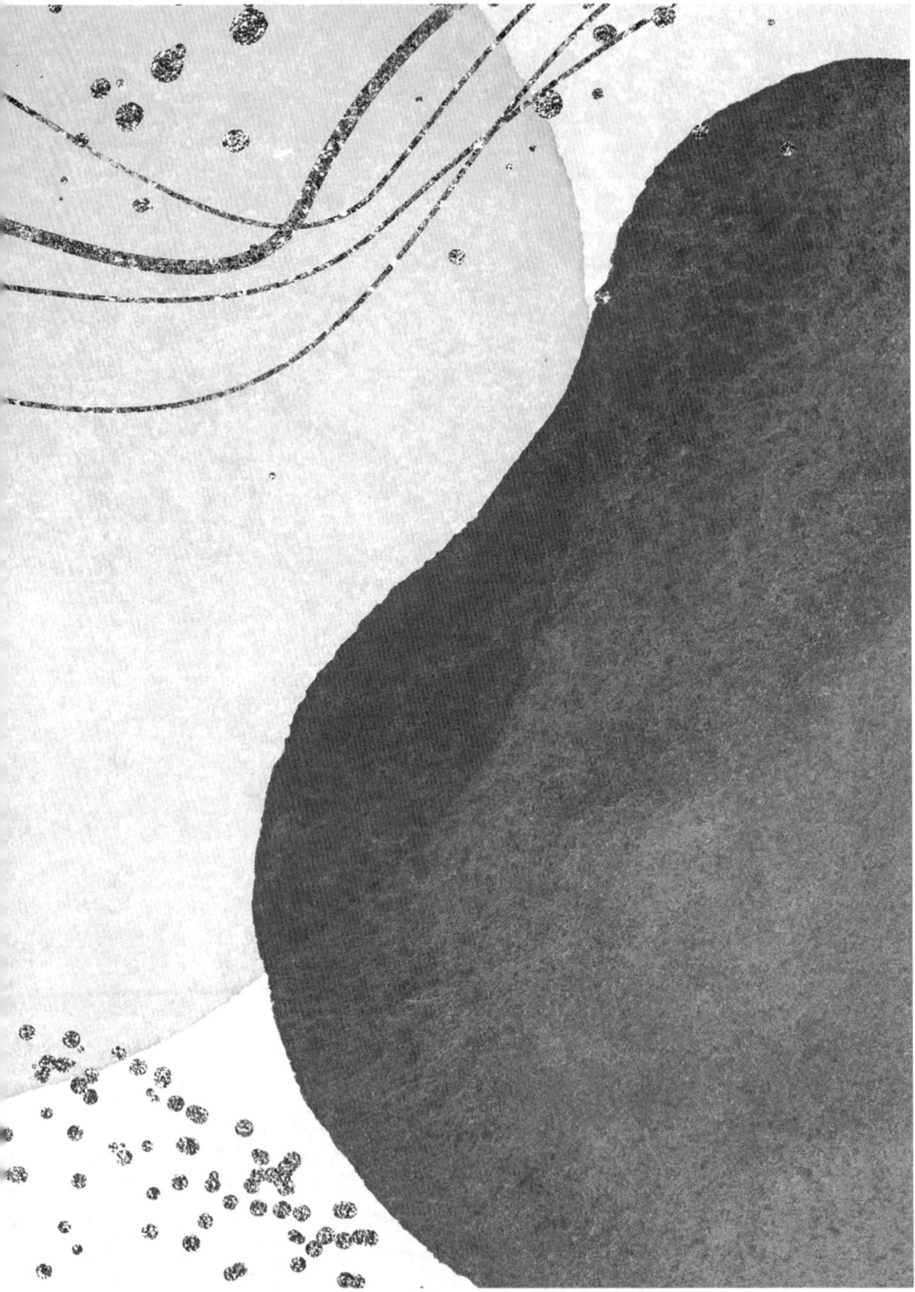

中卷之上

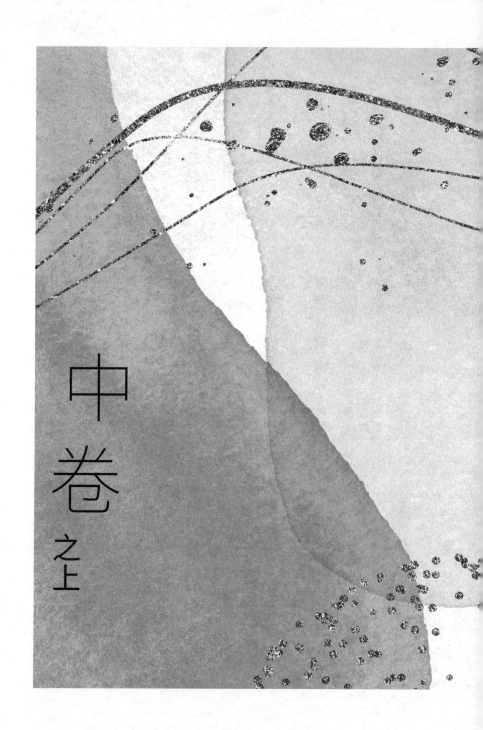

道家政治思想

一

中國思想，常見為渾淪一體。極少割裂斬截，專向某一方面作鑽研。因此，其所長常在整體之融通，其所短常在部門之分析。故就中國思想史言，亦甚少有所謂政治思想之專家。今欲討論道家政治思想，則亦惟有從道家思想之全體系中探究而闡述之。

又所謂儒、墨、道、法諸家之分派，嚴格言之，此亦惟在先秦，略可有之耳。至於秦漢以下，此諸家思想，亦復相互融通，又成為渾淪之一新體，不再有嚴格之家派可分。因此，研治中國思想史，分期論述，較之分家分派，當更為適合也。故此篇所論道家政治思想，亦僅以先秦為限斷。先秦道家，主要惟莊、老兩家。此兩人，可謂是中國道家思想之鼻祖，亦為中國道家思想所宗主。後起道家著述，其思想體系，再不能越出《莊》、《老》兩書之範圍，亦不能超過《莊》、《老》兩書之境界。然此兩書，其著作年代先後，實有問題。據筆者意見，《莊子》內篇成書，實應在《老子》五千言之前。至《莊子》〈外〉、〈雜〉篇，則大體較《老子》為晚出。莊子生卒年世，當與孟子略同時，而《老子》成書，則僅當稍前於荀子與韓非。惟此等考訂，則並不涉本篇範圍。而本篇此下之所論述，實亦可為余所主張莊先老後作一旁證也。

二

先秦思想，當以儒、墨兩家較為早起，故此兩家思想，大體有一共同相似之點，即其思想範圍，均尚偏注於人生界，而殊少探討涉及宇宙界是也。故孔子言天命，墨子言天志，亦皆就人生界推衍說之。此兩人之立論要旨，可謂是重人而不重天。莊子晚出，承接此兩人之後，其思想範圍，乃始轉移重點，以宇宙界為主。《莊子》書中論人生，乃全從其宇宙論引演。故儒、墨兩家，皆本於人事以言天，而莊周則本於天道而言人，此乃其思想態度上一大分別也。

然若更深一層言之，在莊周意中，實亦並無高出於人生界以上之所謂天之一境。莊周特推擴人生而漫及於宇宙萬物，再統括此宇宙萬物，認為是渾通一體，而合言之曰天。故就莊子思想言之，人亦在天之中，而同時天亦在人之中。以之較儒、墨兩家，若莊周始是把人的地位降低了，因其開始把人的地位與其他萬物拉平在一線上，作同等之觀察與衡量也。然若從另一角度言，亦可謂至莊周而始把人的地位更提高了，因照莊周意，天即在人生界之中，更不在人生界之上也。故就莊周思想體系言，固不見有人與物之高下判別，乃亦無天與人之高下劃分。此因在莊周思想中，天不僅即在人生界中見，抑且普遍在宇宙一切物上見。在宇宙一切物上，平鋪散漫地皆見天，而更無越出於此宇宙一切物以上之天之存在，此莊周思想之主要貢獻也。

就於上所分別，乃知莊周與儒、墨兩家，在道字的觀念上，亦顯見有不同。儒、墨兩家，似乎都於人道之上又別認有天道。而莊周之於道，則更擴大言之，認為宇宙一切物皆有道，人生界則僅是宇宙一切物中之一界，故人生界同亦有道，而必綜合此人生界之道，與夫其他宇宙一切物之道，乃始見莊周思想中之所謂之天道焉。故儒、墨兩家之所謂天道，若較莊周為高出，而莊周之所謂天道，雖若較儒、墨兩家為降低，實亦較儒、墨兩家為擴大也。

今若謂道者乃一切之標準，則莊周思想之於儒、墨兩家，實乃以一種解放的姿態而出現。因莊周把道的標準從人生立場中解放，而普遍歸之於宇宙一切物，如是則人生界不能脫離宇宙一切物而單獨建立一標準。換言之，即所謂道者，乃並不專屬於人生界。驟視之，若莊周把儒、墨兩家所懸人生標準推翻蔑棄，而變成為無標準。深求之，實是莊周把儒、墨兩家所懸人生標準推廣擴大，而使其遍及於宇宙之一切物。循此推衍，宇宙一切物，皆可各自有其一標準，而人生亦在宇宙一切物之內，則人生界仍可有其人生應有之標準也。故莊周論人生，絕不謂人生不能有標準，彼乃把人生標準下儕於宇宙一切物之各項標準而平等同視之。治莊周思想者，必明乎此，乃始可以把握莊周之所謂天，與其所謂道之真際也。

三

政治則僅是人生界中之一業，一現象，故論莊周之政治思想，亦當如我上舉，就其言天言道之改從低標準與大標準處著眼，乃始可以瞭解莊周論政治之精義。此下試舉較淺顯者數例作證明。莊周云：

> 民溼寢則腰疾偏死，鰌然乎哉？木處則惴慄恂懼，猨猴然乎哉？三者孰知正處？民食芻豢，麋鹿食薦，鴟鴉嗜鼠，蝍且甘帶，四者孰知正味？

此所舉寢處與飲食，如就人生標準言，自當為宮室與豢芻。但莊周則偏不認此等標準為寢處、飲食惟一的標準。莊周則偏把人與泥鰌、猨猴、麋鹿、鴟鴉、蝍且，拉平在一條線上，同等類視，合一比論，遂乃有三者孰知正處，四者孰知正味之疑問。然莊周之意，亦僅謂人生標準並非宇宙一切物之惟一標準而已。在莊周固非蓄意要推翻宇宙一切物之寢處與飲食之各有其標準也。宇宙一切物，既可各自有其寢處與飲食之標準，則人生界之自可有其人生之獨特的寢處、飲食之標準，亦斷可知。故在莊周意，只求把此寢處、飲食之標準放大普遍，平等散及於一切物，使之各得一標準。至於宮室之居，固為人生界之正處，而陰溼的泥窪，乃及樹巔木杪，也同成為另一種正處。芻豢、稻粱，固可為人生界之正味，而青草、小蛇與腐鼠，亦同樣可成為又一種正味。在莊周，只是把寢處與飲食的標準放寬了，而並非取消了。此一層，則每易為治莊周思想者所誤解。其實莊周言道，只是放寬一切標準而平等擴大之，固非輕視一切標準而通體抹撥之也。

> 東郭子問於莊子曰：所謂道，惡乎在？莊子曰：無所不在。東郭子曰：期而後可。莊子曰：在螻蟻。曰：何其下邪？曰：在稊稗。曰：何其愈下邪？曰：在瓦甓。曰：何其愈甚邪？曰：在屎溺。

若依儒墨兩家所揭舉之標準言，則所謂道者，不上屬天，即下屬人。而莊周思想則不然。莊周謂宇宙一切物處皆有道，故宇宙一切物，皆可各有其自身之標準。因此生物之微如螻蟻，如稊稗，甚至無生之物如瓦甓，乃至如屎溺，皆有道，即皆有其本身所自有之標準也。因此，宇宙一切物，莫非天之所於見，即莫非道之所於在。莊周乃如此般把道字的觀念放寬了，同時亦即把道的標準放低了。但又當知者，既是螻蟻、稊稗、瓦甓、屎溺皆有道，豈有高至於人生界而轉反沒有道。故莊周之論道，驟視之，若見為無標準，深察之，則並非無標準。驟視之，若莊周乃一切以天為標準，深察之，則在莊周理論中，宇宙一切物，皆各有標準，而轉惟所謂天者，則獨成為無標準。若使天而自有一標準，則宇宙一切物，不該再各自有標準。若使宇宙一切物而各自沒有一標準，則試問所謂天之標準者，又是何物乎？如此推尋，則仍必落入儒墨兩家窠臼，即就此人生標準而推測尊奉之，使其為宇宙一切物之標準焉。而莊周思想則實不然。在莊周思想體系中，實惟天獨為無標準，而即以宇宙一切物之種種標準而混通合一，即視之為天之標準也。換言之，在莊周思想體系中，乃平等地肯定了宇宙一切物，卻獨獨沒有於此宇宙一切物之外之上，另還肯定了一個天。莊周書中之所謂天，其實乃通指此宇宙一切物而言。於是此宇宙，在莊周思想中，乃有群龍無首之象。此即謂在於此一切物之外，更無一個高高在上之天，以主宰統領此一切物。於是宇宙一切物，遂各得解放，各有自由，各自平等。故此宇宙一切物，乃各有其本身自有之標準，即各自有一道。人生則下儕於宇宙一切物，人生亦自有人生所應有之標準，人生亦有道。但此人生界之標準與道，亦僅是宇宙一切物之各自具有其標準與道之中之一種。固不能如儒墨般，單獨由人生上通於天，認為惟此人生界中之道與標準，獨成其為天道與天則也。

四

此一思想體系，驟視之若放蕩縱肆，汗漫無崖岸，其實亦自有其平實處。由於此種想法而落實到政治問題，則其見解亦自然會與儒墨有不同。此下再就此闡述。

在莊周思想中，既不承認有一首出庶物之天，因亦不承認有一首出群倫之皇帝。既不承認有一本於此而可推之彼之標準與道，在一切物皆然，則人生界自亦不能例外。如是，則在莊周思想中，乃不見人生界有興教化與立法度之必要。因所謂教化與法度者，此皆懸舉一標準，奉之以推概一切，求能領導一切以群嚮此標準，又求能限制一切使勿遠離此標準。政治之大作用，主要亦不越此兩項。於是在莊周思想中，政治事業遂若成為多餘之一事。

肩吾見狂接輿，狂接輿曰：日中始何以語女？肩吾曰：告我君人者，以己出經式義度，人孰敢不聽而化諸？接輿曰：是欺德也。……鳥高飛以避繒弋之害，鼷鼠深穴乎神丘之下，以避薰鑿之患，而曾二蟲之無知！

夫鳥能高飛，鼠能深穴，彼既各有其天，斯即各有其道。鳥鼠尚然，何況人類。今不聞於鳥鼠群中，必需有一首出儕偶者君臨之，以自出其經式儀度來教導管制其他之鳥鼠。則人類群中，又何必定需一政府、一君人者之教導與管制？

循此推論，莊周應是一無政府主義者，但莊周書中，則並未明白嚴格說到此一層。莊周只謂，一個理想的君，必能：

遊心於淡，合氣於漠，順物自然，而無容私焉，而天下治。

莊周並未明白主張無君論，莊周亦未明白主張不要一切政治與政府。彼只謂一個理想之君，需能存心淡漠，順物之自然，而不容私。莊周之所謂私，即指君人者私人之意見和主張。由於此等私人之意見和主張，而遂有所謂經式儀度。如是則有君即等於無君，有政府亦將等如無政府。遠自儒墨興起之前，皇帝稱為天子，即以上擬於天，莊周似乎並未完全擺脫此種思想傳統之束縛。然就莊子思想言，天既是一虛無體，則皇帝亦該成為一虛無體，在此虛無體上卻可發生理想政治許多的作用。

陽子居問老聃以明王之治，老聃曰：

明王之治，功蓋天下，而似不自己。化貸萬物，而民勿恃。有莫舉名，使物自喜。立乎不測，而遊乎無有者也。

此乃莊周所想像，以一虛無之君體，而可發生絕大的政治作用也。此一說，殆為此下《老子》五千言所本。故老子曰：

大道汜兮其可左右。萬物恃之而生而不辭，功成不名有，衣食萬物而不為主。

此章所言為大道。老子又曰：

生而不有，為而不恃，長而不宰，是謂元德。

此章所言是元德。其實此兩章所言者皆是天。莊子理想中之理想政治，所謂明王之治者，即為其能與天同道，與天合德。一切物皆各原於天，但天不自居功，故萬物皆曰我自然。惟其皆曰我自然，故各自恃而勿恃天。雖有天之道，而莫舉天之名，故使萬物皆自喜。明王之治，亦正要使民自恃，使民自喜，而皆曰我自然。如此，則在其心中，更不知有一君臨我者之存在。此君臨人群之明王，則儼然如天之臨，雖有若無，成為一虛體。虛體不為一切物所測，亦不為一切物所知。此乃莊周理想人群之大自在與大自由，亦可謂是莊周政治思想中一番主要之大理論，亦竟可謂之是一番無君、無政府之理論也。

故莊周又云：

> 南海之帝為儵，北海之帝為忽，中央之帝為渾沌。儵與忽時相與遇於渾沌之地，渾沌待之甚善。儵與忽謀報渾沌之德。曰：人皆有七竅，以視聽食息，此獨無有。嘗試鑿之。日鑿一竅，七日而渾沌死。

一切物皆有知，皆有為，皆自恃，皆自喜，天獨無知，又無為，因此天獨不見有所恃，有所喜。一切有知有為之物，則莫不各有其自有之標準與道，因此一切物皆平等、皆自由。惟天高出一切物之上，故天轉不能私有一標準與私有一道。若天亦自有一標準與道，則一切物既盡在天之下，一切物豈不將盡喪其各自之標準與道，而陷入於不自由，並其與天之標準與道將有合有不合，而陷於不平等。今使人生界中有一首出群倫之皇帝，此皇帝之地位既儼如自然界中之有天，故此皇帝，就理想言，亦必無知與無為，無所恃又無所喜，等於如沒有。故一切人皆可各自有其一己所宜之標準與道，而君臨其上之皇帝，則不能私有一標準，私有一道，甚至不該有七竅。因有了七竅，便自然會有知有為，因此遂自恃自喜，因此將自具標準，自有道，而如是便不應為帝王。

此乃莊周論政之大義。

五

然人群中又何來一皇帝，能如莊周之所想像乎？故莊周理論雖高，到底不出於玄想。至於《老子》書，其所想像之聖人與明王，不免較莊周所言要走了樣。但《老子》書中論政，始終並未忽略了民眾應有之地位，始終視民眾為不可輕，此一層，可謂直從莊周來，猶未失莊周論政之大軌也。前此為帝王者，常不免依仗天而輕忽人，老子不然，《老子》書中之聖人與明王，則絕不肯輕犯民眾，乃至於違逆民眾以為政，因亦不敢自出其所謂經式法度者以君臨人。此一層，則可謂老子尚不失莊周論政傳統也。

老子曰：

富貴而驕，自遺其咎。

又曰：

人之所畏，不敢不畏。

又曰：

強梁者不得其死，吾將以為教父。

又曰：

大制不割。

以輔萬物之自然而不敢為。

又曰：

我有三寶，持而保之。一曰慈，二曰儉，三曰不敢為天下先。

又曰：

民不畏死，奈何以死懼之。

凡此云云，細籀之，皆可謂由莊子思想引申而來。然老莊思想畢竟有不同。莊周是一玄想家，純從理論上出發，彼謂宇宙間一切物，乃至一切人，莫不各自有其各自之立場，因亦各自有其各自之地位。誰也不該支配誰，誰也不能領導誰。各有標準，各有道，即各自自由自在，而相互間成為一絕對大平等。老子不然。老子乃一實際家，彼乃一切從人事形勢利害得失上作實際的打算。然他深知，誰想支配人、指導人，到頭誰就該吃虧。但他心下似乎仍不忘要支配人、指導人。老子實於人類社會抱有大野心，彼似未能遊心於淡漠。故就莊周言之，謂不當如此做，而老子卻說不敢如此做。此證兩人心情之不同。而彼此理論，亦復隨之而不同。此一層，乃成為老子與莊周一絕大的區別。

故莊周書中之聖人與明王，常是淡漠、渾沌，無所容其私，而老子則不然。老子曰：

聖人後其身而身先，外其身而身存。非以其無私耶，故能成其私。

是老子心中之聖人，乃頗有其私者。彼乃以無私為手段，以成其私為目的。故老子又云：

聖人為腹不為目，故去彼取此。

目屬虛見，腹屬實得。聖人而如此，則此聖人顯然欲有所為，亦欲有所得。抑且專為實利，不為虛名，其所欲得，又必實屬己有。如此之聖人，實一巧於去取之聖人也。

六

惟其《莊》、《老》兩書所想像之聖人有不同，於是由於此不同之聖人所窺測而得之天道亦不同。老子曰：

天地不仁，以萬物為芻狗。聖人不仁，以百姓為芻狗。

由莊周言之，天一任萬物之自由，在天為無所用心也。在莊子心中之天，固無所謂仁，然亦更無所謂不仁。芻狗之自由，乃天地之大自在。天地只是放任全不管，何嘗是存心不仁，而始放任不管乎？《莊子》書中之聖人，亦是淡其心，漠其氣，以觀察天道者，由於聖人之心之淡漠，而遂見天道之淡漠。然淡漠可稱為無心，卻不是不仁。更非存心有所去取欲有得。《老子》書中之聖人便不然，彼乃心下有私，靜觀天道以有所去取而善有所得者。故《老子》書中之聖人，則更非淡漠，而是不仁。以不仁之聖人來觀察天道，則將自見天道之不仁。此實莊周、老聃兩人本身一絕大相異點也。

老子又曰：

天之道，不爭而善勝，不言而善應，不召而自來，繟然而善謀。天網恢恢，疏而不失。

老子心中所想像之天道，則不僅是不仁，抑且甚可怕。老子之所謂天道者，乃善勝善謀。你不叫它，它自會來。它像似不在防你，你卻逃不掉。此其可怕為何如乎？老子又曰：

天之道，其猶張弓與。高者抑之，下者舉之。有餘者損之，不足者補之。

則此高高在上之天，大小事都愛管，都不肯放鬆。在天所臨之下，將感到高不得、低不得，多不得、少不得。高了些，天將把你壓下。多了些，天將把你削去。宇宙一切物，實非自由自在。在《莊子》書中，則宇宙一切物，自然平等。但在《老子》書中，卻像有一個天道隱隱管制著，不許不平等。但這些天道，卻給一位懷著私心的聖人窺破了。於是此懷私之聖人，卻轉過身來，利用這些天道以完成其一己之計謀，而天道終亦莫奈何得他。因此，老子曰：

將欲翕之，必固張之。將欲弱之，必固強之。將欲廢之，必固興之。將欲奪之，必固與之。

此乃聖人之權謀，亦即是聖人之不仁與可怕也。《老子》書中聖人之可怕，首在其存心之不仁，又在其窺破了天道，於是有聖人之權術。聖人者，憑其所窺破之天道，而善為運成以默成其不仁之私，而即此以為政於天下也。

抑且《老子》書中之聖人，其不仁與可怕，猶不止於此。彼既窺破了天道，善為運用，以成為聖人之權術，而又恐有人焉，同樣能窺破此天道，同樣能運用，同樣有此一套權術，以與聖人相爭利。故《老子》書中之聖人，乃獨擅其智，默運其智，而不使人知者。故老子曰：

古之善為道者，非以明民，將以愚之。民之難治，以其智之多。

又曰：

魚不可以脫於淵。國之利器，不可以示人。

此一種獨擅其智，默運其智的做法，至於爐火純青，十分成熟之階段，則有如下之描寫。老子曰：

聖人無常心，以百姓心為心。善者吾善之，不善者吾亦善之。德善。信者吾信之，不信者吾亦信之。德信。聖人在天下，歙歙然為天下渾其心，聖人皆孩之。

天無心，以萬物之心為心，故聖人亦無心，以百姓之心為心。此其為說，若與莊周持論甚相似。

然在老子心中，則實與莊周有甚不同之處。蓋彼所意想之聖人，實欲玩弄天下人皆如小孩，使天下人心皆渾沌，而彼聖者自己，則微妙玄通，深不可識，一些也不渾沌。此實一愚民之聖也。

七

故莊周在政治上，實際是絕無辦法者。而莊周之意，亦不必要辦法。老子不然，彼之論政，必得有辦法。而且在彼之意，亦儘多辦法可使。今試略舉老子論政之有關各項實際辦法者如次。

首及於經濟。老子曰：

小國寡民，使有什佰之器而不用，使民重死而不遠徙。雖有舟輿，無所乘之。雖有甲兵，無所陳之。使人復結繩而用之。甘其食，美其服，安其居，樂其俗。鄰國相望，雞犬之聲相聞，民至老死不相往來。

此乃由於老子之政治思想而實際運用到經濟問題上之一套辦法也。

老子又曰：

是以聖人之治，虛其心，實其腹，弱其志，強其骨，常使民無知無欲。使夫智者不敢為也。

王弼曰：

骨無知以幹，志生事以亂，心虛則志弱也。

觀此注，知老子正文四其字，皆指下文民字言。何以使民皆得實其腹，則必使民皆能強其骨。此《大學》所謂「生財有大道，生之者眾，食之者寡，為之者疾，用之者舒，則財恒足」也。何以使民皆能強其骨，則必使民虛其心而弱其志。虛其心則無知，弱其志則無欲。而尚復有智者出其間，又必使之有所不敢為，夫而後乃得成其聖人之治。老子之政治理想，夫亦曰如何以善盡吾使民無知無欲之法術而已。然老子亦知必先以實民之腹為為政之首務，此則老子之智也。厥後《韓非》書論五蠹六反，凡所深切憤慨而道者，夫亦曰求使民虛心實腹，弱志強骨，無知無欲，一切不敢為，以聽上之所使命，如是而已。余嘗以老子、荀卿、韓非，三家同出晚周，而此三家論政，則莫不側重經濟。惟老子歸本於道術，荀卿歸本於禮樂，而韓非歸本於刑法，此則其異也。

再言及軍事。老子曰：

吾不敢為主而為客，不敢進寸而退尺。是謂行無行，攘無臂，扔無敵，執無兵。禍莫大於輕敵。輕敵幾喪吾寶。故抗兵相加，哀者勝矣。

蓋老子在經濟問題上，則主運用人之知足心，並使民無知無欲，以求社會之安定。若在軍事問題上，則主運用人之哀心，以求對敵之勝利也。故老子又曰：

兵者，不祥之器，不得已而用之，恬淡為上。樂殺人者，則不可得志於天下。殺人之眾，以哀悲泣之。戰勝，以喪禮處之。

此乃老子善為運用人類心理，期於殺人場合中求勝之高明處也。王弼之〈注〉，卻把老子原意曲解了。王〈注〉云：

言吾哀慈謙退，非欲以取強，無敵於天下也，不得已而卒至於無敵，斯乃吾之所以為大禍也。

此乃以儒義解《老子》書。其實老子心中則何嘗如王弼之所想。老子之所最戒，端在於輕敵。老子之所期求，則正在能無敵於天下。彼蓋以不輕敵之手段，求能達成其無敵於天下之想望者。此通觀於《老子》五千言之全文而可見，而烏有如王弼之所注釋乎？抑且《老子》書中之聖人，既為一不仁之聖人，則未必怕多殺人。然老子又曰：

常有司殺者殺。

則殺人可以不經其手，即憑不仁之天道來司殺也。此乃由於老子之政治思想而實際運用到軍事問題上之一套辦法也。則請再言及外交。

老子曰：

大國者下流，天下之交，天下之牝。牝常以靜勝牡。以靜為下。故大國以下小國，則取小國。小國以下大國，則取大國。或以下取上，或下而取。大國不過欲兼畜人，小國不過欲入事人。夫兩者各得其所欲，大者宜為下。

經濟求知足，兵爭求用哀，外交則取下，此皆《老子》書中聖人政治手腕之高明處。但小國下大國，依然還是一小國，《老子》書中之聖人，似乎並不即此為滿足，故又必申言之，曰：「大者宜為下。」是老子心中所重，畢竟在大國也。大國之君若能懂得此訣巧，則可以取天下。故老子又曰：

以正治國，以奇用兵，以無事取天下。

上述之經濟安足，此以正治國之一例也。上述之用兵無敵，此以奇用兵之一例也。外交運用，則貴能以下取小國，此則以無事取天下之一例也。此乃《老子》書中之聖人，運用政治之三部曲。惟以正治國，並不盡在經濟問題，其他如法制，如教育，在《老子》書，各有其微妙玄通，深不可測之一套。好在《老子》書僅五千言，讀者循此求之自可見，不煩一一詳引也。

八

如上所述，莊周與《老子》書，顯然甚不同。莊周乃一玄想家，彼乃憑彼所見之純真理立論，一切功利權術漫不經心，而老子則務實際，多期求，其內心實充滿了功利與權術。故莊周之所重在天道，而老子之所用則盡屬人謀也。莊子思想實頗有與儒術相近處。論語已言之：「為政以德，譬如北辰，居其所，而眾星拱之。」又曰：「大哉堯之為君也，巍巍乎唯天為大，唯堯則之。蕩蕩乎民無能名焉。」又曰：「巍巍乎，舜禹之有天下也而不與焉。」儒家政治思想主德化，所理想之政治領袖，乃居敬行簡以臨其民，恭己南面而已矣。此皆頗近於莊周。莊周著書，似極欣賞孔門之顏淵，彼殆即以彼所想像顏淵之私人生活，配合上儒家理想中政治領袖之無為而憑德化者，而認為惟有此一類人物，才始有應為帝王之資格也。儒家承繼古經籍之傳統，復有大畏民志，天視自吾民視，天聽自吾民聽之說，莊周論政治，亦時有此等意向。惟在莊周之宇宙論中，則與儒家有大相違異處。蓋至莊周而始對古人相傳之天的觀念大經改變，於是彼所想像中之帝王，遂成為如接輿口中藐姑射山神人一樣的人物，不復肯弊弊焉以天下為事矣。今若僅就其粗跡觀之，則莊周所持之政治理想，若與孔門儒家相距絕遠，但若觀之於深微，則莊周思想之於孔門儒家，實有其一番蛻化之痕跡，猶可推尋而得也。

至於《老子》書中之聖人，乃始與莊周書中之聖人截然為異相。在老子，亦不承認有如古代觀念，有一高高在上之天，惟此與莊周為同調。老子亦知社會民眾之不可輕視，不當輕犯，此亦可謂是老子之高明。然老子心中之聖人，卻絕不肯退隱無為，又不能淡漠無私，如莊周之所稱道。故曰：

> 無為而無不為。

又曰：

> 後其身而身先。

夫惟弗居，是以不去。

此乃完全在人事利害得失上著眼，完全在應付權謀上打算也。故老子教人知其雄而守其雌，知其白而守其黑，知其榮而守其辱。彼所想像之聖人，在其心中，對於世俗間一切雌雄、黑白、榮辱，不僅照樣分辨得極清楚，抑且計較得極認真。彼乃常求為一世俗中之雄者、白者、榮者，而只以雌、以黑、以辱作姿態，當作一種手段之運使而已。

再另換一方面言之，莊周書中論政，固尚以下面民眾為主體，故可謂其意態猶近於儒家也。而老子論政，則完全以在上之聖人為主體，彼乃專為在上之聖人著想，而非為在下之民眾著想者。於是遂開啟了此下之法家。故莊子論政，乃承接儒家思想而特將之玄理化。老子論政，則承接著莊周思想而又將之實際化。故謂莊周上近儒，老子下啟法，此亦先秦思想史上一承遞轉變之大關捩也。

九

然不論莊周與老子，兩人間畢竟自成為一思想系統，畢竟不免與儒家孔孟持義，即專就政治思想言，亦發生了不可彌縫之大裂縫，此層當再約略拈出，而闡述之如次。

在於孔孟，天固高高在人之上。然聖人亦人也，故聖人亦在天之下、人之中，聖人固不高出於一切人。孔子曰：「十室之邑，必有忠信如丘者焉，不如丘之好學也。」孟子則曰：「人皆可以為堯舜。」故儒家言聖人，必為與人同類者。而至莊子則不然。蓋儒家重視人性，人性既稟賦自天，故人性善惡，不能有甚大之不同。莊周書則不言性而轉言知，智慧則顯見有高下，不能人人同等一類。而莊子之言知，又無階梯層累，若不由學問修為而得。遂使具大知高出於人人者，使人有無可追蹤之概。故《莊子》書中之聖人，乃常與真人、神人、至人並稱，而若顯然與眾人有不同。蓋就莊子思想言，天與人之界隔，固近泯滅，而人與人之距離，則反而加遠矣。

所幸者，莊周書中所想像之真人、神人、至人、聖人者，皆無意於人世，皆不願在人間世之一切俗務上沾手。即或不得已沾了手，仍是心神不屬，僅見為一種不得已。故論人與人之本質，就莊子思想言，實已有不同。聖人顯見為高出於人人之上。而此尚不至有大病。何者？此高出乎人人之上之聖人，彼固無意於人世，不大高興干預人間事，則聖人可以忘世，而世亦可以忘聖人，乃至不知有聖人之在人間也。

此一意態，至《老子》書而又有變。就《老子》書言之，彼其高出於人世之聖人，在其內心，則並無意於超世脫俗。抑且聖人者，實乃一十分世俗之人。只是在同一世情中，而聖人乃有其甚不同之法術，以獨出於世人而已。試觀《老子》書，彼豈不時時以聖人與百姓作對列，聖人既無意於遠離塵俗，而又復高高絕出於塵俗之上，聖人之於人，就其本質論，亦既有絕大之鴻溝矣。而同在此一世間，營同一之世務，同爭此利害得失，此其為病，蓋有必至，自可想見也。明白言之，則《老子》書中之聖人，實太過聰明，而《老子》書中之眾人，又太過愚蠢。於是此輩太過聰明之聖人，乃能運用手段，行使法術，以玩弄此同世愚蠢之平民。故《老子》書中之政治理想，換辭言之，乃是聰明人玩弄愚人之一套把戲而已，外此更無有也。故在莊周之政治理想中，主要者，實為對一般平民之解放，其意態雖近消極，而大體實落在光明之陽面。而《老子》書中之政治，則成為權謀術數，為一套高明手法之玩弄，政治成為統御，其意態已轉積極，而實際意味，則落在黑暗之陰面。此一分別，尤不可不深加辨析也。

由於此一分別，乃可以繼續論及內聖外王之一語。內聖外王，此語始見於《莊子》之〈天下篇〉。〈天下篇〉絕非出於莊子之手筆，而且此篇更尤晚出於《老子》。然內聖外王一觀念，則實自道家創始，為莊、老兩家所同有。而後之儒家，亦復喜沿用之。在莊周，僅謂此輩內懷聖人之德之智者，才始應帝王。然聖人內心，則並不想當帝王之位，而帝王高位，亦每不及於此輩，則在莊周書中之內聖外王，乃徒成為一種慨然之想望而止。至《老子》書則不然。似乎能為帝王者，必屬於聖人。苟非其人內抱聖人之德之智，將不足以成帝王之業。此其間，乃有一絕大之區分。蓋莊子乃從理論之立場，謂非內聖不足以外王也。而《老子》書則轉從實際人事之功利觀點著眼，變成真為帝王者必然是聖人。是乃即以其外王之業而即證其為負有內聖之德也。故老子曰：

道大天大地大，王亦大。域中有四大，而王居一焉。

此處之所謂王，乃與天地與道，同為域中之四大，則宜其必為聖人而更無可疑矣。老子又曰：

人法地，地法天，天法道，道法自然。

當知此處之所謂人，亦指聖人言，亦即是指王者言。苟非聖人，亦不能法天法道也。於此遂使《老子》書論內聖外王，與莊周原義生出絕大之分歧，而其後起之影響則更大。

荀子乃一大儒，其著書成學，當較老子略晚，而《荀子》書中，亦復有內聖外王之想。故荀子乃常以聖王混為一談。孟子嘗言：「天下有達尊三，爵一，齒一，德一。」又曰：「彼以其貴，我以我德。」是孟子固舉聖與王而分別言之也。蓋王者不必是聖，聖者亦不必為王，孟子與莊周，在此觀點上，則實尚相似。此說驟視誠若平常，然觀《荀子》書，則於此區別乃頗漫然。荀子常言法後王，其實無異於法後聖。王者地位，遂於內聖外王之觀念下，驟見提高。德位之分，遂於老子、荀卿聖王混言之觀念下，驟被抹搬。老子視社會大眾，莫非愚昧，而荀子則謂人性皆惡。蓋儒家重言性，道家重言智，故老子、荀卿，其立說雖不同，而其蔑視下層群眾之內心傲態則一。

又荀子亦不認有高高在上之天，於是以王者之位而具聖人之德，遂成為世間獨一無二之至尊，其崇高乃無可比倫。故惟聖王乃能制禮樂，定法度，人世間一切管制教導胥賴焉。今若專就此點言，則莊周猶較近孟子，而荀卿則轉反似老聃，此由時代不同，而學者意態亦隨之而變，此又可微辨而知，固不當專從儒道分疆之一面立論也。

至於《中庸》與《易傳》，其成書猶出《荀子》後，而其書皆不免有內聖外王之想法。循至漢儒，尤著者如《春秋》公羊家，乃謂孔子為素王，漢室之興，亦為新聖人之受命。於是聖人而不居王位，遂成為一大缺憾，此猶可也。而遂若王者不具聖德，亦不成其為王。此亦未嘗不可。而循此推衍，遂於無意中抱有王者必具聖德之推論，此則不得不謂是內聖外王說之遺禍留毒也。

惟在漢儒意想中，尚保留一高高在上之天，此為與荀卿異。然漢儒既賦王者以聖德，乃謂其上應天德，受命而王。是所謂天人合一者，乃集會於王者之一身，應帝王變為應符瑞，此又內聖外王之說演變出一新支，而較之莊周之初意，則固邈乎其遠矣。

抑尤不止此，內聖外王之論之演變，復另有一新支，則為李斯與韓非。此兩人皆從學於荀卿，得其師法後王之說而不能通，乃索性只重外王，再不論內聖。社會下層群眾，固已非愚即惡，又無一高高在上之天臨之，而王者真成為獨尊。於是王者之為政，既不復需有所謂德化之一面，而又不能如老子之謹慎躲藏，深微玄默，以善用其權謀術數。於是此高高在上之王者，乃僅憑其高位大權，刑賞在握，若一切群眾，盡可以宰割管制以惟我之所欲焉。

此一支，驟視若與內聖外王之說並不近，然在思想線索之承遞轉接上，則顯然有關係。就儒家早期思想言，人類總還是平等，而惟有一高高在上之天臨之。莊周始把此高高在上之天排除了，但卻有一輩至人、真人、神人、聖人者，其智其德，超然越出於普通常人之上。然此輩則常不沾染於世俗。至老子與荀卿，乃把此高出人上之聖人與王者相結合，德智與權位聯想在一起，遂若有權位者必有德智，而又無一高高在上之天臨於上，於是王者遂不期而成為人世之至尊。法家則更偏落在此一點上，故遂單看重了王位，而更不論於聖德也。

此其說，司馬遷頗知之，故曰：

老子所貴道，虛無因應，變化於無為。故著書辭，稱微妙難識。莊子散道德，放論，要亦歸之於自然。申子卑卑，施之於名實。韓子引繩墨，切事情，明是非，其極慘礉少恩，皆原於道德之意，而老子深遠矣。

其實所謂施之於名實，切事情，慘礉而少恩者，其意趣指歸，皆已見於《老子》書。故謂申、韓原於道德，其說確有見。至老子所以較韓非深遠者，只在老子之猶知有所畏，有所不敢，社會下層民眾，雖愚而可欺，猶必有待於我之權謀術數之能達於深微難測之境，固非可以慢肆我之欺侮而惟意所欲也。而韓非則並此而忽之。然韓非之輕視民眾，其端不可不謂乃淵源於老子與荀卿。彼老子、荀卿者，既不認有一高高在上之天，又其視民眾，謂非愚即惡，而為之王者，又必內具聖德，高深難測，越出於眾人之上，則無怪其流衍而有韓非法家那一套。

然謂韓非原於老子則可，謂法家原於道家，則尚猶有辨。因韓非斷斷不能從莊周書中引出也。此因莊周僅一玄想家，重自然，重無為，意態蕭然於物外。必至老子，乃始轉尚實際功利，重權術，跡近欺詐，彼乃把握自然而玩弄之於股掌之上，偽裝若無為，而其內心蓄意，則欲無不為。韓非則揭破此偽裝，放膽破臉，以逞其所無不為而已。

十

今再綜括言之，在莊周意中所想像，天無為，而芸芸眾生則無不為。在老子，則無為而無不為者是一聖。然此聖者，又不許芸芸眾生之無不為，而駕馭之以一套權謀與術數。下至韓非，則既不許芸芸眾生之無不為，而此王者又放意肆志，更懂不得無為之旨。於是乃只讓此一王者立法創制，以為其所欲為。秦始皇帝一朝政制，則大體建基在此一意態之上也。

西漢初年，後世論者，群認為其崇奉黃老，以無為為治。其實如曹參之徒，若果以《老子》

書繩之，亦僅是素樸農村中一愚者，烏足以當《老子》書中之聖人？故漢初之治，實並非真能運用老子心中之權謀與術數。惟文帝比較似懂得老子，但文帝天性厚，其早年亦出生成長於社會群眾間，彼尚能對下層民眾有同情，因此文帝尚不能為《老子》書中聖人之不仁，以百姓為芻狗也。故漢初之治，乃並不能如老子所想像。換言之，漢初一朝君臣，亦胥無足以當《老子》書中所描繪之聖人也。

下至魏晉之際，其時學者，不講黃老而轉言老莊。若言黃老，則內聖外王之氣氛較重，因黃帝即由戰國晚世所造託，為一內聖外王之理想人物也。若言老莊，則內聖外王之氣氛已較沖淡，因莊周書中之內聖外王，則僅是玄想，無當實際也。故魏晉間人，亦遂輕視了政治上之最高領袖，那時的政治，遂亦不期而成為一種群龍無首之象。然當時人物，求其真能代表莊周意想中之典型者，僅有一阮籍。向秀、郭象，皆是偽莊子，此皆熱情世俗，又不能如老子之深遠，則豈不進退皆無據。故就當時現身政治舞臺之人物言，彼輩既不能運用《老子》書中之權謀與術數，又不能師法莊周之淡漠與隱退，更復不懂得莊老兩家不輕視民眾之深微心情，則如何能在政治上站穩？於是彼輩乃釀亂有餘，醞治不足，並把自己的私人生命亦同此葬送了。

若我們縱眼放觀全部中國政治史，果照莊周理想，該來一個無政府的新社會，而此事距情實太遠，實渺茫無實現之望。若如《老子》書，說之似易，行之亦難。在外交上，在軍事上，在經濟措施上，在刑法運用上，在駕馭人物應付事變上，一枝一節，未嘗無暗中襲取老子法術而小獲成功者。然在總攬全局，漸移默化中，真能接近《老子》書中所想像之聖人於依稀彷彿間者，遍覽史籍，尚少其人。就此言之，則莊周固是玄想，即老子，亦何嘗能擺脫莊周玄想之範圍？然則就大體言之，莊周與老聃，夫亦同為是一玄想人物而已耳。

老子曰：

天下神器，不可為也。為者敗之，執者失之。

此語可謂是《老子》五千言對政治認識最深微最透澈之語，惜乎老子智及之，而仁不能守之，故在老子意中，總想能無為而無不為。然求無不為，亦非真不可能，此惟有放任社會大眾，一任其所為，則自集群眾之所為而成為無不為，而不幸老子乃予智自雄，彼其意，乃在運用群眾以造成彼一人在上者之無不為，而獨成其私，此又何可能者。

然老子要為深遠矣，至少彼尚懂得智者之不敢為，至少彼尚懂得為者敗之，執者失之的那一面。後人不能學老子，便自然會追蹤荀卿與韓非。苟我們從此回頭，再一看孔、孟、莊周，豈不誠如峨眉之在天半乎？然苟昧失於莊、老兩家成書年代之先後，則如我此篇之所分析，亦將使讀者有無從捉摸之感也。

莊老的宇宙論

分目

一、論莊周思想之淵源
二、莊周之萬物一體論
三、莊周論真論神
四、莊周論造物者
五、莊周論宇宙原始
六、莊周論道論化論命
七、老子書與莊周思想之歧異點

一　論莊周思想之淵源

《老子》書之晚出，應尤後於《莊子》，作者已屢有論列，本文則專就老莊關於宇宙論觀點，再加闡發。

思想演進，顯然有其先後之線索。今就關涉於宇宙論一端者而言，若謂《老》先於《莊》，即感有難通處。若謂《老》出《莊》後，則其先後遞嬗，承接轉變之跡，始得條貫秩然，脈絡分明，俱可指說。惟有一問題當連帶而生，即果謂《莊》在前而《老》在後，則莊子思想，淵源何自？此一問題，自為讀者所急求探究也。

試就《莊子》書細加研尋，當知莊子思想，實仍延續孔門儒家，縱多改變，然有不掩其為大體承續之痕跡者。故《莊子．內篇》，屢稱孔子，並甚推崇。〈齊物論〉於儒墨是非，兼所不取。然〈內篇〉引孔不引墨，則莊子心中，對此兩家之輕重，豈不已居可見乎？

韓非稱儒分為八，蓋自孔子卒後，其門弟子講學，已多分歧矣。孟子常引曾子、子思，此為孔門一大宗。荀子極推仲弓，此當為又一宗。子游、子夏，各有傳統，而《莊子．內篇》則時述顏淵。若謂莊子思想，誠有所襲於孔門，則殆與顏氏一宗為尤近。韓非八儒，即有顏氏，此證下逮晚周末葉，儒家仍有傳述顏氏說而自成一宗派者。《易．繫傳》成書，尤較《老子》為晚出，故其陳義多匯通老莊，殆可為晚周末葉後起之新儒學，而《易．繫傳》於孔門，亦獨稱引顏淵。此證顏淵於莊學有相通也。下逮東漢，道家思想漸盛，而顏淵乃獨為東漢諸儒所尊推。北宋理學興起，必溯源於周濂溪，而濂溪〈太極圖說〉，上本〈易繫〉，其論宇宙觀點，顯然近於道家，而其《易通》書，亦盛尊顏淵。此又證孔門諸賢，獨顏淵最與後起道家義有其精神之相通也。今欲詳論顏氏思想，雖憾書闕有間，然謂莊周之學，乃頗有聞於孔門顏氏之風而起，則殊約略可推信也。

今試專就先秦儒、道兩家，觀其對於宇宙論方面之思想演變，則大致可分為兩階段。自孔子至莊周為第一階段，而《老子》書與《易．繫傳》則為第二階段。此兩階段思想，顯然有一甚大之區別。在第一階段中，一切思想觀點，大體從人生界出發，而推衍引申及於宇宙界。換言之，在第一階段中，常認為人生界雖可知，而復寄慨於宇宙界之終極不可知，此實為自孔子至莊周一種共同的態度。至第二階段則不然。在第二階段中，一切思想觀點，乃大體改從宇宙界出發，然後再落實歸宿到人生界。換言之，彼輩乃認為宇宙界亦可知，彼輩對於檢討宇宙之創始，及其運行趨向，莫不有一套極深之自信。彼輩認為關於宇宙界一切軌律意向，莫不可以洞若觀火。然後就其所知於宇宙界者，返而決定人生界之一切從違與趨避，此乃《老子》書與《易．繫傳》之共同精神，所由與孔子、莊周異其宗趣也。

今先就《莊子・內篇》，逐一舉例。〈養生主〉有云：

吾生也有涯，而知也無涯。以有涯隨無涯，殆已。已而為知者，殆而已矣。

此所謂有涯之知，即屬人生界，無涯之知，則屬宇宙界。人生有涯，而宇宙則無涯，若從有涯之生以求知此無涯，再求本其對於無涯之所知，轉以決定有涯之人生，則必屬一危險事。故〈大宗師〉又云：

知天之所為，知人之所為者，至矣。知天之所為者，天而生也。知人之所為者，以其知之所知，以養其知之所不知，終其天年，而不中道夭者，是知之盛也。

人何由生，此屬天，屬宇宙界，為人所不可知。人惟有就其可知，以善養其所不可知，所謂善吾生者，乃所以善吾死也。蓋吾之生，屬人生界，此猶可知。故人當運用吾之所可知以求人生之達至於盡善。至於吾之死，則屬宇宙界，乃非吾知所及，我更無奈之何也。故〈德充符〉有云：

知其不可奈何而安之若命，唯有德者能之。

莊子此等語，乃極似《論語》：

季路問事鬼神。子曰：未能事人，焉能事鬼？曰：敢問死。曰：未知生，焉知死。

是亦謂鬼與死，皆屬宇宙界，為吾所不可知。人與生，則屬人生界，為吾所可知。故人惟當求其所可知以養其所不可知而已也。故孔子又告子路曰：

由！誨汝知之乎？知之為知之，不知為不知，是知也。

人之所為，屬於人之自身，此為可知者。天之所為，不屬於人，此為人所不可知。孔子每總合此人之所為者曰仁，又總合此天之所為者曰命。故孔子語命語仁，然孔子僅教人用力於為仁。又常教人知天命，所謂知天知命者，則亦知其為不可知而止耳。孟子兼言仁義。仁義皆屬人生界，為人生所能知，亦為人生所能盡力。故曰：「盡心知性，盡性知天。」即是自盡人事以上測天心也。此皆與莊周以其所知養其所不知意近。莊周特不喜言仁義，此則莊子思想之所由異於儒。而莊子亦好言知天知命，則是莊子思想之承續儒家處也。

莊周又引述孔子一節話，見於〈德充符〉：

仲尼曰：死生存亡，窮達貧富，賢與不肖毀譽，飢渴寒暑，是事之變，命之行也。日夜相代乎前，而知不能規乎其始者也。故不足以滑和，不可入於靈府。

此即《論語》所謂死生有命，富貴在天也。孔子又常云：

知者不惑，仁者不憂，勇者不懼。

不知命，無以為君子。

此在孔子意，亦惟有知命，始能不惑、不憂、不懼，所謂盡其在我也。而莊子之意，甚與相近。故《莊子・德充符》屢引仲尼遺言，大抵莊子理想中一個德充於內之人，其大體段則仍是承襲孔子思想而來。

又〈內篇・人間世〉，為莊子思想中關涉於處世哲學方面之詳細發揮，此為莊子人生哲學中最主要部門。而莊子此篇，即多引孔子、顏淵語立論。凡此所引，是否莊子確有所受，是否孔子、顏淵確曾有如莊周之所稱述，抑或盡屬莊子之寓言，此俱可不論。要之莊子關於人生哲學之理想，必有與孔子、顏淵一脈相通之處。故莊子關於人生哲學方面之種種寓言，亦多喜託之於孔、顏也。

二　莊周之萬物一體論

然莊子思想，畢竟與孔子、顏淵有不同。孔子曰：

志於道，據於德，依於仁，游於藝。

孔子雖亦時時推廣其理趣意境及於天與命，然孔子講學精神，究是側重在人生界。顏淵宜無大殊，而莊周則不同。莊周思想，蓋已大部側重在向外窺探宇宙界。在此宇宙界中，則人與物並生。自來孔門儒家講學精神，均是重於人而忽於物。至莊子始人與物並重，此為莊周思想在先秦諸子中一大創闢，一大貢獻，在莊周以前，固無此意境也。

〈德充符〉引孔子告常季曰：

審乎無假，而不與物遷，命物之化，而守其宗也。

又曰：

自其異者視之，肝胆楚越也。自其同者視之，萬物皆一也。

莊子乃開始提出其萬物一體之主張。此惟莊周同時好友惠施，與周為同調，亦主天地一體，兼愛萬物。而莊、惠兩人在萬物一體之大前提之下，其所從證入之種種意見則互不同。但在莊、惠以前，儒家思想，則顯未涉及此境，即墨家亦尚不重此。儒墨兩家早期思想，其所偏重，皆在人生界，則斷可知也。今不論此種萬物一體論，或天地一體論，首創自惠施，抑始創自莊周。要知此乃初期道家思想中重要一觀點，而莊周之宇宙論，即建基於此。繼此再有發展，則有待於後起之老子。此先秦思想轉變一大脈絡也。

三　莊子論真論神

〈內篇・大宗師〉又云：

假於異物，託於同體。

大抵莊子認為宇宙間萬物，只是一氣之化。所謂「合則成體，散則成始」，〈外篇・達生〉故一切物體，皆從別處他物移借，而暫成為此一物之體。莊子乃本此見解而主張其萬物一體論，因此又主齊物，所謂「萬物一齊，孰短孰長」。〈外篇・秋水〉但萬物既盡由異物假借成體，則試問除其所假於外，而物之自身，尚復何有乎？此即莊子之所謂無假也。必此無假者始是物之真。此真字，後世用作真實義，在莊子則指其非假於外，而為物之內充自有義。然則宇宙萬物，除其假於異物而成體者之外，是否尚有此所謂真者之存在乎？在莊子似承認有此真，故〈齊物論〉又云：

若有真宰，而特不得其眹。

又云：

其有真君存焉。如求得其情與不得，無益損乎其真。

〈大宗師〉亦云：

彼特以天為父，而身猶愛之，而況其卓乎？人特以有君為愈乎己，而身猶死之，而況其真乎？

郭象〈注〉：「卓者，獨化之謂。」就字形言，卓與真皆從匕，蓋皆指此物之內充自有之化言也。蓋萬物形體，既皆假於外而暫成，而惟其物自身之成毀存亡之一段經歷，即所謂此物之化者，乃始為此物之所獨擅。故確然成其為一物，以見異於他物者，實不在其物之體，而轉在其物之化。因惟物之化，乃始為此物之所獨，此即其物之卓與真也。故莊子之所謂真，即指其物之獨化之歷程言。宇宙間固無異物而經同一之歷程以為化者。莊子之所謂獨化，即指此一段化之歷程，乃為此一物之所獨有也。換言之，亦因化之必獨，乃有以見物之相異耳。故亦惟此獨化之真，乃可謂是此物之所受乎天，而非可假於外物而有也。

莊周乃本此見解而落實及於人生界，其由天言之則曰道，其由人言之則曰神，由其確有諸己而言之則曰德。此三者，皆可謂之真。形者其體，生則其神，在天曰道，在人曰德，此其所由言之異也。莊子又本此而推衍及其對於人生論之主張。故《莊子》書屢稱神人、真人，又稱至人。真字在儒家古經典中未前見，至莊子始創用之。神字雖屢見於儒家之古經典，但《莊子》書用此神字，則並非舊義。儒家古經典中之神字，皆指鬼神言，或指天神言，至《莊子》書始稱神人。神人則為人而非神矣。在莊子之宇宙觀中，殆無外在於人之神之存在。萬物一體，乃盡由一氣之化，則化外更無所謂神。莊子乃轉以此一氣之化為神，由於一氣之化而有人生界，故人生亦稟得有此神。故莊子之所謂神人，其內實涵義，則仍是一真人也。而莊子所理想之真人，則亦僅是能隨順大化而不失其獨化之真者。莊子真字即指化，不指由化所成之物，物則僅是由此獨特之化而見若有物耳。而此獨化之真則非物也，故不可見，而亦不與物為俱盡。莊子理想中之人生，其主要即在知有此真而能保守之勿失，故既曰見獨，又曰葆真，葆真即是保有此神。故莊子既謂之真人，又謂之神人，而又稱此種人為至人者，蓋此即到達於莊子理想人生中之一種終極境界也。

四　莊周論造物者

莊子宇宙論中，另有一新創而常用之名詞，曰造物者。〈大宗師〉云：

偉哉夫造物者，將以予為此拘拘也。

又曰：

嗟乎！夫造物者，又將以予為此拘拘也。

又曰：

庸詎知夫造物者之不息我黥而補我劓？

此造物者又稱造化，或造化者。〈大宗師〉又云：

偉哉造化，又將奚以汝為？

又曰：

夫大塊載我以形，勞我以生，佚我以老，息我以死。故善吾生者，乃所以善吾死也。今大冶鑄金，金踴躍曰：我且必為鏌鋣，大冶必以為不祥之金。今一犯人之形，而曰人耳人耳，夫造化者必以為不祥之人。今一以天地為大鑪，以造化為大冶，烏往而不可哉？

是莊子言宇宙創物，不再稱之為天或帝或神，而必獨創一新詞，而稱之曰造物者，或造化者。此又何義乎？蓋莊子已不認為有一創造此宇宙之天或帝或神，外於宇宙萬物而存在，故不願依隨舊義，稱之曰天帝，而必另闢新詞，而稱之曰造化也。故《莊子》書中雖屢說此造物者或造化者，而莊子心中，實不認有此造物者與造化者之真實存在。蓋即就於物之造與化而指稱之云耳。故莊子心中之此一造化者，乃僅如一大冶、一大鑪，雖若萬物由此而出，然大冶、大鑪，本身亦即是一物，絕非一近似於有人格性之天與帝，異於萬物、外於萬物而存在，而其力又能創出此萬物。故萬物在此宇宙中之創生，正猶其創生於一大冶、大鑪中。大冶、大鑪，則實非能創生出萬物，乃萬物在此中創生也。莊子又常連文稱天地，莊子明以天地為大鑪。地有體，屬形而下，天地連稱並舉，則天地為同類，天亦近於形而下，故天地猶鑪冶，非謂在此大鑪鎔鑄萬物之外，別有一鎔鑄萬物之天或帝之存在，此其義，即就莊子原文，已甚顯。故曰「大塊載我以形，勞我以生」，大塊即指地，實亦可兼指天地，以今語代之，亦可即稱為宇宙。莊子意，在此宇宙之內，則惟有一氣，因於此一氣之化而成萬形，故曰萬物一體。萬物各占此大化之一分，而自有其化之獨，此即其物之真。故〈大宗師〉又曰：

彼方且與造物者為人，而遊乎天地之一氣。

可見莊子之所謂造物者，即指此天地之一氣。遊乎此天地之一氣，此已是遊乎方之外，而非是超乎此宇宙，超乎此一氣，而別有一上帝或天者可與為遊也。此實為莊子由於其萬物一體論之宇宙觀所引申而出之第二新創義也。

五　莊周論宇宙原始

宇宙何由始，此在莊子，不加重視，故頗少論及。〈齊物論〉有云：

古之人，其知有所至矣。惡乎至，有以為未始有物者，至矣盡矣，不可以加矣。

此因莊子主張萬物一體，故謂未始有物。因凡稱為物者，皆是假於異物，託於同體，則此宇宙間，實非確有一物或萬物之存在，故曰未始有物也。莊子又曰：

其次以為有物矣，而未始有封也。其次以為有封焉，而未始有是非也。

當知莊子意，非謂宇宙間先有一未始有物之時期，稍後乃演化出有物，又演化出物與物之封。封者，即物物所各自有之封限也。莊子特謂宇宙間根本無物，僅有此一化。然此惟知之至者乃知之。其次，知有所不至，始謂宇宙有物，又謂物與物間各有封，即謂物與物間各有其固定之界劃與分限也。而莊子則認為宇宙間根本無物，既是根本無物，故物與物間，更無有封。然試問既是根本無物，則又何來有所謂造物者乎？故就〈齊物論〉與〈大宗師〉兩文會合互闡，自知莊子之所謂造物者，實非真有一造物者存在也。

〈齊物論〉又云：

有始也者，有未始有始也者，有未始有夫未始有始也者。有有也者，有無也者，有未始有夫未始有無也者。

莊子此處之所謂始，乃指某一物之始，即所謂散則成始之始也。若兼論萬物，則根本未始有一始。因物各有始，而宇宙總體則無始也。故曰未始有始，此即不認有造物主始創此宇宙也。宇宙既是未始有始，則根本亦無所謂未始有始，故曰未始有夫未始有始。故知莊子之所謂有，乃指某一物之有而言。莊子之所謂無，乃指宇宙間之未始有物言。既是未始有物，即是根本無物，既是根本無物，則亦根本無所謂無，故曰未始有無。又曰未始有夫未始有無也。

如上所述，莊子宇宙論，可總括成兩要義。一曰萬物一體，一曰未始有物。此兩義相足相成。正因萬物一體，故曰未始有物也。世俗之言物，則必各有其一物之體，物必各有其個別相異自封之體，乃始得成為物。今既云萬物一體，則物與物間，更無各自可以區分而獨立之個別體之存在，故曰未始有物也。縱使世俗認為是有物，然有大知者，則絕不認為是有物，故〈逍遙遊〉描述藐姑射山之神人，而曰：

孰肯弊弊焉以天下為事？

又曰：

孰肯以物為事？

當知凡《莊子》書中之所謂真人與神人，皆不肯弊弊焉以天下為事，及以物為事者也。既不肯弊弊焉以天下為事，又不肯以物為事，則自不喜儒家之言仁義矣。凡莊子之論人生，其所直承其獨創之宇宙論見解而來者，大意具如此。

六　莊周論道論化論命

然莊子所謂宇宙未始有物，亦非謂宇宙即是一空虛。莊子特謂宇宙萬物，皆一氣之化，此一氣之化，《莊子》書中特名之曰道。故《莊子》書中道字，亦與儒家古經典中道字涵義大有別。〈大宗師〉又云：

> 夫道，有情有信，無為無形，可傳而不可受，可得而不可見。自本自根，未有天地，自古以固存。神鬼神帝，生天生地。在太極之先而不為高，在六極之下而不為深。先天地生而不為久，長於上古而不為老。

此節余已屢疑其偽羼，非真出莊子手，然仍不妨姑據以說莊子之本意。蓋此宇宙間雖未始有物，而固有道。天地鬼神，亦皆屬一氣之化，故曰皆由道生。若謂宇宙間有神，則此道即是神。於此道外則更無神。而此所謂道者，莊子又謂是：

萬物之所係，一化之所待。

蓋天地之化，皆待於道。萬物之有，皆係於道。而此道之化，究依循於何種規律而為化乎？在莊子則認為不可知。故〈大宗師〉又云：

方將化，惡知不化哉？方將不化，惡知已化哉？

又云：

化則無常也。

化既無常，故不可知。在此無常而不可知之大化中，莊子理想中之人生，則只有：

若化為物，以待其所不知之化已乎。

若化，即順化，即不違化，莊子又稱曰乘化。〈逍遙遊〉所謂：

乘天地之正，御六氣之辯，以遊無窮。

此即是乘化也。又曰：

乘雲氣，御飛龍，而遊乎四海之外，其神凝。

所謂乘雲氣，御飛龍，亦是乘化耳。乘化者，無所用心，一切皆安待其所不知之化而隨之為化而已，故曰其神凝。此乃莊子理想中神人與真人之心理境界，其神凝即真也。後人不瞭莊子寓言宗旨，因此遂演化出神仙思想。若論莊子本意，則只如〈人間世〉所云：

乘物以遊心，託不得已以養中，至矣。

乘物亦只是乘化，化是一種不可知之不得已，人生則只有託於此種不可知之不得已，而一乘之以遊，蘇東坡所謂「縱一葦之扁舟，凌萬頃之茫然」。人若能深識此理，則神不外馳而內凝，此即莊子之所謂養中、葆真也。

〈大宗師〉又云：

求其為之者而不得也，然而至此極者，命也夫。

凡宇宙間，一切不得已而不可知者皆是命。實則即是大道之化。此大道之化，則是不得已而又不可知者，此仍是莊子思想與儒家孔門知天知命之學若相異而仍相通之處。惟莊子特拈出一道字新義，來替代孔門之天字，此則是莊子思想由儒家孔門之轉手處也。

七　老子書與莊周思想之歧異點

若就上所分析，轉讀《老子》書，則可見老子思想，顯然又從莊子轉手，有其相異，而其先後遞承之跡，亦有可得而指說者。第一，《老子》書不再涉及於萬物一體及未始有物之一面。二，《老子》書少論物化，故雖重言道，而亦少言化。三，於是《老子》書中道字，乃不復為一種不得已與不可知。《老子》書中之道，乃轉為一種常道，常道則可知。四，《老子》書不再提及真人與神人，而重仍舊貫，一稱聖人。蓋《莊子》書中之所謂真人、神人者，均不以天下為事，而《老子》書中之聖人，則仍是有事於天下民物者。此因道既有常而可知，則天下民物仍有可著手處，於是老子思想又轉入於積極。故《老子》書必當在《莊子》後，此即其思想先後遞嬗轉變一線索也。否則老子既主道有常，確可知，莊子承襲老子，何以又說化無常，不可知？是非承襲，而係反駁矣。且又不見其所據以為反駁之痕跡，則何也？且《老子》書中道字，其思想路線又何由而來乎？若非籀繹莊子，當漫不得《老子》書中道字來歷。蓋莊子言化無常，而老子則認為化有常，兩書言道字不同者在此。故即就此而言，已足證《莊》、《老》兩書之先後也。後人習於陳說，必謂老先莊後，於是以《老》解《莊》，而轉多失於《莊》書之原意矣。

八　老子論宇宙原始

茲姑拈《老子》書中首章申論之。老子云：

> 道可道，非常道。名可名，非常名。無，名天地之始。有，名萬物之母。故常無，欲以觀其妙，常有，欲以觀其徼。此兩者，同出而異名。同謂之玄，玄之又玄，眾妙之門。

當知當時主張萬物一體論者有兩家。一為莊周，主氣化言，謂萬物假於異物，託於同體，故謂萬物一體。又一為惠施，《莊子・天下篇》引惠施歷物之意，曰：

> 至大無外，謂之大一。至小無內，謂之小一。……大同而與小同異，此之謂小同異。萬物畢同畢異，此之謂大同異。……汎愛萬物，天地一體也。

此乃就名言稱謂之大小異同言。如曰馬，則馬之百體實一體也。如曰天地，則天地間萬物皆一體也。故後世特稱惠施為名家。惠施此等說法，乃深為莊周所不取。今《老子》書開端即云，「道可道，非常道。名可名，非常名」。道名並舉，顯然並承莊、惠兩家，而總合以為說。王弼〈注〉：

未形無名之時，則為萬物之始。及其有形有名之時，則為其母也。

弼之此注，乃以未形、有形釋老子之無名、有名，此在《老子》原書亦有據。老子曰：

視之不見名曰夷，聽之不聞名曰希，搏之不得名曰微，此三者，不可致詰，故混而為一。其上不皦，其下不昧，繩繩不可名，復歸於無物，是謂無狀之狀，無物之象，是謂惚恍。

然則老子意，似謂天地原始，先有一氣混茫，未形無名之一境。老子又承認萬物有隨時解體，復歸混同之一境。然老子於當前宇宙萬象萬物，則確切承認其有個別真實之存在。故《老子》書於利害、禍福、榮辱、成敗種種比對，極為認真。絕不似莊子齊物，以傲忽之態度視之也。故《老子》書中，絕未有如莊周所謂未始有物之一觀點，此為莊老兩家一絕大相異處。而就老子思路，則其勢必討論及宇宙原始，此問題亦在《莊子》〈外〉、〈雜〉篇始暢論之。如〈外篇・天地〉云：

泰初有無，無有無名，一之所起，有一而未形。

是也。此等皆承老子，而莊周實未嘗如此說。則莊在前，老在後，《莊子》〈外〉、〈雜〉諸篇猶在後，即此一端，亦顯可見矣。

又按：惠施之後有公孫龍，亦名家。龍承施說而益變，於是遂有離堅白之新說。何以謂之離堅白？公孫龍曰：

> 視不得其所堅而得其所白者，無堅也。拊不得其所白而得其所堅者，無白也。

是謂目視石，得其白，不得其堅。手拊石，得其堅，不得其白。故兩者皆離而止。是謂堅與白各是一實，相離而各止其所也。今老子謂視之不見，聽之不聞，摶之不得，三者皆離，特因不可致詰，故混而為一。是不僅主視與拊離，抑且主聽之與視拊亦離。公孫龍尚具體指堅與白為說，而《老子》書又特創夷、希、微三個抽象名詞，謂天地間萬物，皆由此夷、希、微三者混合而為一。讀者試平心思之，豈非《老子》此章，乃匯合莊、惠、公孫三氏之說以為說乎？亦豈有老子遠在孔子以前，已有夷、希、微三別之論，而必遠至公孫龍，始又獨承其說，而再為離堅白之新說乎？則《老子》書不僅晚出於莊周，抑猶晚出於公孫龍，亦可見矣。

九　老子論常道

其次老子於道之運行，又認為有其一定所遵循之規律，而決然為可知者。故曰：

有物混成，先天地生。寂兮寥兮，獨立不改，周行而不殆，可以為天下母。吾不知其名，字之曰道，強為之名曰大。大曰逝，逝曰遠，遠曰反。

莊子僅言道化無常，而老子則曰道必逝，逝必遠，遠必反，此為大道運行之一種必然規律也。又曰：

反者道之動，弱者道之用。

道之動，往而必反。道之用，柔弱常勝於剛強。老子即本此而推籀出其人生之新哲理。故曰：

物或損之而益，或益之而損。……強梁者不得其死，吾將以為教父。

又曰：

天下之至柔，馳騁天下之至堅。

又曰：

天之道，其猶張弓與。高者抑之，下者舉之，有餘者損之，不足者補之。天之道，損有餘而補不足。

故老子乃始知天道之必如此而不如彼，乃始知天道之有常。亦惟聖人為知此道之有常，故聖人乃得為域中之王。故老子曰：

夫物芸芸，各復歸其根。歸根曰靜，是謂復命。復命曰常，知常曰明。不知常，妄作凶。知常容，容乃公，公乃王，王乃天，天乃道，道乃久，沒身不殆。

又曰：

域中有四大，而王居其一焉。人法地，地法天，天法道，道法自然。

老子乃始以人、地、天、道並稱為域中之四大，而萬物不與焉。人與萬物之在宇宙間，其地位乃迥異。此又與莊周齊物顯不同。此後《易傳》天、地、人三才之說，即從《老子》書轉出。蓋莊周乃主物化即天道，而人生亦物化中一事，故人與物齊。老子始謂天道有常，而聖人法天，則人道可以求合於天道，而物化一項乃非所重。至《莊子》〈外〉、〈雜〉篇，又始增出物理一新觀點，此非本篇範圍，不詳論。

老子又曰：

立天子，置三公，雖有拱璧，不如坐進此道。古之所以貴此道者，豈不曰，以求，得。有罪，以免邪？故為天下貴。

故《老子》書中之聖人，其可貴在知道，在知道之有常，而《莊子》書中之真人與神人，其可貴在知命，在乘化。莊、老兩家人生理想之不同，顯由於其對宇宙知識之不同而來。唯其道有常，故知此常者乃得運用以有求而必得也。老子曰：

綿綿若存，用之不勤。

又曰：

道之出口，淡乎其無味，視之不足見，聽之不足聞，用之不足既。

又曰：

大成若缺，其用不弊，大盈若沖，其用不窮。

故《老子》書特重在知此道之常，而因運用之以求有所得。莊子則謂化無常，不可知，生有涯，知無涯，以有涯隨無涯則殆，故主無用之用。主不用而寓諸庸。老子則謂：

不出戶，知天下。不闚牖，見天道。其出彌遠，其知彌少。

若以《老子》書旨評騭《莊子》，如內篇〈逍遙遊〉、〈齊物論〉，殆亦猶如莊周之所譏於惠施者，實亦是「散於萬物而不厭，逐萬物而不反」，亦可謂「出彌遠而知彌少」矣。此尤顯見《老子》書當出莊子後，其意乃承襲莊旨而轉深一層說之也。若謂《莊》本於老，則試問莊子神人，何於《老子》書乃如此其憒憒然？

十　老子論化

老子既知道有常，又知道之逝而必反，道之必歸復其本始，故《老子》書乃不喜言化。因化無常而不可知，化日新而不反，不再歸復其故始，而僅以成其獨，故為老子所不喜言也。故莊子喜言觀化，而老子則轉而言觀復。復者，即化之復歸於常也。今試問就思想線索言，固當由觀化而後知化之必復乎？抑固當先觀其復而後始知復之為化乎？此則不待言而可決矣。而《老子》書中偶言及化字，亦與莊周異趣。老子曰：

道常無為而無不為，侯王若能守之，萬物將自化。化而欲作，吾將鎮之以無名之樸。

又曰：

聖人云：我無為而民自化，我好靜而民自正，我無事而民自富，我無欲而民自樸。

然則《老子》書中言化字，乃近化民成俗義，非如莊周，乃指天地間一種不可知之大化言也。故莊子曰「化則無常」，而老子主有常。蓋莊子言化無常，則人生只有安命而乘化，此則與萬物無大異。若人之知能知此大化之有常，則人事自有主，固可不下儕於物化。故《老子》書乃不再重言物，重言化，而回就人事，多所主張，此又是莊、老兩家之極大相異處也。

十一　老子論象

今問老子又何以知道之有常而化可知，老子乃特創其一套獨有的法象觀。老子曰：

道之為物，惟恍惟惚。惚兮恍兮，其中有象。恍兮惚兮，其中有物。窈兮冥兮，其中有精。其精甚真，其中有信。自古及今，其名不去，以閱眾甫。吾何以知眾甫之狀哉，以此。

老子意，大道化成萬物，其間必先經過成象之一階段。物有形而象非形。形者，具體可指。象非具體，因亦不可確指。故曰：

大象無形，道隱無名。

然象雖無形，究已在惚恍之中而有象。既有象，便可名。象有常，斯名亦有常。故曰「自古及今，其名不去」。當知此名即指象，不指道。因道隱無名，若強而為之名，則曰大，曰逝，曰遠，曰反。凡此諸名，其實則皆指道之成象者言之也。道之可名，即在名其象。道之可知，亦由知其象。今《老子》書中常用諸名，如美惡、難易、長短、得失、強弱、雌雄、白黑、榮辱之類，皆非物名，皆無形體可指，亦皆象名也。物屢變而象有常，故知象則可以知常，知常乃可以知變。即如生之與死，亦一切生物之兩象。宇宙生物繁變，而有生者必有死，則為生物之大象。老子曰：

人之生也柔弱，其死也堅強。

此又為生死兩途之大象。凡生之途皆顯柔弱象，凡死之屬皆顯堅強象。大道之有常而可知正如此。若就各物之具體個別言，則莊生觀化之所得已盡之。萬物之化，若馳若驟，方生方死，方死生方，如是則豈不化無常而不可知？故莊子曰「言未始有常」，又曰「大辯不言」。如是則大道將永遠只見其為惚恍不可知，而又何以能閱眾甫而知其狀？故由莊周之觀化，演進而有老子之觀復，正因老子在大道與形物之間加進了一象的新觀念。此則為《莊》書所未有也。故老子曰：

執大象，天下往。

此因宇宙間萬事萬物，皆無所逃於道之外，亦即無所逃於此大象之外也。當知此象的一觀念，乃老子所新創，此層特具關係，而莊周若未之前知。故〈齊物論〉僅言不見其形，又曰「有情而無形」。然莊周不知無形者固可有象，形雖萬變而象則有常。莊子知不及此，遂永遠陷於認道為惚恍不可知。可知者，則僅此大化之無常而已。《莊子》書中亦曾言及有象字，如〈德充符〉有云「寓六骸，象耳目」，然此處寓象二字，僅如今用偶像義，並非《老子》書中之所謂象也。自《老子》書用象字，荀子書亦屢有之，至韓非〈解老〉又特為之說。〈解老〉云：

人希見生象也，而得死象之骨，案其圖以想其生也。故諸人之所意想者，皆謂之象也。今道雖不可得聞見，聖人執其見功以處見其形，故曰無狀之狀，無物之象。

此謂道不可見，而道之成物之功則可見。道雖無形，而道之成物之象則若有形。故聖人大智，由於此道之所已見之功，而想像以得道之形，因知道之大而必逝，遠而必反。此雖出於推測想像，而天地大道，則實確有此象也。今試問若莊周在老子後，推本於老子而成學著書，何得於老子所深重認識如象之一觀念而轉忽略之？故莊周雖知有道化，而終不知此道化之有象可尋，又不知此道化之逝而必反，遠而必復。是莊周雖宗老，實可謂不知老之尤也。今若於《莊》、《老》兩書比較深論，亦可謂莊子乃僅知於具體處言道言化，乃不知從抽象中明道知化耳。

在老子後，對老子此一象字觀念特加發揮闡述者，乃在《周易》之〈繫辭傳〉。故知〈繫辭傳〉乃晚周後出書，絕非出於孔子之時也。若謂老子洵在孔子前，《易傳》洵出孔子手，老、孔兩家，均已提出此象字，作為觀化一要點，莊周更不應忽略於此，僅知觀化，不知觀象，必待《韓非・解老》，始重對此層，加以闡述。則莊周何其愚，何其孤陋而寡聞？又何足以謂其有得於老子之傳統乎？故就思想線索定書出之先後，其事雖若渺茫，而實有其確可尋究之痕跡，可以推論者，如此類是也。

老子因於此象字的一觀念，而始為宇宙大道之化，籀出幾條所必然遵循之大規律。以今語言之，此乃一種抽象的規律也。宇宙一切變化，則盡無逃於此等規律之外，故老子曰：

執古之道，以御今之有，能知古始，是謂道紀。

執古之道，即猶執此大象也。故在莊周，因於認為道化之無常而不可知，乃僅求個人之隨物乘化以葆光而全真。而老子則認為道化有常而可知，乃轉而重為治國、平天下提出一番新意見與新方法，於是遂有老子所想像之新聖人。故莊周始終對宇宙實際事務抱消極之意態，而至老子又轉而為積極，此又兩人之異趣也。

十二　老子論樸

故《老子》書中之聖人，乃與《莊子》書中所想像之真人、神人，其處世之意態大不同。《莊子・雜篇・外物》謂：「聖人之所以駴天下，神人未嘗過而問焉。」此語承莊子意。郭象之〈注〉

則謂「神人即聖人也」，乃混《老子》釋《莊》書，實非《莊》書本意也。《老子》書亦極少言真字。老子曰：

窈兮冥兮，其中有精。其精甚真，其中有信。

又曰：

質真若渝。

此兩真字，皆非《老子》書要義所在。若求《老子》書中有略相當於莊子所提出之真字者，則為《老子》書所用之樸字。老子曰：

敦兮其若樸。

又曰：

見素抱樸，少私寡欲。

又曰：

常德乃足，復歸於樸。樸散則為器，聖人用之則為官長。

又曰：

道常無名樸。雖小，天下不能臣。

萬物將自化，化而欲作，吾將鎮之以無名之樸。無名之樸，夫亦將無欲。

又曰：

我無欲而民自樸。

樸乃未成器前之一名，乃一種無名之名也。由人生界言之，樸之前於器，猶由宇宙界言之，象之前於物也。老子曰「復歸於樸」，即猶謂復歸於無物。樸亦即是一種無狀之狀，無物之象也。故歸樸亦即是歸根。老子曰：

夫物芸芸，各復歸其根。歸根曰靜，是謂復命，復命曰常。

蓋宇宙間一切物，變化不居，而總必歸復其根，此根者，即猶一切成器以前之樸。而此樸字，又為《莊子》內篇所未及。有之，則惟〈應帝王〉「雕琢復朴」一見。此朴字乃常用義，與《老子》書中樸字之為特用義者自不同，此則又不待微辨而可見者。故曰象曰樸，皆《老子》書中精義所萃，而莊周皆不知，則毋怪於老子之屢言於道之有常與可知，而莊子猶亟嘆於化之無常與不可知矣。

十三　從樸與真之分別論莊老兩家對德的觀念之歧趨

今試再論樸與真之分別。就莊子意，所謂真人，乃屬常人之所不可企及者。雖曰人各有真宰，雖曰求得其情與不得，無益損乎其真。然〈大宗師〉有云：

> 有真人而後有真知。

則真人固不常有。若非真人，則特如〈齊物論〉所云：

> 一受其成形，不亡以待盡，與物相刃相靡，其行盡如馳，而莫之能止，不亦悲乎！終身役役，而不見其成功，苶然疲役，而不知其所歸，可不哀邪！

此皆一輩無知之常人，不能善保其獨化之真者。然由《老子》書言之，則正在此輩無知常人身上，轉保守得此一分無名之樸。樸為人人所本有，亦人人所易保。故曰「我無欲而民自樸。」後之學老莊者，常日歸真反樸，又曰守真抱樸，不知學老之反樸、抱樸則易，而學莊之歸真、守真則難。後人混而言之，則殊未辨莊、老兩家之異趣也。

依於莊言真，老言樸，此兩觀點之不同，而遂發生莊周與老子關於德字觀念之異趣。《莊子・應帝王》有云：

其德甚真。

此德即指真言。故有德者，極為莊子所推崇，蓋德亦非人人之所能具也。如〈逍遙遊〉：

之人也，之德也，將磅礴萬物以為一。

〈齊物論〉：

昔者十日並出，萬物皆照，而況德之進乎日者乎？

〈人間世〉：

名之曰日漸之德不成，而況大德乎？
若成若不成，而後無患者，惟有德者能之。
知其不可奈何而安之若命，德之至也。
支離其形者，猶足以養其身，終其天年，又況支離其德者乎？
鳳兮鳳兮，何如德之衰也！
臨人以德，殆乎殆乎！

〈德充符〉：

遊心於德之和。
是必才全而德不形者也。德不形者，物不能離也。
德有所長，形有所忘。

〈大宗師〉：

與乎止，我德也。
以德為循者，言其與有足者至於丘也。

凡〈內篇〉七篇所用德字，殆皆指修行之德言。此皆非常人所易企。然此實德字之當義，無寧與儒家孔門言德，大義猶相近。而《老子》書中德字，則涵義殊不同。如曰：

生而不有，為而不恃，長而不宰，是謂玄德

王弼〈注〉：

凡言玄德，皆有德而不知其主，出乎幽冥。

據王〈注〉，此德字，乃指仁恩言。然王之此注，實失老子本義。《莊子・外篇・馬蹏》有云：

彼民有常性，織而衣，耕而食，是謂同德。

又〈外篇・胠篋〉：

削曾史之行，鉗楊墨之口，攘棄仁義，而天下之德玄同矣。

又〈外篇・在宥〉：

大德不同，而性命爛漫矣。

又〈外篇・天地〉：

是謂玄德，同乎大順。

是玄德即同德也。惟同德乃始是大德。此乃言人人本所具有之德也。故《老子》又曰：

大德不德，是以有德。下德不失德，是以無德。

又曰：

失道而後德，失德而後仁。

又曰：

道者同於道，德者同於德。

常德不離，復歸於嬰兒。常德不忒，復歸於無極。

聖人無常心，以百姓心為心。善者吾善之，不善者吾亦善之，德善。信者吾信之，不信者吾亦信之，德信。

道生之，德畜之，物形之，勢成之。是以萬物莫不尊道而貴德。道之尊，德之貴，夫莫之命而常自然。

含德之厚，比於赤子。

治人事天莫若嗇。夫唯嗇，是謂早服，早服謂之重積德。

凡《老子》書中言德字，則皆指一種自然之德言，此乃指人之稟賦而謂之德，其義略近儒家所言之性字。故〈馬蹏篇〉亦以常性言同德。後世言道家德字，乃多偏據老子，即後世儒家言德字，亦多襲取老子義以為言。而不知莊周言德字，其涵義實與老子有不同，而轉近孔孟儒家之初義也。據老子，則人人全屬有德。據莊周，則非真人、神人，具大知確有修行者，不得謂有德。蓋莊子言德，猶其言真，得於真，始可言德，而真則非人人可知，故亦非人人可葆。而《老子》書中德字則指樸言，樸屬原始本然，一經人為而反失之，此又兩家之異趣也。今若謂莊後於老，則是莊周乃轉採孔門儒家義，而特以反老子之本旨，此又無說可通也。

十四　莊子外雜篇言道

根據上所分析，試讀《莊子》〈外〉、〈雜〉篇，則有可以確證其書之出《老子》之後者。何以知之？因其用字，多本老子，而與莊周違異，故知其必出《老子》後也。如〈外〉、〈雜〉篇頗多沿用老子德字義，而又以綰合之於儒家之言性命者。在莊周同時，孟子始昌言性善，而《莊子・內篇》七篇固絕不一言及性。至〈外〉、〈雜〉篇始常言性命，此即〈外〉、〈雜〉篇較《莊子》晚出一顯證。而〈外〉、〈雜〉篇之言道德，則其義猶即言性命也。此皆與老子近，與莊子遠，則《老》出《莊》後，豈不甚顯？如〈駢拇〉云：

> 駢拇枝指，出乎性哉，而侈於德。

此言德性，皆指其稟受之本然言，與老子義近。如孟子則特以擴充與可然者言性，此大不同也。又〈天地〉云：

> 物得以生謂之德。

又曰：

> 性脩反德，德至同於初。

如此言德，皆為老子義。

又〈駢拇〉曰：

天下有常然。常然者，曲者不以鉤，直者不以繩，圓者不以規，方者不以矩，附離不以膠漆，約束不以纆索。故天下誘然皆生而不知其所以生，同焉皆得而不知其所以得。故古今不二，不可虧也。則仁義又奚連連如膠漆纆索而遊乎道德之間為哉？

此以常然者言道德，又謂其不二、不虧。德不可虧，其義顯本老子。

又〈馬蹄〉云：

至德之世，其行填填，其視顛顛。……至德之世，……同乎無知，其德不離。同乎無欲，是謂素樸。素樸而民性得矣。

又〈胠篋〉云：

子獨不知至德之世乎？……當是時也，民結繩而用之，甘其食，美其服，樂其俗。……

又〈天地〉云：

至德之世，不尚賢，不使能。

又〈繕性〉云：

古之人，在混芒之中，與一世而得澹漠焉。……當是時也，莫之為而常自然。逮德下衰，及燧人伏羲。……德又下衰，及神農黃帝。……德又下衰，及唐虞。

凡此諸條，皆以自然觀點釋道德，蓋即以稟受於天者為道德也。而又加以一種歷史之演進觀，於是遂成為世愈古，德愈高，世愈後，德愈衰。此所謂德，皆指一種同德言，此乃一種本始之樸也。愈經人為，則愈失其本始。故世愈後，則德愈衰。當知此等意識，皆襲自《老子》，實為《莊子・內篇》所未有也。然則老子思想之於世事人為，雖若較莊周為積極，而其道德觀、文化觀，其歷史演進觀，則實較莊周尤為消極。則無怪於治《老子》學者之於世事人為，乃轉更趨重於權謀術數，轉更輕鄙於德教文化，而一切轉更於以己私功利為權衡，為嚮往矣。故莊周頗重個人修養，而老子轉向處世權術，此又兩家之異趨也。

十五　老子論精

《老子》書言樸字，為《莊子．內篇》所未及，已如上述。而《老子》書又屢言精字，亦《莊子．內篇》所未有也。《莊子．內篇》言真言神，而精字惟〈德充符〉一見，曰「外女之神，勞女之精」，僅此而已。〈人間世〉又云「鼓筴播精」，此精字作米粒解，乃精字之本始常義，可勿論。至《老子》書始重言精字。如曰：

窈兮冥兮，其中有精。其精甚真，其中有信。

此處精字為一具體名詞，而真字則為一形容詞。精字之涵義與其地位，顯為超出於真字之上。此謂精者，乃謂是道中有精。大道之化，雖若不可知，而若果能認出此道中之精，則精屬不可化，而大道之化，於是亦為有常而可知矣。又老子曰：

含德之厚，比於赤子。蜂蠆虺蛇不螫，猛獸不據，攫鳥不搏，骨弱筋柔而握固，未知牝牡之合而全作，精之至也。

故知《老子》書中言精，猶之其言樸也。太古之世為至樸，而赤子之德為至精，此皆指其稟賦之德之原始最先狀態言，愈原始則愈可貴。故《老子》書中言赤子，即猶《莊子》〈外〉、〈雜〉篇之言至德之世也。當知老子所言之赤子，亦與莊周〈內篇〉所想像之真人、神人大不同。蓋莊子理想中之真人、神人，皆由極深修養來，而赤子則自然含德，不待修養也。

後世道家，常喜言精氣。蓋莊子言道，特指此一氣之化。而《老子》書中言精，則指此一氣之分析之至於極微相似處，此如米粒之精，一一無別。蓋氣雖萬化各異，而就其最先原始處，為萬化各異之大本者，則實至微相似，因此而謂之精，故氣至於精則不復可化。若其猶可化，則猶是其粗，仍不得謂之精也。惟其氣之有至精不可化處，故化亦必有常，德亦必有同。故莊子言真，乃指其氣之獨化言。而老子言精，則指其化之同歸言。此又兩家之異趣也。

推老子之意，亦可謂氣化成形之前，先有精之一階段，此猶如道之在成物之前，有象之一階段也。此證《老子》書較莊子為晚出，故就莊子一氣化成萬物之粗略觀念而更深更細求之，於是在成形之前有象，在成物之前有精，而即於此象與精之中而籀求此大化之萬變無常中之不可變而有常者以為知。此等皆思想之遞嬗推衍，有其先後線索之可明白指證者。若謂莊在老後，則莊子既師承老子，不應如此心粗，於老子此等層次細密處，漫不經心，而僅摭拾其粗淺皮毛，輕為汗漫放蕩，而大肆其繆悠之談也。

又按：《莊子・外篇・刻意》有云：

一之精通，合於天倫。

郭象〈注〉：

精者，物之真也。

此處郭〈注〉，亦以《老子》釋《莊》書。在郭象之意，認為《老子》書中精字，即相當於《莊子》之真字，而不知其間實有辨。莊子只謂萬物皆假於異物以成體，獨其所不假於異物者，乃確然成為此物之真，此惟物本身之獨自演化之此一經歷過程為然耳。故《莊子》書中之真字，乃指化而言。乃指萬化之各自有其單獨而互不相似之過程言。乃指此種過程之為各一物所特有而不可相移借言。而老子則謂萬物「抱陰而負陽，沖氣以為和」。萬物皆成於氣，此意承莊子。惟老子又進一層而指出此氣之可經分析而至於其終極，達於一種極微相似之點始曰精。此氣之精者，乃氣之最先狀態，此則更不化。宇宙一切萬物，則皆必有得於此氣之精而始成其為物焉。故《莊子》書中言真，乃指萬異之化之各具一段獨特之經歷與過程，此一段獨特之經歷與過程，乃專成其為此物之化，而更不重見於他物者，惟此亦即是此物之所以成其為此物者，故特名之曰此乃其物之真也。故莊子真字之內涵義，為化，為卓，為獨。而《老子》書中精字之內涵義則為同，為德，為不化，為有常，為可信。故真則無常，精則不變，此則又莊、老兩家之意趣大異處也。

故《莊子》書每以真與神並言。真則神矣，神即化之獨特而不可知者也。而道家自老子以後，則每以精與神並言。然則《莊子・內篇》之所言神，亦自不得不與老子以後所用神字之涵義有分別。蓋莊子乃以乘化、葆真者為神，而老子則以守精、襲常者為神，此又其相異也。凡此必會通並觀於《莊子・內篇》七篇與《老子》五千言之立言大旨，而始可以微辨而得之。幸而此兩書具在，好學深思之士，就吾說以求之，將自見其分別之判然耳。

至《莊子》〈外〉、〈雜〉篇屢屢言精神字，則大率本諸老子，與《莊子・內篇》不同，即此可證《莊子》〈外〉、〈雜〉篇之更屬晚出。此一論題，當另為專篇闡釋之，而特粗發其大較如上述焉。

十六　天下篇對莊老兩家之評判

上之所論，因於莊、老兩家對於宇宙觀念之不同，而牽連及於人生態度之相異。若粗略言之，亦可謂莊子乃重體而忽用，老子則主明體以達用者。亦可謂莊子乃主無用之用，而老子則主無為而無不為。此之分別，余前論莊、老兩家政治思想，已粗及之。惟此義古人知者甚多，故漢人常言黃老，少言老莊，及魏晉以下人，始兼言老莊，而亦不再言黃老。此證古人之確知有此分別也。實則莊老之有別，《莊子・天下篇》早已明白舉出，茲再略加申釋，以終我篇。

《老子》書既晚出於莊周，則〈天下篇〉絕非出於莊子親筆，此層可不論。此篇蓋出晚周以下，百家紛歧，已臻爛熟衰敗之象。故〈天下篇〉作者，乃頗嚮往於古昔王官之學一統之盛，而深慨於後起百家之各持一端，所謂「道術將為天下裂」也。其言曰：

古之所謂道術者，果惡乎在？曰：無乎不在。曰：神何由降，明何由出。聖有所生，王有所成，皆原於一。不離於宗，謂之天人。不離於精，謂之神人。不離於真，謂之至人。以天為宗，以德為本，以道為門，兆於變化，謂之聖人。

又曰：

古之人其備乎！配神明，醇天地，育萬物，和天下，澤及百姓，明於本數，係於末度，六通四辟，大小精粗，其運無乎不在。

是謂古之所謂道術者，乃通天人，兼本末，內聖外王，一以貫之也。其稱莊周則曰：

芴漠無形，變化無常，死與生與，天地並與，神明往與。芒乎何之，忽乎何適。萬物畢羅，莫足以歸。古之道術有在於是者，莊周聞其風而悅之。

又曰：

獨與天地精神往來，而不傲倪於萬物。……彼其充實不可以已，上與造物者遊，而下與外生死無終始者為友。其於本也，弘大而辟，深閎而肆。其於宗也，可謂調適而上遂矣。雖然，其應於化而解於物也，其理不竭，其來不蛻，芒乎昧乎，未之盡者。

細籀此節之文，蓋謂莊周之學，已得其宗本，內聖之道已備。而應化外王，其道雖自內聖出，而其理不竭，其來不蛻，故若芒昧猶未之盡。則尚有待於後起者之得其旨而善為推闡引申以運用之。此即吾所謂莊子之學，乃重於明體而略於達用也。

至其論老聃、關尹，則曰：

以本為精，以物為粗，以有積為不足，淡然獨與神明居。古之道術有在於是者，關尹老聃聞其風而悅之。建之以常無有，主之以太一，以濡弱謙下為表，以空虛不毀萬物為實。……關尹老聃乎？古之博大真人哉！

是〈天下篇〉作者之意，乃特深賞於關尹、老聃之善於為用，而其於本宗之上達，則獨若有所不足焉。故王船山曰：「贊之曰真人，謂其未至於天。」又曰：「莊子之學，蓋以不離於宗之天人自命。謂內聖外王之道，皆自此出。於此殿諸家，為物論之歸墟，而猶自以為未盡。蓋望解人於後世，遇其言外之旨焉。」王氏此解，可謂妙得〈天下篇〉之作意，惟謂此出莊子親筆，則微誤耳。

蓋莊周意尚尊天，至《老子》書始解析天道，一以歸於法象與術數。故〈天下篇〉作者，不免於老有微辭也。然則就〈天下篇〉作者之意，關尹、老聃，雖於百家為傑出，要亦仍在百家之範圍，此亦無當於「備天地之美，稱神明之容」，而惟莊周為始足以當之也。

或疑〈天下篇〉獨稱關尹、老聃為古之博大真人，即證老子年世之早。然就〈天下篇〉全文通觀，先敘王官之學在前，即所謂古之道術也。次敘鄒魯之士，縉紳先生，不以與此下諸家為伍，則以儒術猶守王官舊統，而莊周之學，則本承儒起也。又其次乃列述百家，而先墨翟、禽滑釐，則墨家本係緊承儒家而起也。敘關尹、老聃於莊周之前，此未必即謂莊周後起於尹聃。即如其前舉宋鈃、尹文、彭蒙、田駢、慎到，凡此諸家，亦何嘗皆出莊周前？諸人中，惟彭蒙年世無可詳稽，大略當略前於莊周。餘諸人，皆與莊周略同時，而卒年且均在莊後。則〈天下篇〉作者，固不謂老先於莊，顯矣。又於莊周之後獨舉惠施，施之年輩，較莊尚略前，且又早達，若依時序，固當惠先莊後。所以特序於篇末，則因施、周同時，又同為主張萬物一體，兩人持義最相近，亦最見其相違。故獨承於周而論之也。然則所謂古之博大真人，仍亦有聞於古之道術而起，又烏得拘泥此一字，而謂其年世之必遠越夫百家之前乎？

蓋〈天下篇〉作者，既不滿於晚周百家之紛歧，而上希古之道術，乃主內聖外王，綰百家於一統，而獨舉儒術，謂其猶守前矩，而自墨以下，始開百家之新局。則其於古代學術演變遞傳之大體，固猶心知其意，不似後代人，昧失本真，乃轉謂老子開諸子百家之先河，而謂其書猶遠出孔墨之前也。

十七　荀子對莊老兩家之評判

荀子猶前於〈天下篇〉，而且評判莊、老兩家，亦較〈天下篇〉為明徹。〈解蔽篇〉曰：「莊子蔽於天而不知人。」蓋莊子謂天不可知，則惟有乘化隨順也。其〈天論篇〉則曰：「老子有見於詘，無見於信。」蓋老子主天有常道，為可知。故老子轉重人事。在老子意，天道雖若循環，逝而必反，往而必復。而人力實可斡旋。使有聖人者善處之，則可以常得而弗失，常成而無敗。常居福利，而避禍害焉。楊倞曰：「老子著五千言，其意多以屈為伸，以柔勝剛。故曰見詘而不見伸也。」此說得之矣。而荀子猶不以老子為足，故有〈天論篇〉，曰：「錯人而思天，則失萬物之情」。又曰：「百王之無變，足以為道貫」。蓋老子猶曰「王法天，天法道」，荀子承老子而益進，乃僅主法王，不主法天。道貫即在聖王，故法王遵道，乃可以勝天也。讀者試就孟、莊兩家比觀之，又就老、荀兩家比觀之，自見時代相近，則其議論意見，有相似而相通者。固不當專一於儒、道兩家之分別以為觀也。

十八 略論當時各家學說思想流布之情況

繼此有一義猶當略說者，即當時各家學說思想流布之情況，其事蓋有遠出於後代人之所想像，而驟難明指確說者。即如《老子》書，論其成書年代，既當在莊周後，荀況前，然莊周之與荀況，雖其先後輩行顯然可序，然亦固可謂之為並世，蓋其年世相隔，殊不甚遠。然則《莊子》成書，必當即刻流布，《老子》書之作者，殆已見《莊子》之〈內篇〉，而《老子》成書，亦必即刻流布，而已為荀子所見。故荀子之批評莊、老，精審不苟。而荀子弟子韓非亦已見及《老子》書，其同時呂不韋賓客著書，亦均見及《老子》書，而《莊子》〈外〉、〈雜〉篇作者，殆亦必見及《老子》書無疑。而論其時間，相隔皆甚近。然則雖在先秦，其時著作之流布，學說思想之傳達，必甚便利，其情況實無異於後代。抑且又可推想者，此等著書立說之士，其平日生活，殆必甚優裕，並各有許多弟子門徒。各家各派間，必各有其自己之學術集團。又其相互間，聲氣極相流通，其言辯往復，必甚活潑暢遂。此事所涉既甚廣，當博搜自孔墨以下各家各派之成書立說及其相互影響之事實而細心推論之，始可顯出當時學術社會情況之一斑，此則已非本文範圍所能包。然若謂老子乃一隱君子，騎青牛，度函谷，關尹強之著書，乃始成此五千言，而其書隱晦不彰，歷孔墨以下，迄於莊周，時逾二百年，乃始獲睹其書而傳述之，此則必非當時之真相，此乃自各方面推論而可知其必不如此也。竊恐讀余此文者，或將疑及如我此文之所述，則當時各學派思想流布及其相互影響之情況，何以得如此暢遂活潑，息息相通，若更有過於後代之所見，此層只可更端另論，而姑先發其大意於此。

釋道家精神義

分目

一、莊子內篇言精字義
二、莊子內篇言神字義
三、莊子書言精神二字與儒家言齊聖二字之比較義
四、老子書言精字義
五、老子書言神字義
六、莊子外雜篇中精字神字及精神二字連用義
七、管子書內業心術言精神義

八、呂氏春秋言精神義
九、淮南王書言精神義
十、司馬談劉向言精神義
十一、春秋繁露白虎通言精神義
十二、王充論衡言精神義
十三、附辨道家言神與儒家言心之區別

精神二字，自先秦沿用迄於近代，成為中國一慣常習用語。近人至謂中國為精神文明，歐西為物質文明。蓋分精神與物質為對立之兩觀念，在中國思想界，確有淵源，非出晚近世而始有也。本文特就精神二字，考究其來歷，分別闡釋其最先之涵義，又約略蹤跡其演變，此亦中國思想史上一特有觀念，為治中國思想者所必當注意也。

考使用精神二字，其事實始於道家，而猶晚出於莊周與老聃。今先就莊周、老聃書考之，則最先精神二字，乃分別使用之，其涵義亦不同。玆仍鄙見，先莊周，次老子，惟《莊》書則僅據〈內篇〉七篇言。

一　莊子內篇言精字義

《莊子．內篇》精字僅兩見，一見於〈人間世〉，曰「鼓筴播精」，司馬彪曰「簡米曰精」，許氏《說文解字》亦曰：「精，擇也。」簡即簡擇義，簡擇米粒之完整而潔白者，故引申有精白義，有精明義。如撥雲霧而見青天亦曰精，《韓詩》於〈定之方中〉云「星精」，《史記．天官書》，「天精而見景星」，《漢書．李尋傳》，「日月光精」，皆是也。又引申為精粹義，《漢書．刑法志》，「聰明精粹，有生之最靈」。又精潔義。簡擇米粒，使一一皆完整、潔白，大小既略相等，故又引申為精一義，精專義，《管子．心術》：「中不精者心不治。」於是此精字乃應用及於對心理狀態之形容。而求其語源，則皆由簡擇米粒之本義而引申也。

《莊子．內篇．德充符》又云「外乎子之神，勞乎子之精」，此處精神二字對文互用，若近以後所常用之精神義。然就《莊子》原文言，精即指用心之專一。故《莊》書所謂勞精，亦猶孟子所謂勞心耳。

此一精字之用法，稍後見於荀子之〈解蔽篇〉。其文曰：

> 空石之中，有人焉，其名曰觙。其為人也，善射以好思。耳目之欲接，則敗其思。蚊蝱之聲聞，則挫其精。是以闢耳目之欲，而遠蚊蝱之聲，閑居靜思則通。思仁若是，可謂微乎？

此處精字，顯見為精思義。精思即用思專一也。故下文又曰：

> 闢耳目之欲，可謂能自彊矣，未及思也。蚊蝱之聲聞則挫其精，可謂危矣，未可謂微也。夫微者，至人也。

此處精字，顯指精思，即用思之專一。可見荀子此文用精字，實與《莊子・德充符》語意相通。莊子之譏惠施曰：「天選子之形，子以堅白鳴」，即指惠施之精思專一於堅白異同一問題也。

而荀子此文，有更可注意者兩點：一則此文用至人二字，顯為承襲莊周。二則此文用危微二字，亦皆指用心工夫。上文論舜之治天下有云：

> 處一危之，其榮滿側。養一之微，榮矣而未知。故道經曰：人心之危，道心之微。危微之幾，惟明君子而後能之。

王念孫曰：

舜身行人事，而處以專壹，且時加戒懼之心，所謂危之也。惟其危之，所以滿側皆獲安榮，此人所知也。舜心見道，而養以專壹，在於幾微，其心安榮，則他人未知也。

證以下文，蚊蝱之聲聞則挫其精，可謂危矣，未可謂微也，是謂用心於處人事，雖其心常警動，所謂朝惕夕厲，故曰危。孟子曰：「孤臣孽子，其操心也危，其慮事也深。」可見用心能危，亦為孟子所贊許。然亦僅止於處人事而已耳。至於能用其心於處道，則不僅危，而抑且微。因其用心工夫，乃為人所不易見。如思仁即是用心於道，此即所謂道心也。惟無論其用心之危或微，無論其用心之在人事或道，要必閑居靜思乃通，因閑靜乃易使心專一也。然則荀子此文用精字，乃指其用思專一言，更無可疑。東晉梅賾《偽古文尚書》採用《道經》「人心惟危，道心惟微」二語，而增之曰「惟精惟一，允執厥中」。惟其危與微，故必精與一。下及宋儒，特喜此四語，稱為堯舜傳心十六字訣。而分別人心謂指人欲，道心謂指天理，此在《荀子》原書，並無此意。抑且危字之訓，亦非原義，較之《道經》本旨，相距殊遠矣。

上釋精字義，又可以《莊子．外篇．達生》為證。〈達生篇〉云：

仲尼適楚，出於林中，見痀瘻者承蜩，猶掇之也。仲尼曰：子巧乎？有道邪？曰：我有道也。五六月累丸二而不墜，則失者錙銖。累三而不墜，則失者十一。累五而不墜，猶掇之也。吾處身也若厥株拘，吾執臂也若槁木之枝。雖天地之大，萬物之多，而唯蜩翼之知。吾不反不側，不以萬物易蜩之翼。何為而不得？孔子顧謂弟子曰：用志不分，乃凝於神，其痀瘻丈人之謂乎？

此所謂天地之大，萬物之多，而惟蜩翼之知者，即荀子所謂闢耳目之欲，遠蚊寍之聲，亦指其用心之專一也。用心專一，即是用心之精，惟其用心精，乃得凝於神。此神字亦指心知作用言。凝於神，即是使心知凝聚，則仍謂是用心專一也。用心專一，使心知凝聚，而人心功用乃可達至於一種最高境界，此即謂之神矣。故《荀子．解蔽篇》亦曰：「心者，神明之主也。」下至宋儒，常喜言敬，其實敬亦是用心專一耳。惟〈達生篇〉用意，所由異於荀卿者，〈達生篇〉即以痀瘻丈人之專一用心於承蜩而謂此亦是道，荀子則不認空石之人之專一用思於射者而謂其即是道，乃謂此等用心，僅屬人事小技，故亦僅可謂之是人心。人心之運用，雖其極達於警惕悚動，亦僅可謂之危，而不得謂之微。用心危者，其事顯見，尚為人所易知，因其就於事而動其心，尚有跡可尋，有隙可窺，故曰危矣，而不得曰微也。惟能用心於道，如思仁，乃與思射異。思仁不因事而轉動，既無跡可尋，亦無隙可窺，《中庸》之所謂「無聲無臭，純亦不已」，庶乎近之。故不僅是危，又且是微。因其事隱，為別人所不知。故《中庸》又云：「是以君子慎其獨。」慎獨之獨，即道心之微也。蓋獨者人所不知，故獨始微矣。《易大傳》亦曰：「思之思之，鬼神通之。」鬼神通之，即猶《莊子・外篇》之所謂凝於神。惟一則以思射、思承蜩者皆為道，而一則必以思仁、思義者始是道。一則以此等用心工夫為聖人，而一則以此等用心工夫為神人。此後宋儒始改言主敬，又曰「主敬即是主一工夫」，然必主一在天理上。主一在天理上，始是主一在道上，而非主一在事上。此即道心、人心之所由判。此亦是儒道疆界一分別所在也。

《莊子・外篇・達生》之說，又頗似承襲〈內篇・養生主〉之義而來。〈養生主〉庖丁為文惠君解牛，其對文惠君之言曰：

> 臣之所好者，道也。進乎技矣。始臣之解牛之時，所見無非牛者。三年之後，未嘗見全牛也。方今之時，臣以神遇，而不以目視。官知止而神欲行。依乎天理，批大郤，導大窾，因其固然。

此處庖丁自認其解牛為有道，即猶如痀瘻丈人之自認其承蜩為有道也。荀子乃儒家，固不認此等為道。此猶如後代禪宗祖師，即以運水搬柴為道，而宋儒不加認可。是其分別所爭，前後如一轍。今若專以其用心之專一言，則庖丁之解牛，亦可謂之用心專一矣。惟其用心之專一，故能官知止而神欲行。所謂以神遇，即是用志不分，乃凝於神也。其曰官知止，即是關耳目之欲也。莊子之所謂官知，即猶如宋儒之言人欲矣。孟子曰：「耳目之官不思而蔽於物，物交物，則引之而已矣。心之官則思，思則得之，不思則不得也」。莊子之不重耳目官知，與孟、荀同。惟孟、荀皆重思，而莊子則貴能以神遇，又稱之曰神欲。惟能以神遇，以神欲行，如此始得依乎天理，而不出於人欲。在莊子之意，不僅不憑於官知，抑且不憑於思。故惠施之精思，乃為莊子所不滿。至於孟、荀論用心，則必重思，抑且惟心為能思，耳目之官則不能思。莊子曰「官知止」則並心之思而不用，並心官之能思者而亦停止其作用。至此境界，乃可曰以神遇。在莊子之意，惟能以神遇者始可得天理。天理二字，其實亦始見於莊子之此文。孟、荀則重言道。其於心知，重思不重神。下至宋儒，明道言識仁，又曰「識得此理，以誠敬存之」，此亦嫌如不重思。至伊川乃始補出一思字，而晦菴承之，其言格物窮理，皆貴思。然則貴思之與貴神，又是儒道一疆界矣。

二 莊子內篇言神字義

根據上述，闡釋精字，而已連帶涉及於神字。惟能用心專一即是神。然用心專一，非是用思專一，此則莊子、荀卿兩家之分歧點，所當明辨者。故莊子神字，亦指一種內心狀態言，亦為心理狀態之一種形容詞。亦可謂是心理境界之一種名號稱謂。人之用心，能達此境界，有此狀態，則亦可謂之曰神人。茲請繼此稍加以申述。

蓋莊子之所謂神人者，如〈內篇・養生主〉、〈外篇・達生〉，上之所稱引，實皆本於求為養生之道，故莊子之言神人，其實亦為能養生而得道者言也。故〈內篇・逍遙遊〉有云：

藐姑射之山，有神人居焉，肌膚若冰雪，綽約若處子。不食五穀，吸風飲露，乘雲氣，御飛龍，而遊乎四海之外，其神凝。……之人也，之德也，將磅礡萬物以為一，世蘄乎亂，孰弊弊焉以天下為事？之人也，物莫之傷，大浸稽天而不溺，大旱，金石流，土山焦，而不熱。……孰肯以物為事？

據此，則莊子之所謂神人，實即不用心於人事者。故曰：「孰弊弊焉以天下為事？」又曰：「孰肯以物為事？」惟其能不用心於人事，故神人者，即用志不分，而得心知凝聚。故曰其神凝，故謂之為神人也。亦惟其心知凝聚，即其神之凝，故外物莫之能傷。甚至大浸不溺，大旱不熱，乃至於無需食五穀，僅吸風飲露而已得養其生。後世神仙思想，皆從莊子此等意見來。而莊子之初意，則在教人能用心專一，不分馳於外物，而保全其神知，故亦不憑人身五官之知為聰明耳。故莊子意，苟其人能用心專一，即已是專一於道也。故在孟、荀儒家，心知之最高作用厥為思，惟思乃能達道。道者，超於事物，而亦不離於事物。至於莊周，其理想中心知之最高境界，并不有思，而獨知孤明，此即謂之神。惟神乃能與天遇。與天遇，則無事無物，而莫為之害矣。此最為儒、道兩家言心知之相歧處。

莊生之意，仍可證之於外篇之〈達生〉。其言曰：

子列子問關尹曰：至人潛行不窒，蹈火不熱，行乎萬物之上而不慄，請問何以至於此？關尹曰：是純氣之守也，非知巧果敢之列。居，予語女。凡有貌象聲色者，皆物也，物何以相遠？夫奚足以至乎先？是物而已。則物之造乎不形，而止乎無所化，夫得是而窮之者，物焉得而止焉？彼將處乎不淫之度，而藏乎無端之紀，遊乎萬物之所終始。壹其性，養其氣，合其德，以通乎物之所造。夫若是者，其天守全，其神無郤，物奚自入焉。夫醉者之墜車，雖疾不死。骨節與人同，而犯害與人異，其神全也。乘亦不知也，墜亦不知也，死生驚懼，不入乎其胸中，是故遻物而不慴。彼得全於酒而猶若是，而況得全於天乎？聖人藏於天，故莫之能傷也。

是莊子理想中之聖人，實即是神人也。所謂聖人藏於天，其效則為物莫能傷。何以使物莫能傷？莊子之意，謂人能心不在物，斯物莫之能傷矣。此事於何證之？即證之於醉者之墜車而不死，因醉者心不在墜也。醉者乘不知乘，墜不知墜，此謂之其神無郤，郤猶隙也。乘車之與墜車，其事變之間必有隙，惟醉者不知其有變，故其心知亦若無間隙焉，故曰其神無隙。故知莊子此處所用神字，即指人之心知言。心知無隙，即後來禪宗所謂「前後際斷」，又即宋儒之所謂「打成一片」也。目知視、耳知聽，此皆官知，官知則止乎物，孟子所謂物交物，則引之而已。《管子・宙合篇》亦云：「方明者，察於事故，不官於物而旁通於道。」不官於物，即是不憑官知，不止於物以為知也。方明即是旁通於道，不以一曲知，而以大方知，故曰方明。是即神知也。惟有神知則能不止乎物。心不在物，故物亦莫能加之以傷害。今試問：人又何以能使其心不在物，而達於神知無隙，而不止於物乎？莊子則曰，此須「遊乎萬物之所終始」、「通乎物之所造」，此即莊子之所謂用心專一於道也。今試問：人又何以能用心專一於道？就其淺顯可指導人者，其先則莫若能使之用心專一，繫於一物，如痀瘻丈人之承蜩，牢繫吾心於承蜩之一事，而遂能忘卻其他之萬物，是亦足以使其心知凝於神而得近乎道矣。莊子之以承蜩為有道，亦猶後世禪宗之即以運水搬柴為有道也。實則此皆繫心一物之道耳。惟其繫心一物，故能盡忘萬物。惟其專心一知，故能盡棄餘知。然則人心之至於神，不僅無思，亦且無知，乃始謂之神耳。

《莊子・內篇》曾屢言神人之物莫之傷，如〈齊物論〉：

王倪曰：至人神矣，大澤焚而不能熱，河漢沍而不能寒，疾雷破山，風振海，而不能驚。

若然者，乘雲氣，騎日月，而遊乎四海之外，死生無變於己，而況利害之端乎？

死生無變於己，是亦指其神知之無隙也。神知無隙，其實則猶如無知耳。惟〈內篇〉就其遊心於道言，〈外篇〉如〈達生〉，則退就其繫心一物言，此其異。

《莊子．內篇》言神人，又言真人，真人則亦猶神人也。〈大宗師〉云：

且有真人而後有真知。何謂真人？古之真人，不逆寡、不雄成、不謩士。（謀事）若然者，過而弗悔，當而不自得也。若然者，登高不慄，入水不濡，入火不熱，是知之能登假於道也若此。

可見莊子理想中之所謂真人與神人者，顧在其運用心知之如何耳。若能不憑官知，不止於物以運用其心知，使知不止於物，乃始所謂真知。故能登高不慄，入火不熱也。登高而不知其高，入火而不知其熱，知不在物，而非無知，是謂其能登假於道矣。此之謂神人，即真人矣。故又曰：

古之真人，其寢不夢，其覺無憂，其食不甘。

此無他，皆能不止於物以用心耳。不止於物之知，乃成為孤明獨照，斯乃莊子之所謂神，所謂真知也。

惟《莊子・內篇》，殊不言心繫一物。蓋心繫一物者，猶之佛家之所謂方便法門，而非究竟法門也。若論究竟法門，則必心無所止，心不繫物，盡忘萬物而後可。何以能盡忘萬物，則必遊乎萬物之所終始，通乎物之所造，此即盡忘萬物而達乎道矣。凡《莊子・內篇》之所言，大率皆屬此等境界，則皆究竟法門也。〈德充符〉有云：

……而況官天地，府萬物，直寓六骸，象耳目，一知之所知，而心未嘗死者乎？彼且擇日而登假，人則從是也。彼且何肯以物為事？

所謂擇日而登假，登假即登遐，是即為神人矣。故此條雖不言神人，而仍是言神人也。神人之用心，在能一知之所知。何謂一知之所知？此即知不止於物，不加分別，而心未嘗死，則仍非一無所知，非真無分別也。此猶佛家所謂「無分別心，有分別用」。有分別用，故有知。無分別心，故其所知若一。此等之知，乃所謂神知。莊子曰「有真知，而後為真人」，亦可謂是有神知而後為神人也。則神人之所以異於常人者，豈不亦在其心知乎？

故凡《莊子・內篇》言神字，皆異乎原始所謂鬼神之舊義，莊子特賦神字以新解。莊子之所謂神人，其人則仍在人間世，其生活仍屬人生界，惟在人生界中而有其理想中之所謂神人者。神人之異於常人，則特在其用心運知之不同。〈內篇．人間世〉又曰：

夫徇耳目內通，而外於心知，鬼神將來舍，而況人乎？是萬物之化也。

夫曰徇耳目內通，則外面事象物態，一一經歷耳目之官而通入於內心，其心固未嘗無知也。耳知聽、目知視、視知色、聽知聲，既徇耳目內通，故曰未嘗無知。然又謂外於心知，則何也？此謂視聽不止於視聽，聲色不止於聲色。有所知而不加分別，如此則能一知之所知，而鬼神來舍矣。此處鬼神字，似是援用原始鬼神之舊義，謂鬼神來舍於其心，即猶謂其心知如神也。其心知如神，乃始是真知。凡神知之所知者，則知合於萬物之化，而能不止於物物間。此其義，莊子又深闡之於其所謂心齋之說。〈人間世〉又云：

一若志，無聽之以耳，而聽之以心。無聽之以心，而聽之以氣。耳止於聽，心止於符。氣也者，虛而待物者也。唯道集虛。虛者，心齋也。

此文不見神字，其實亦仍是言神。人苟能虛其心而聽之以氣，即其心自神而為道所集也。後來宋儒言敬，亦謂「心中無一事」。心中無一事，即是虛，此猶莊子之所謂唯道集虛也。惟宋儒必曰「主一之謂敬，主一是主在天理上」，然則宋儒與莊周之所異，仍異在其對於道字之觀點上，故在莊周僅主主一，而宋儒必主此一是天理。至於其所以運使心知之方法，則宋儒之與莊周，實無大異也。

在莊周之意，何以能使其心虛而待物？則必先能外忘萬物而後可。〈內篇．大宗師〉女偊之答南伯子葵，告其所以告於卜梁倚以學道之方者，其言曰：

卜梁倚有聖人之才，而無聖人之道。我有聖人之道，而無聖人之才。……以聖人之道告聖人之才，亦易矣，吾猶守而告之。參日而後能外天下。已外天下矣，吾又守之七日，而後能外物。已外物矣，吾又守之九日，而後能外生。已外生矣，而後能朝徹。朝徹而後能見獨，見獨而後能無古今。無古今而後能入於不死不生。

此所謂外天下、外物、外生，易言之，即是將此天下萬物生死，一切外於心知也。凡所謂天下，與物，與生，此皆必呈現於人之心知而後始見其為有。人若能使此一切外於心知，即能不見有天下、有物、有生。然此特不見其有此諸分別耳，非真若土塊然，而其心一切無知無見也。人心能外於此諸見，乃始能見獨。能見獨，即是只見有天、有化，而不見有物。既有見，故曰心未嘗死。能見獨，故謂之神人也。

莊子之所謂獨者，蓋莊子謂萬物盡在一大化中，此一大化，形成萬化，萬化各獨，而同是此一大化。人心之知，未必能外知此大化之全，卻能內知此萬化之獨。莊子稱此曰獨化，獨化即其物之真，亦即其物之天，亦即其物之神也。故化與天，就《莊子》書論之，皆指此大化之體之外在者而言也。獨與真與神，則亦指此大化之體之內在而呈現於心知者言。故〈大宗師〉又曰：

彼特以天為父，而身猶愛之，而況其卓乎？人特以有君為愈乎己，而身猶死之，而況其真乎？

郭象〈注〉：「卓者，獨化之謂。」今按：真字卓字皆從匕，皆指化。此化體，雖若在外，而實亦得之於己，而可以內在心證者。〈齊物論〉所謂「若有真宰」，又曰「其有真君存焉」，此真宰、真君，則皆指此獨化之體，即所謂「卓」者之內在於吾身者也。所謂見獨，即指見此卓，見此真。人心之有知，常以知外在之物。人若能外於心知而知，知於其內在己身之獨化，斯能見於此內在之真君與真宰，如是始謂之見獨，始得謂之真人與神人也。人若能精於用心，外忘一切，而惟此真君、真宰之為見，惟此獨與卓之化體之內在於吾身者之為見，則所見無內無外，惟此一化，惟此一獨。既已渾忘內外，而所知達於此惟一之獨體，則所知亦即是此大化也。如此則自然不見有所謂外物之害己。用心工夫至此，則可謂精而達於神矣。大凡《莊子．內篇》精字與神字義，當分別說之，具如上所述。

三　莊子書言精神二字與儒家言齊聖二字之比較義

而余考《莊子》書言精神二字義，有可與儒家古經典之言齊聖二字義，比較闡說者。《國語・周語》：「其君齊明衷正。」注：「齊，一也。」精訓精一，齊訓齊一，兩字義訓，正可相通。人能用心齊一則明，故連文曰齊明。《荀子・脩身篇》「齊明而不竭」，《戴記》、《中庸》「齊明盛服」，皆齊明二字連用。又《戴記・祭統》：「齊者，精明之至也。」又《北堂書鈔》卷九十引《白虎通》：「齊者，言己之意念專一精明也。」則儒書之用齊字，豈不正猶莊周書中之用精字乎？

《詩・小宛》「人之齊聖」。《左文二年傳》「子雖齊聖，不先父食」。《左文十八年傳》「齊聖廣淵，明允篤誠」。皆齊聖連文。蓋聖有通義，有明義，古訓心智通明為聖。惟其能用心齊一，故能使其心智達於通明之境。故儒書言齊聖，雖亦兩字連文，實有齊故能聖之涵義，即猶莊周書之精而達於神也。惟莊周不喜用聖人字，而特言神人，此則與儒家異耳。

又按：古不用齋字，凡齋祭字即作齊。齊者，先祭之名，亦指當祭之時。凡人遇祭，必用心專一，乃可當神意，乃可與神通。故孔子亦曰：「出門如見大賓，使民如承大祭。」蓋此等心境，尚可人神相通，則宜可人與人相通，故孔子以之說仁也。而《莊子》書亦屢言齊。〈應帝王〉，「季咸語列子，子之先生不齊，吾無得而相焉。試齊，且復相之」。〈人間世〉，「孔子語顏回，齊，吾將語若。顏回曰：回之家貧，惟不飲酒，不茹葷者數月矣。曰：此祭祀之齊，非心齊也。回曰：敢問心齊？孔子曰：一若志」云云。此莊子亦喜言心齊之證也。故莊子雖不如儒家之重祭祀，而實深有會於孔子如承大祭之旨。故莊子雖言虛不言敬，言精不言誠，而要其淵旨，則亦遠承孔門而來。〈人間世〉之寓言於孔子、顏回之問答者，在莊周固非苟為荒唐之辭也。昔宋儒呂與叔有詩云：「獨立孔門無一事，只輸顏氏得心齋。」清儒陳蘭甫譏之，謂其誤以莊子寓言，為孔、顏之學。自今論之，莊周與孔、顏不同道，此無足辨者。然若謂兩家言思，絕無相涉，此亦絕非當時實況也。

惟其齊之心境，其最初所指，乃為先祭、當祭時之一種心境，故古人常以誠敬訓齊。《禮記・祭義》：「齊齊乎其敬也。」《國語・楚語》：「齊敬之勤。」《詩・洞酌》：「齊絜之誠。」《詩・采蘋》：「有齊季女。」《傳》：「齊，敬也。」凡此，皆古人以齊訓誠敬之心情之證也。又《漢書・郊祀志》：「齊肅聰明。」注：「齊肅，莊敬也。」此言人心能莊敬，則自聰明，猶言人能用心齊一、精一，則自聰明也。聰明則乃聖乃神矣。凡古人言聖與神，則莫不舉其聰明而言之也。又《禮記・孔子閒居》：「聖敬日齊。」凡此所言齊敬與聖，亦可謂皆指一種誠敬明通之心境言也。

然則儒家言齊，莊子言精，其同指一種用志專一，必敬必誠之心境可見矣。惟儒家由此以希達於聖，莊周由此以希近乎神，此則其異耳。又儒家常本祭祀言之，而莊周特轉以言日常，此即又其異。故莊子雖言虛不言敬，言靜不言誠，而莊周之學，無害其與儒學有淵源，而又從儒學一轉手，其痕跡固宛爾可指矣。至宋儒言敬字，尊以為進德入聖之門，此亦所謂沒九重淵下，探驪龍頷，而得其明珠也。而清儒以門戶之見，并此而求樹異，則安在其為能深通於古訓乎？

四　老子書言精字義

今請繼此而言《老子》書。《老子》書中言精字，乃與《莊子・內篇》所言絕相異。老子曰：

道之為物，惟恍惟惚。惚兮恍兮，其中有象。恍兮惚兮，其中有物。窈兮冥兮，其中有精。其精甚真，其中有信。自古及今，其名不去，以閱眾甫。吾何以知眾甫之狀哉？以此。

蓋《莊子・內篇》言精字，特指其內在於人之心知言。乃為心知狀態之一種形容詞。粗略言之，則僅指一種心志之專一運用爾。至《老子》書言精字，乃始引而外之，不指心知，而指此大化之精氣。雖就道家言，內外固可以合一，而老、莊兩家之所從言之者，則顯然有異矣。夫老莊所謂道者，亦指此天地萬物一氣之化之運行不息者而言之耳。此乃為老莊之所同。然即就氣言，其間亦有別。故在《莊子・內篇》，有言一氣者，有言六氣者。《老子》書始言及氣之精。彼所謂其中有精者，精即一也。天地萬物皆屬一氣，而此氣則亦已在大化中，而不勝其萬殊之致矣。惟其一氣之最先，當其在成化之始，則有其大相同合一而更不可分別者在，是即老子所謂之「其中有精」也。是知《老子》書中精字，仍作一義解，惟已不指用心之一，而改指氣體之一，即此大氣之內質之一，因謂其引而外之也。莊子重言心，老子重言氣，亦可謂莊子所重在人生界，老子所重在自然界，故莊子精字多應用於人生論，而老子精字則應用於宇宙論。即老子之言其精甚真，其中有信云云，此真與信二字，亦改以指自然界。此則老子之所由異於莊周也。

《老子》書中精字，若再以之移入於人身，則亦不為精心、精思，而仍為精氣。老子又曰：

> 含德之厚，比於赤子。蜂蠆虺蛇不螫，猛獸不據，攫鳥不搏，骨弱筋柔而握固，未知牝牡之合而全作，精之至也。

此精字即指精氣言。赤子之所最先呈現者，多屬行動，不屬心知，故為精氣，而非精心。此種精氣，則乃指人之最先所稟受於大化者，故又謂之德也。《荀子・賦篇》有云：

血氣之精也，志意之榮也。

所謂血氣之精，即承《老子》書中精字義。《易大傳》亦云：

精氣為物。

又曰：

天地絪縕，萬物化醇，男女構精，萬物化生。

亦皆承此精字義也。此等精字之用法，皆屬後起，當與《老子》書相先後，在《莊子・內篇》，則並不見此精字之用法也。下至宋儒，又言心屬氣，則會通老莊，而承襲老子之意為多矣。《莊子》書中之〈外〉、〈雜〉篇，當尤晚出於老子，故其承用老子此精字義者乃極多。如〈胠篋〉云：

上悖日月之明，下爍山川之精。

〈天運〉同有此語。〈在宥〉云：

吾欲取天地之精，以佐五穀，以養民人。

此皆謂精氣也。又云：

至道之精，窈窈冥冥。

此語顯然襲自老子，所謂窈兮冥兮，其中有精也。又曰：

願合六氣之精以育羣生。

六氣之精，即天地之精也。天地萬物皆由此精生。此一精字，後人又謂之元氣，蓋指氣之最先，所謂混元一氣者是也。又〈秋水〉：

可以言論者，物之粗也。可以意致者，物之精也。

又〈刻意〉：

形勞而不休則弊，精用而不已則勞。

此處形、精對文，形即指物之粗，精即指物之精。則此精字所指，亦屬氣，不屬心。〈達生〉云：

棄事則形不勞，遺生則精不虧。形全精復，與天為一。

形全精復之精，亦指氣，不指心。《莊子》〈外〉、〈雜〉篇之承自老子而所為異於莊周者，亦據此可見矣。

〈達生〉又曰：

形精不虧，是謂能移。精而又精，反以相天。

凡言形精，皆分指氣之精粗，與分言形神，乃指形體與心神者不同。〈知北遊〉有云：

形本生於精。

〈天下篇〉亦云：

以本為精，以物為粗。

凡以上所引諸精字，皆本源於《老子》書，故皆指精氣言，皆非《莊子・內篇》所有。而所謂精者，乃指一種太始混元之氣，為萬化之所本，亦可據文而自顯矣。

五　老子書言神字義

今再繼續述及《老子》書中之神字。今按：《莊子．內篇》言精，僅舊義，僅常訓，而其言神字義，則多莊子所新創。至老子則正相反。《老子》書中言精字，皆新創，非舊義。而《老子》書中言神字，則轉屬舊義，均是舊傳鬼神之常解。故在其書中，並不見鬼神義之重要。此因老子思想，主要用意，在為此宇宙界自然現象籀出一運行變化之大例，而使人生得循此大例為法則。既有大例可循，即無可謂之神。故無論於自然界，於人生界，就老子思想言之，皆不重視一種所謂神的境界也。

老子曰：

天得一以清，地得一以寧，神得一以靈，谷得一以盈，萬物得一以生。

此神字明屬鬼神之舊義。老子意，謂天地間神之所以靈，亦由於得此一，一即道也，亦可謂即是此精氣也。故老子宇宙論中之所重在此道，即在此精氣運行變化之大例，而並不重在神。天地之間固為有神，抑無神乎，在老子意，固可勿深論。故老子又曰：

谷神不死，是謂玄牝。玄牝之門，是謂天地根。緜緜若存，用之不勤。

此處谷神二字，據上引一條證之，則谷訓川谷，常動不竭，神訓鬼神，靈變無方。天地間萬事萬物，可一語而盡之者，亦曰常動不竭，靈變無方而已。故曰谷神不死也。後人誤解此谷神二字作一義，則失之矣。今試問：谷與神何以能不死？則因其皆有得於此一也。此所謂一者，即是生化萬物之本也。故謂之玄牝。牝是物所由生，玄者，遠而無所至極義。玄字又作元，元者，原始最先義。原始最先，即遠而無所至極也。最先萬物之所由生，則謂之元牝也。故又謂之天地根。天地根亦即謂天地之所由生。天地之所由生，即猶謂萬物之所由生耳。故知此處神字，亦屬舊義。惟老子以谷與神並稱，則老子心中之神，已異乎相傳鬼神之神矣。此猶之乎老子以天與地並稱，知老子心中之天，亦異乎相傳天帝之天也。要之，《老子》書中神字，絕不指心知言，而特以指精氣言。天地間惟此最先之混元一氣，最為神變無方，可以化生萬物，故謂之為神也。

老子曰：

以道蒞天下，其鬼不神。非其鬼不神，其神不傷人。非其神不傷人，聖人亦不傷人。

此處鬼神字仍是舊義。因老子所重只是道，惟道始能神鬼神帝，生天生地，則帝、鬼、天、地，僅皆循於道而始得為帝、鬼、天、地者。故帝鬼天地，自亦無所謂神之可言矣。

老子又曰：

天下神器，不可為也。

此處神字僅是活用，乃一形容詞，更無重要意義可說。故知在老子思想中，實無神之重要地位存在。

六　莊子外雜篇中精字神字及精神二字連用義

繼此再論《莊子》〈外〉、〈雜〉篇中之神字。《莊子》〈外〉、〈雜〉篇，尤晚出於《老子》，故多糅雜老莊以為言，而猶有可以分別指出者。如〈在宥〉云：

故君子苟能無解其五藏，無擢其聰明，尸居而龍見，淵默而雷聲，神動而天隨，從容無為，而萬物炊累焉。

此處神字，即指人之心知而謂之神也。又曰：

> 無視無聽，抱神以靜，形將自正。必靜必清，無勞女形，無搖女精，乃可以長生。目無所見，耳無所聞，心無所知，女神將守形，形乃長生。

此處神、形對文，形屬外，神屬內。顯見神指人之心知。惟人能不用其心知者，始謂之神。而謂心無所知，則實不如〈內篇〉云「一知之所知而心未嘗死」之明白的當。凡〈外〉、〈雜〉篇下語，較之〈內篇〉，細密允愜皆不如，可以此為例。又此處形、精對文，此精字則承襲於老子，形指人身之粗跡言，精則是此粗跡之所由形之最先本質也。本節顯然為一種長生之說，而糅雜會合於老、莊兩家之說而成者。又曰：

> 墮爾形體，吐爾聰明，倫與物忘，大同乎涬溟。解心釋神，莫然無魂。

此處心、神互用，又神、魂互用，是又顯然以神指人之心知者。惟人心之用，每見其能視聽、有聰明，而神則指此能視聽、有聰明之體，而又能妙乎視聽聰明之用者。

又〈天地〉云：

> 視乎冥冥，聽乎無聲。冥冥之中，獨見曉焉。無聲之中，獨聞和焉。故深之又深，而能物焉。神之又神，而能精焉。

此一節顯然與本文上所闡述之莊子意，由於人之能精一其心知而達於神之境界者，語意正相反。此文乃謂神之又神而能精，此神字即指視乎冥冥，聽乎無聲，見曉聞和之一種心知境界而言也。必其心知能達此境界，而後能與天地之精氣相訢合，此精字乃承襲《老子》書，指氣言，不指心言。神之又神而能精，乃由人生之心知修養而訢合於大自然，與深之又深而能物對文。郭象曰：「窮其原而後能物物。」能精者，乃能物物之更深一層，因精即是物之原也。故知此處精字乃承襲《老子》，《莊子．內篇》則並無此精字義，而《莊子》〈外〉、〈雜〉篇之尤必晚出於《老子》書，其為會通老、莊兩家之說以為說之明證，亦即由此可見矣。

〈天地篇〉又云：

物生成理謂之形。形體保神，各有儀則，謂之性。

尋此條之義，神者，即指人之心知，乃物生成形以後而始有。惟其心知之各有其儀則，乃成為物物各具之個性。則就大自然之演化進程言，必先有精，乃後見有神，亦可知矣。

〈天地篇〉又曰：

有機械者必有機事，有機事者必有機心。機心存於胸中，則純白不備。純白不備，則神生不定。神生不定者，道之所不載也。

此處神字，亦顯指人心之純白之體言。而人心純白之體，則由其用心之精一而顯。用心精一，心體純白，而後乃可以載道，此一層則已於上文闡述之。

又曰：

汝方將忘汝神氣，墮汝形骸，而庶幾乎？

此處神、形對文，神仍指心知。然心知可忘，神氣則不可忘，此亦〈外〉、〈雜〉篇下語未盡精圓之又一例也。又曰：

執道者德全，德全者形全，形全者神全，神全者，聖人之道也。

此處列德於形之前，列神於形之後，此德與神之分別也。若勉強為之作一比方，則猶如宋儒言性與心之分別也。宋儒意，謂性賦於成形之前，而心則見於成形之後。猶此處指德在於見形之前，而神則在於成形之後也。故知此處神字，仍指人之心知言，顯然為承襲《莊子．內篇》七篇義而來，與《老子》書無涉。惟德字義則襲自《老子》。

〈天地篇〉又曰：

明白入素，無為復樸，體性抱神，以遊世俗之間者，汝固將驚耶？

〈外〉、〈雜〉篇常以性與神互言之，亦見神之所指屬於心知矣。此猶如宋儒，雖心性分言，亦常心性並言也。又曰：

願聞德人。曰：德人者，居無思，行無慮，不藏是非美惡，……此謂德人之容。願聞神人。曰：上神乘光，與形滅亡，此謂照曠。致命盡情，天地樂而萬事銷亡。萬物復情，此之謂混冥。

此條神人，若又越出於德人之上。與前條所引，列德於形前，列神於形後者正相反。〈外〉、〈雜〉篇中多有文理相乖背，其精粹不能與〈內篇〉相比並者，遇此等處，可無煩一一強說以求通。故唐韓愈氏謂貴於能識古書之真偽也。

〈天道〉云：

聖人之靜也，……萬物無足以撓心，故靜也。……水靜，猶明，而況精神，聖人之心靜乎？

天地之鑒也，萬物之鏡也。

此條始見以精神連文。然精神二字，若論其最先使用，則固各有所指，不當混并為一以說也。先秦各家思想，其間自有淺深高下，《莊子》〈外〉、〈雜〉諸篇，斷不能與老、莊兩家平等同視，而〈天道篇〉尤後出，清儒姚鼐謂此篇中有漢人語，是也。學者遇此等處，當分別而觀，不得見此有精神連文，遂疑我上所辨析，以為古人固有精神二字連用作一義者，而轉疑我所分別解釋之非也。抑此條明以精神為聖人之心。則此處精神二字，尚猶指人之心知言。用心精一，而使心知達於神明，斯為聖人矣。此種心知境界，分析言之，不外曰虛，曰靜，曰壹，曰清明。《荀子・解蔽篇》有云：

人何以知道？曰心。心何以知？曰虛壹而靜。……虛壹而靜，謂之大清明。

心者，形之君也，而神明之主也。

人心譬如槃水，正錯而勿動，則湛濁在下，而清明在上，則足以見鬚眉而察理矣。微風過之，湛濁動乎下，清明亂乎上，則不可以得大形之正也。

此亦顯以神明屬心知之證也。《大學》致知格物之說，正從荀子此文來。格物者，格，正也。即此處所謂得大形之正也。《大學》說知止與正心，即此文所謂正錯而勿動也。此為秦漢間儒、道兩家論內心修養工夫之共同相似處，正猶孟、莊同時，其言內心修養工夫，亦復有許多共同相似處也。而此文「精神聖人之心」一語，乃更為此後晚明儒家所樂道。即所謂「心之精神是為聖」是也。然則儒、道兩家論內心修養工夫，正不斷有許多相通處，此一層，甚值得吾人之細為研討，惟非本文範圍，暫置不深論，而姑為揭示其綱要焉。

〈天道篇〉又云：

> 此五末者，須精神之運，心術之動，然後從之者也。

此亦精神連文，亦明以精神指心術。大抵如此精神連文，正可只當作一神字看。此因中國文字，本多用單字，沿用不慎，便往往變成兩字連文。如性命二字，本亦所指各異，而《莊子》〈外〉、〈雜〉篇亦多以性命連文，混作一辭矣。

〈天道篇〉又云：

> 形德仁義，神之末也。非至人孰能定之？

此謂仁義諸行，皆由人心之神明而有，故神明是本，仁義是末也，然謂形德仁義，並是神之末，則又為不辭。依《老子》，形德當先在。依《莊子》，神當屬後起。當知〈外〉、〈雜〉諸篇，本不可逐字逐句仔細推求。讀者能深通《莊子・內篇》與《老子》書，則自能鑒別〈外〉、〈雜〉篇下語之高下深淺得失矣。若一一死於句下，又於各書皆平等視之，認為處處可以合一相通，則絕非善讀書者。又按：《大學》開首即言明明德，明德二字，顯亦採用及道家義。德指人生之最先所得。明形容德字，卻涵有心知神明之義。故可謂明德者，亦即指人心之神。明明德，即是由於人心之神而益明之也。《大學》一篇，疑兼莊、荀之學而成書，而《莊子》〈外〉、〈雜〉篇，則有出《大學》成書之前者。

〈天地篇〉又云：

外天地，遺萬物，而神未嘗有所困。通乎道，合乎德，退仁義，賓禮樂，至人之心，有所定矣。

此顯以神為至人之心，猶是沿襲《莊子・內篇》之原意也。《大學》云：

知止而后有定，定而后能靜，靜而后能慮，慮而后能得。

止與定與靜，此等用心工夫，實皆本諸道家。而〈天地篇〉此條，所用神字，即是其心之能達於知止、知定、知靜後之一種境界也。惟儒家不言神，又不主賓退仁義與禮樂，此為儒、道兩家思想一大分歧。然論其所以運使心知以達於精一神明之境者，則兩家固有其相通，即後來宋明儒亦莫能自外，而其大體則可謂多有遠承莊周而來者。故余謂莊周之學亦有得於孔門顏氏之傳，學者當於此等處深闡之。若必尊《大學》為聖經，斥《莊子》為外道，此則拘縛於一家之舊說，實為未能開闊心胸，與議夫古者學術思想交互影響之大體也。

〈天運篇〉又云：

> 塗郤守神。

此即〈達生篇〉所云其神無郤義。刻意云：

> 平易恬淡，則憂患不能入，邪氣不能襲，故其德全而神不虧。

憂患不入，邪氣不襲，即無郤也。此處亦德與神分言，德屬先天，神屬後天，保持先天故曰全，善養後天故曰不虧也。故曰：

> 其寢不夢，其覺無憂，其神純粹，其魂不罷。

此處神字亦顯指心知言。今俗猶云神魂顛倒，猶之云心知之錯亂不定也。故曰：

純粹而不雜，靜一而不變，淡而無為，動而以天行，此養神之道也。

此所謂養神，亦顯指養心神言。亦可謂是養其心知之明白純粹之體也。故又曰：

夫有干越之劍者，柙而藏之，不敢用也，寶之至也。精神四達並流，無所不極，上際於天，下蟠於地，化育萬物，不可為象，其名為同帝。純素之道，唯神是守。守而弗失，與神為一。一之精通，合於天倫。

此處又是精神二字連用，然亦顯指心知言。孟子曰：「盡心知性，盡性知天。」後代宋明儒陸王一派主心即理，又曰「良知即天理」，此篇所謂精神乃同帝，亦謂以心之精神上合於天也。此篇或兼言精神，或單言神，可見精神連文，亦猶如單用一神字。至《中庸》之書，則不用精神字，而轉用鬼神字。其言曰：「鬼神之為德，其盛矣乎？視之而弗見，聽之而弗聞，體物而不可遺。洋洋乎如在其上，如在其左右。」猶即此文所謂精神四達並流，無所不極，上際天，下蟠地，化育萬物，不可為象也。然此文精神字，若誠指人之心知言，則心知流通，固可以無所不極，然又何以能化育萬物乎？孟子只言盡心知性而知天，亦未嘗謂心即同天也。若謂心能化育萬物，求之中國古代思想，固無此義。當知〈刻意篇〉此節，已羼入老子意，此處精神連文之精字，所指者，不僅是心知之純粹而精一，乃兼指《老子》書其中有精，其精甚真意。若詳說之，亦可謂人心之明與神，本由此大氣之元精而來，故曰「一之精通，合於天倫」。郭象〈注〉：「精者，物之真也。」《淮南》一之精通作「太一之精」，是謂太一之精為物之真，語意更顯。亦可見此處精字，已兼涵《老子》書中精字義言之也。然若如此而言，則不僅人心有精神，即天地、大自然、一切萬物，亦復莫不有精神，而人心之精神，即由天地、大自然、一切萬物之精神來。此一轉變，則尤所謂引而外之之尤者。而晚周儒家，每喜言此。《荀子・賦篇》：「廣大精神，請歸之雲。」楊倞〈注〉：「至精至神，通於變化，唯雲乃可當此。」楊注甚的當，此雖精神二字連用，實為兩個形容詞，尚不謂天地間有此精神存在也。至《小戴記・聘義》乃曰「精神見於山川」，則真若天地間有此一種精神之存在矣。〈祭法〉亦云：「山陵川谷，能出雲，為風雨，皆曰神。」此等神字，亦轉成實用。《老子》書本不重言神，《莊子・內篇》神字，僅指人生界，而歧趨所極，遂以宇宙為至神，遂謂宇宙間乃有一種精神存在，此在《莊子》〈外〉、〈雜〉篇，始見此歧趨，而晚周儒家言，亦同有此歧趨矣。

〈刻意篇〉又曰：

賢士尚志，聖人貴精。故素也者，謂其無所與雜也。純也者，謂其不虧其神也。能體純素，謂之真人。

此處所謂純素，即精一也。聖人貴精，即貴此純素，故能不虧其神。此所謂純氣之守也。則本篇上文所謂守神，即是守此純素之氣。然則此篇言神字，顯亦有歧義。所謂歧義者，謂其轉移所指，轉以神字指天地自然耳。姚鼐亦謂〈刻意篇〉乃漢人之文，殆信。而《中庸》之言鬼神，顯已雜有老莊道家之說，亦由此可證。

〈田子方〉有云：

夫至人者，上闚青天，下潛黃泉，揮斥八極，神氣不變。

此處以神氣連文，不僅《老子》書未有，亦《莊子》所不言也。惟〈外篇・天地〉有之，曰：「忘汝神氣。」神與氣連文，是神亦指氣言矣。然孟子曰「志一則動氣，氣一則動志」，則氣定可使神定，神定亦可使氣定。此神氣神字仍可指屬心，惟斷不指心之明知言。此等皆是〈外〉、〈雜〉篇中用字有歧義，治老莊思想者，不可不於此等處細辨之也。

〈田子方〉又云：

古之真人，……死生亦大矣，而無變乎己。……若然者，其神經乎大山而無介，入乎淵泉而不濡，處卑細而不憊，充滿天地，既以與人己愈有。

此處神字與上條同，可謂是指神氣，然亦可謂仍是指心知。由於用字涵義之歧，即可證思想觀念之變，則《莊子．雜篇》，雖有失莊、老之原旨，而治道家思想者，於此實不可不深細注意矣。〈知北遊〉：

今彼神明至精，與彼百化。

此以神明連至精字，亦襲《老子》，我所謂引而外之，即人心之神明亦在外，即上文所闡天地亦有精神之說也。又被衣之告齧缺曰：

若正汝形，一汝視，天和將至。攝汝知，一汝度，神將來舍。

此謂神將來舍，猶〈內篇．人間世〉之鬼神將來舍也。然此文上言天和將至，是亦可謂天地間純和之氣，神明之精，將來入汝心，則此亦引而外之也。又老聃之告孔子曰：

汝齋戒疏瀹而心，澡雪而精神，掊擊而知，夫道，窅然難言哉！

此條又是精神連文，而與心知並言，則此所謂精神者，仍指人之心知也。一篇之中，所指忽內忽外，此皆晚出之篇之自涵歧義，不能即據《莊》、《老》原書為說也。又曰：

夫昭昭生於冥冥，有倫生於無形，精神生於道，形本生於精。

此條又以精神與精字分別言之。陸長庚曰：「精神之精，即道家所謂先天之精，清通而無象者也。形本之精，即〈易繫〉所謂男女構精之精，有氣而有質者也。」今按：陸氏此辨，亦似未的。形本所由生之精，即先天之精也。然則所謂精神生於道者，此精神又何指乎？凡此皆後起之說，殆以〈知北遊〉作者當時，已多以精神字連用，此非由思想上之確有所見來，實由文字上之沿用歧誤來也。若必確切言之，似當謂精氣生於道，形本生於精，始為得之。然縱謂精氣生於道，亦已非莊老之原旨矣。

〈庚桑楚〉：

欲靜則平氣，欲神則順心。

此尤見神之出乎心。故郭象曰「順心則神功至」也。

〈徐無鬼篇〉，無鬼見武侯，曰：

勞君之神與形。

神形連文對稱，神指心言。故曰：

君獨為萬乘之主，以苦一國之民，以養耳目鼻口，夫神者不自許也。夫神者，好和而惡姦。

此猶謂心不自許也。故又曰：

殺人之士民，兼人之土地，以養吾私與吾神者，其戰不知孰善，勝之惡乎在。

此私猶謂欲，神猶謂心。〈外物〉：

知有所困，神有所不及。

此亦神知連文互舉，神即知也。〈列禦寇〉：

小夫之知，不離苞苴竿牘，敝精神乎蹇淺。

此尤顯然即以精神指心知也。故又曰：

彼至人者，歸精神乎無始，而甘冥乎無何有之鄉。

歸精神乎無始，猶云遊心於物之初也。故又曰：

受乎心，宰乎神，夫何足以上民。

此處神字，特亦心字之異文耳。故又曰：

明者惟為之使，神者徵之。夫明之不勝神也久矣。而愚者恃其所見，入於人，其功外也，不亦悲乎！

此處乃辨析明與神之異。明者，指心之有所照見，神者，指其所照見之無不徵，即其心所照見之必有徵驗應效於外也。今試問：人心之明何以能如此？則正因其有神者以為之主宰耳。儒家重思重知，為由人以達天。道家重神重明，為由天以達人。而將此神明二字，連文比說，其事尤晚出於莊老，而始見於《莊子》之〈雜篇〉。若就後起之體用觀念言，則是神為體而明為之用也。故知〈外〉、〈雜〉篇思想，亦有承莊老而益進益細焉者，不得謂〈外〉、〈雜〉篇語皆於莊老之說僅有承襲而無所推進也。

〈天下篇〉有云：

神何由降？明何由出？聖有所生，王有所成，皆原於一。不離於宗，謂之天人。不離於精，謂之神人。不離於真，謂之至人。

此問明何由出，人心之明，乃出乎人心之有神，人心之至明至靈者，是即人心之神也。又問神何由降，此降字猶降衷之降。是謂人心神明皆降由於天也。而曰不離於精，謂之神人，是乃謂由於天地之精氣而始有此人心之神明也。又曰：

古之人其備乎！配神明，醇天地，育萬物，和天下。

此則引而外之，似謂天地間先有此神明之存在矣。謂天地間先有此精氣，與謂天地間先有此神明，此其意想又有別。莊老本意，實未及此。又曰：

一曲之士，判天地之美，析萬物之理，察古人之全，寡能備於天地之美，稱神明之容。

此神明之容，即天地之美也。然則此非謂天地間本有此一神明之存在乎？〈天下篇〉作者，其意蓋似以神屬天，明屬地。引神明而外之，謂神明在於自然界，先人生而有，莊老原義，非有此也。

又曰：

以本為精，以物為粗。

此精字則仍襲《老子》書。其言關尹、老聃，則曰：

天地並與，神明往與！

此皆顯以神明屬外在，分配天地，並以神屬天，明屬地，蓋晚周《小戴記》諸儒已有說天地為神者，此乃後起儒家，會通老莊之自然義，而特以神明說自然。今〈天下篇〉作者，又據儒義會通於道家言，故所說轉後轉歧，則顯見〈天下篇〉之更為晚出也。

凡《莊子》〈外〉、〈雜〉篇言精字，言神字，乃及精神二字連用為一名詞者，本文已一一為之分疏。其間有承襲《莊子・內篇》而來者，亦有承襲《老子》書而來者，亦有會通老莊之說以為說者，復有會通後起儒家言而轉以之說老莊者。其為說不一，其間有高下，有深淺，有得失，殆未可混并合一而確然認其為是一家之言也。〈外〉、〈雜〉各篇之作者，既難分別詳考，其各篇成書時代之先後，亦無法分別詳定。姑分疏其大概，以待治道家思想之異同演變者細辨焉。

上論《莊子》〈外〉、〈雜〉諸篇言精神字，有兩義當特別提示者。一為精神兩字之連用，此在

《莊子・內篇》與《老子》書皆無有。《莊》、《老》書中，精神兩字，義各有指，不混并合用也。二則為精神兩字之所指，始益引而向外，漸以指天地外在之自然界，此在《老子》書已開其端，而〈外〉、〈雜〉篇則尤顯，至《莊子・內篇》則並無此義。故就精神兩字之使用言，即可知《莊子・內篇》成書最在前，《老子》較晚出，而《莊子》〈外〉、〈雜〉篇更晚出，思想演變之條貫，絕當如此說之，更無可疑也。

七　管子書內業心術言精神義

《莊子》〈外〉、〈雜〉篇而外，《管子》書亦多道家言。《漢書・藝文志》即以《管子》列道家。宋儒黃震有言：「《管子》書，似不出一人之手，〈心術〉、〈內業〉等篇，皆影附道家。」黃氏此辨，其識卓矣。或以〈白心篇〉與〈心術〉、〈內業〉齊稱並舉，則非其倫也。大抵〈內業〉最粹美，〈心術〉上下次之，而〈白心〉最下，語多歧雜，不足深究。茲再節引〈內業篇〉述及精神字者略說之。

〈內業〉曰：

> 凡物之精，化則為生。下生五穀，上為列星，流於天地之間，謂之鬼神。藏於胸中，謂之聖人。

此以鬼神為天地間之精氣，與《小戴記》、《中庸》諸篇陳義略同。其曰「藏於胸中謂之聖人」，則仍近《莊子》義。

> 是故，此氣也，不可止以力，而可安以德。……敬守勿失，是謂成德。德成而智出。

此處用德字，較近《莊子》義，而與《老子》書為遠。至曰「德成智出」，則猶云德全而神全也。又曰：

> 天主正，地主平，人主安靜。……是故聖人與時變而不化，從物遷而不移，（遷字從許維遹校增。）能正能靜，然後能定。定心在中，耳目聰明，四肢堅固，可以為精舍。精也者，氣之精者也。

此用精字義，承襲《老子》。其曰定心在中，可以為精舍，略與莊子所謂純氣之守相似。惟莊子僅用氣字，而老子始改用精字，故知《管子・內業》，尤出《老子》後也。至其用定字，亦晚出之證。又曰：

> 凡心之形，過知失生。一物能化謂之神，一事能變謂之智。化不易氣，變不易智，惟執一之君子能為此。形不正，德不來。中不靜，心不治。正形攝德，天仁地義，則淫然而自至。神明之極，照知萬物。……

此亦以神屬氣，蓋心智不即是神，必能刳心智而達於純氣之守，其心智乃躋於神也。又曰：「形不正，德不來。」此又引德而外之，與老子之言德復異矣。莊老之謂成家之言，此之謂雜引之說，此治先秦思想者所必當明辨也。又曰：

> 不以物亂官，不以官亂心，……神自在身。

孟子曰「心之官，則思」，是心亦官也。荀子始以耳目為天官，心為天君。此云「不以官亂心」，出荀卿後。至神自在身之語，則神仍指心知言。又曰：

> 敬除其舍，精將自來。精想思之，寧念治之，嚴容畏敬，精將自定。……定心在中，（定字從陶鴻慶校改，本作正。）萬物得度。

精存自生，其外安榮，內藏以為泉源，浩然和平，以為氣淵。

此處又改用精字，可見其混并老莊以立說。此即見家言與雜說之不同也。學者若不深究老莊，明其本源，而即據本文以為解，則鮮不有歧途亡羊之苦矣。又曰：

心全於中，形全於外……謂之聖人。人能正靜，皮膚裕寬，耳目聰明。……鑒於大清，視於大明，敬慎無忒，日新其德，徧知天下，窮於四極。

摶氣如神，萬物備存。……思之思之，又重思之，思之而不通，鬼神將通之。非鬼神之力也，精氣之極也。四體既正，血氣既靜，一意摶心，耳目不淫，雖遠若近，思索生知。

觀此知〈內業〉作者仍重思，則是會通儒義，而非專本於道家言也。〈心術篇〉亦云：

意以先言，意然後形，形然後思，思然後知。

此亦言思索生知也。其重思，與〈內業〉略似，此皆會通儒道以為言也。〈內業〉又曰：

凡人之生也，天出其精，地出其形，合此以為人，和乃生。

充攝之間，此謂和成。精之所舍，而知之所生。

此二精字明承老子。今試總述上引之要旨，則大體不越三端。一曰形本生於精，此老子義。二曰敬守此氣之精而弗失，則心知自神明，此近莊周〈內篇〉義。三曰心知神明，則物理天則皆於以見，此則旁採荀子儒家義耳。

〈心術篇〉亦云：

世人之所職者精也。去欲則宣，宣則靜矣。靜則精，精則獨立矣。獨則明，明則神矣。

此處尚是精、神分言。人生由於稟懷此天地之精氣，此承老子義，故曰「世人之所職者精也」。職，守也。得而守之之謂也。由精見獨，由獨生明，由明達神，此皆莊周〈內篇〉義，是此條精字義可兩歧，一指精氣言，一指精心言。要之則精在先，神在後。精屬天，神屬人。沿及後世，尚言精明、神明，可見所謂精神者，皆言人心之明知。而心神之用本由形體而立，形體則由精氣而生，〈心術篇〉此條，可謂會通老莊，猶未失道家本義也。

八　呂氏春秋言精神義

晚周之季，呂不韋入秦，招賓客著書，薈萃百家，故其書亦多道家精義。其〈知人篇〉有曰：

無以害其天，則知精。知精則知神。知神之謂得一。凡彼萬形，得一後成。

此亦以精屬天，神屬人。凡人能無害其天，則知其精矣。此處知精，略猶如莊子之所謂見獨。是精字亦可謂屬人。凡此皆混并老莊，故有歧義存在也。知精然後知神，知神者，心知神明，亦猶莊子之所謂朝徹也。朝徹而見獨則得一，一指道言。萬形得道以成也。

呂氏又特有〈精通〉、〈精諭〉兩篇，其言精字，皆襲道家義。〈精通〉之言曰：

人或謂兔絲無根，非無根也，其根不屬，伏苓是也。慈石引鐵，或引之也。……聖人……以愛利民為心，號令未出，而天下皆延頸舉踵矣，則精通乎民也。攻者砥厲五兵，……發有日矣，所被攻者不樂，非或聞之也，神者先告也。身在乎秦，所親愛在乎齊，死而志氣不安，精或往來也。

此處用精、神字，皆顯指心知言。心知屬於氣，有氣之精者為之根，故雖心知之見於人者有分隔，而仍可以相通。此精氣則知根也。此知根之呈現於心知之分別體者曰神。故精、神字雖時可互用，而遇分舉，則涵義各別，必當明辨，不可相移易。如神者先告也，精或往來也，若精、神字互易用之，云精者先告，神或往來，雖亦未嘗不可，而究不如原語之恰當貼切矣。

〈精通篇〉又曰：

養由基射兕中石，矢乃飲羽，誠乎先也。伯樂學相馬，所見無非馬者，誠乎馬也。

此言養由基之射，伯樂之相馬，皆藝也。此猶《莊子》書中言庖丁之解牛，痀瘻丈人之承蜩也。凡用心專一者，精之至，即誠之至。莊子始用精字，荀子《中庸》承其意而轉用誠字。《荀子》成書，固已稍後於《老子》，而《中庸》之成書，亦必晚出於《老子》可知矣。故《中庸》曰「誠者天之道」，即猶《老子》書之以精屬天也。精一誠一，若指人事，則皆指用心專一也。故後人亦合言精誠。然則《中庸》之言誠與明，猶之老莊道家之言精與神。精則神矣，神則精矣，此猶《中庸》所謂誠則明，明則誠也。呂氏賓客深知儒、道兩家在此之相通，故乃以誠說精。誠乎馬，即精心一意於馬也。誠之能盡性，即精之能通天也。誠之能成物，即精之能生化也。則《中庸》之書，乃由道家轉手而來，更何疑乎？觀乎呂氏賓客〈精通〉之篇，而可悟《中庸》之言誠、明。凡治先秦雜說者，必一一明其辭語來源，而會通以說之，此亦治先秦思想一要術也。

〈精通篇〉又曰：

君子誠乎此而諭乎彼，感乎己而發乎人，豈必彊說哉？……故父母之於子也，子之於父母也，一體而分形，同氣而異息。若草莽之有華實也，若樹木之有根心也。雖異處而相通。隱志相及，痛疾相救，憂思相感，生則相歡，死則相哀，此之謂骨肉之親。神出於忠，而應乎心，兩精相得，豈待言哉？

此謂「神出於忠」，忠猶中也，衷也。則忠猶誠也。心之忠誠為神之所出，則神指心知，復亦何疑？又曰「兩精相得」，此不得謂兩神相得也。其曰「神出於忠」，又不得謂精出於忠也。可見精先在，屬氣，而稟乎天，神後見，屬心，而存乎人，呂氏之書，顯猶守老莊原義也。

又其〈精諭篇〉則曰：

聖人相諭不待言，有先言者言也。海上之人，有好蜻者，每居海上，從蜻游。蜻之至者百數而不止，前後左右盡蜻也。終日玩之而不去。其父告之曰：聞蜻皆從女居，取而來，吾將玩之。明日之海上，而蜻無至者矣。

此言人與蜻之精誠相通也。蓋人與蜻亦皆由天地間之一氣相化而成。形屬粗，故外若相異。氣有至精，故內實相通。謂蜻亦有得於此氣之精而生，可也。然若謂蜻亦有神，則失實矣。蓋神者，惟人心有之，物不能有。故心屬氣，而氣不即是心，精生神，而精不遽是神也。此精與神之辨，呂氏賓客著書，蓋猶知之。故謂其不失老莊原義也。

以上闡釋先秦道家言精神義，大體略備。此其說，蓋至漢人而變。先秦之與前漢，其間非無思想之相承續，謂中國古代學術思想，至先秦而絕，此乃言之過甚其辭。然謂先秦思想，其發展途轍，既已登峰造極，至漢代而轉歧，此則較為得真，請姑舉此精神之說以為之例。

九　淮南王書言精神義

西漢淮南王劉安，亦召賓客著書，曾專為〈精神篇〉，其言曰：

煩氣為蟲，精氣為人。是故，精神，天之有也，而骨骸者，地之有也。精神入其門，骨骸反其根，我尚何存？

此乃以精神連文，若為一實有。又以精神屬天，骨骸屬地，此實大違於莊老之原意。如老子說，則精氣屬於天，由此生形。是形亦屬天矣。如莊周說，則神明生於心，心知屬人，則神亦屬人矣。此義已詳闡在前。《莊》、《老》原書俱在，明證顯白，豈有如《淮南》之所分別乎？若如淮南說，天地又有分別，精神屬天，猶謂精氣屬天也。形骸屬地，是精神之與形骸，猶如《易・繫傳》所謂形上、形下之分也。故又曰：

夫精神者，所受於天也。而形體者，所稟於地也。

夫天地之道，至紘以大，尚猶節其章光，愛其神明，人之耳目，曷能久薰勞而不息乎？精神何能久馳騁而不既乎？

此處用精神字又轉屬人，謂人之精神受於天，形體受於地，則不如先秦舊義，謂形由精生，神由精出之允愜。淮南必以天、地分言，此殆受易家思想之影響。可謂是漢以後之道家與先秦道家思想間一極大歧趨，此實不得不深辨也。又曰：

是故，血氣者，人之華也，五藏者，人之精也。夫血氣能專於五藏而不外越，則胸腹充而嗜欲省矣。胸腹充而嗜欲省，則耳目清，視聽達矣。耳目清，視聽達，謂之明。五藏能屬於心而無乖，則勃志勝而行不辟矣。勃志勝而行不辟，則精神盛而氣不散矣。精神盛而氣不散則理，理則均，均則通，通則神。

此言心氣得其修養而臻乎神明，用神明字本莊子義。惟以血氣、五藏分言，則承天、地分言之義而來。以天統地，以乾主坤，是為易學與道家義之匯通，此實西漢人之後起義也。

又曰：

夫孔竅者，精神之戶牖也。而氣志者，五藏之使候也。耳目淫於聲色之樂，則五藏搖動而不定，……血氣滔蕩而不休，……精神馳騁於外而不守矣。精神馳騁於外而不守，則禍福之至，雖如丘山，無由識之矣。使……精神內守形骸而不外越，則望於往世之前，而視於來事之後，猶未足為也。

此亦精神連文，以言人之心知，又以精神與形骸對舉，則仍是精神屬天、形骸屬地之一貫義也。

又曰：

精神澹然無極，不與物散，而天下自服。故心者，形之主也。神者，心之寶也。形勞而不休則蹶，精用而不已則竭。……夫精神之可寶也，非直夏后氏之璜也。魂魄處其宅，而精神守其根，死生無變於己，故曰至神。

此仍以精神混言人之心氣也。在先秦舊籍，精與神有辨，心與氣有辨，皆不相混。至《淮南》乃始并言之，如魂、魄字本有辨，而此處所云魂魄，亦指魂，不指魄也。此固由中國文字，每易由單字增成複語，而始有此歧。然就《淮南》本書之大義言，則仍是天、地分言，精神與形體分言之一貫義也。

又曰：

有精而不使，有神而不行……是故其寢不夢，其智不萌，其魄不抑，其魂不騰。……此精神之所以能登假於道也。

夫癩者趨不變，狂者形不虧，神將有所遠徙，孰暇知其所為。故形有摩而神不化。……輕天下則神無累矣。生不足以掛志，死不足以幽神，……若此人者，抱素守精，蟬蛻蛇解，游於太清。

此處形、神對言，神可離形遠徙，形可磨滅而神可不化。後起之道家義，皆從《淮南》此等處來，不可不深切注意也。

又曰：

棄聰明而反太素，休精神而棄知，故覺而若昧，生而若死。終則反本，未生之時，而與化為一體。

心知乃人生以後所有事，棄知而反太素，即反其未生之時，而與化為一體，是仍謂精神可以離形體而獨在也。《淮南王書》有〈外篇〉，專言神仙事，其實〈外篇〉之立論根據，已見於〈內篇〉，〈外篇〉殆只教人以修為神仙之方法耳。

今綜觀上引《淮南》此文，有當特別指出者兩端：一為精神二字之連用，二為精神成為天地間之一種先有是也。精神二字連用，在《莊子》〈外〉、〈雜〉篇，如〈天道〉、〈天運〉、〈知北遊〉、〈徐無鬼〉諸篇始有之，而此諸篇皆晚出，或當與《淮南王書》約略相先後，此顯然為道家後起之歧義。而《淮南王書》之連用此二字，其違失老莊原義者更甚。如謂精神天之有，骨骸地之有。又曰「精神受於天。形體稟於地」。又曰「精神澹然無極，不與物散」。尋此諸語，若宇宙間有精神，與形體判然劃分而為二。並以精神屬天，形體屬地，此等分法，在先秦道家固絕無之，蓋似受《易大傳》之影響也。《易大傳》成書，則由儒家受老莊影響而起。淮南賓客，本多治《易》，乃又援引《易傳》，以發揮道家義，而又從此轉出神仙思想，則與道家初義絕相背。就《老子》書言之，精屬於氣，就《莊子・內篇》言之，神屬於知，即在《莊子》〈外〉、〈雜〉篇，猶多守此舊義而弗失。則精當屬於天地自然，而神則屬於人文心知。若謂人文化成，亦當推本於自然，則神由精生，此在《管子・內業》，亦尚能承此宗旨，無大違越也。而《淮南王書》顧獨不然。每混同精神為一辭，此已不辨莊老著書之原義矣。至其以精神屬天，形體屬地，則形體似屬形而下，精神似屬形而上，而精神又若為天地間之一種實有，而繼此乃不得不謂由精神引生出形體。此一變，遂以精神字轉換了莊老本所使用之道字。今若謂道生萬物，則道者即此萬物大化之自體，故實無有生萬物者。如謂精神生形體，一屬形而上，一屬形而下，形上者先有，形下者繼起，則宇宙分成兩重，此實非先秦老莊言道之本義也。後漢許慎用心《淮南王書》，特為作訓注，而其所著《說文解字》，遂謂「神，天神，引出萬物者也」。此一訓釋，不僅先秦道家無之，即先秦儒家初亦無此說。必求其原始，則《淮南王書》要為其顯然之根據矣。此實考論中國古代思想演進史一極關重大之題目，所當深細研討者，故特備明先後，而詳引之如此。近人遂謂中國為精神文明，不悟其說之無異於為專據《淮南》也。又既謂是精神文明，以與物質相對立，而又並不確守《淮南》神生萬物之說，是則近人之言精神，亦復是陷於雜說，非能成為家言也。

謂《淮南王書》主神生萬物，其證即在〈精神篇〉。其開首即曰：

古未有天地之時，惟像無形。窈窈冥冥，芒芠漠閔，澒濛鴻洞，莫知其門。有二神混生，經天營地，孔乎莫知其所終極，滔乎莫知其所止息。於是乃別為陰陽，離為八極。剛柔相成，萬物乃形。

高誘〈注〉：

二神，陰陽之神也。混生，俱生也。

謂萬物形於一氣之化，一氣自判為陰陽，謂陰陽之氣有其精，此先秦道家舊義也。在莊周、老聃，均不謂神生萬物。即《易大傳》亦僅謂「陰陽不測之謂神」，是陰陽二氣乃宇宙之實有，非謂神是實有也。神者，僅以形容此二氣變化不測之一種謂詞耳。〈說卦傳〉亦云：「神者，妙萬物而為言者也。」此妙字亦襲自《老子》，同謂之玄，玄之又玄，眾妙之門。則神者乃眾妙之謂詞，仍非宇宙間所實有也。《大戴記・曾子天圓篇》有云：「陽之精氣曰神。」此神字仍可謂其屬謂詞。其形生萬物者，乃陽之精氣也。故知先秦思想界，均不主神生萬物之說。今《淮南》敘二神在先，別陰陽在後，則是先有神，而後有陰陽矣。此一轉變，乃適成其為漢人之思想，而所由大異於先秦者。且神既先形而在，則神亦可離形而存。神仙長生之說，必至此乃有其哲學上之根據。當秦始皇帝時，燕、齊方士，競言神仙長生，以歆動始皇帝之心。其說蓋至漢而勿衰。淮南賓客中，必多有此輩人參入，尤可想也。漢武帝與淮南王同時，亦甚歆羨於神仙長生。其風蓋下迄東漢，自王充以下，迄於王弼、郭象，乃不遵守，重有轉變，此亦治中國道家思想者所宜注意也。

十　司馬談劉向言精神義

茲粗舉《淮南王書》之影響，如司馬談〈論六家要旨〉云：

凡人所生者，神也。所託者，形也。神大用則竭，形大勞則敝。形神離則死。由是觀之，神者，生之本也。形者，生之具也。

此與《荀子．天論》所謂形具而神生，恰成先後倒置。人必先具形，後生神，此先秦舊義也。形何以具？則曰形本生於精。精是氣。則形、氣在先，神、知在後。而司馬談之說顧反之。謂神者生之本，形者生之具。則形生於神，而且形、神可以兩離。尋司馬談之說，乃與《淮南王書》如符節之相合。談固治道家言，然先秦道家實無此等義，有之，則始自淮南王。司馬談著論，其果有聞於淮南賓客之說乎，今雖無確證。要之此乃成其為前漢一代人之共同思想，則實不得不特為指出者。或是劉安、司馬談以前，已有此等思想之流布，要之成為文章，見之篇籍，為今之所可備引而確指者，則必舉劉安、司馬談兩家之說矣。

司馬談之後有劉向，其《說苑．修文篇》謂：

積恩為愛，積愛為仁，積仁為靈。靈臺之所以為靈者，積仁也。神靈者，天地之本，而為萬物之始也。

向修儒業，湛深經術，然其早年，亦深愛《淮南王書》，則其受淮南賓客思想之影響，事無足怪。此文以靈歸之心，其稱靈臺，語本莊周，而曰「積仁以為靈」，則是混并儒道以為說也。其曰「神靈者天地之本，萬物之始」，則顯近淮南矣。又〈反質篇〉引楊王孫保葬遺令，曰：

精神者，天之有也。形骸者，地之有也。精神離形，而各歸其真，故謂之鬼，鬼之為言歸也。

楊王孫此二語，直襲自《淮南》，而向特引之以入《說苑》，則向之同情此說亦可知，此可見淮南新說在當時之影響也。

十一　春秋繁露白虎通言精神義

然此亦非謂西漢人皆已昧失先秦精神二字之原義也。即如董仲舒《春秋繁露》，其書用精神字，頗承莊老舊義，異乎二劉、司馬之說。茲再略引，以申上文之所釋。

〈立元神〉云：

天積眾精以自剛，……序日月星辰以自光。……天所以剛者，非一精之力。……故天道務盛其精。……盛其精而壹其陽，……然後可以致其神。……陰道尚形而露情，陽道無端而貴神。

此以精屬天，積精盛而後可以致其神，則精先神後矣。又曰「陰道尚形，陽道貴神」，若以通之《周易》，《易》曰陰陽，亦先陰而後陽，是亦先形而後神也。且苟既不離陰陽之氣以言神，則亦不能離精以致神矣。

〈通國身〉又云：

氣之清者為精，……治身者以積精為寶。……積精於其本，則血氣相承。……夫欲致精者，必虛靜其形。……形靜志虛者，氣精之所趣也。……能致精，則合明而壽。

此以精屬氣，能致精則明，亦猶云致精而神也。

〈循天之道〉又云：

是故身精，明難衰，而堅固壽考無忒，此天地之道也。天氣先盛牡而後施精，故其精固。……故惟天地之氣而精，出入無形，而物莫不應。是故物生皆貴氣。……故養生之大

> 者，乃在愛氣。氣從神而成，神從意而出。心之所之謂意。意勞者神擾，神擾者氣少，氣少者難久矣。故君子閑欲止惡以平意，平意以靜神，靜神以養氣，氣多而治，則養身之大者得矣。古之道士有言曰：將欲無陵，固守一德。此言神無離形，則氣多內充。……和樂者，生之外泰也。精神者，生之內充也。外泰不若內充。

此謂物生貴氣，因生由氣化，所謂形本生於精也。又謂神從意而出，意勞擾神，此以神屬心志也。神擾氣少，神靜氣多，此猶孟子之所謂志動氣。其曰：「精神者，生之內充。」雖亦精神連文，而顯然二字各有所指，異乎如淮南之言精神矣。

〈同類相動〉又云：

> 氣同則會，聲比則應，……非有神，其數然也。……明於此者，欲致雨則動陰以起陰，欲止雨則動陽以起陽，故致雨非神也。而疑於神者，其理微妙也。……相動無形，則謂之自然，其實非自然也。有使之然者矣。

此於宇宙間一切變化，以同類相動之理說之，既不認其有神，亦不認為一切皆出於自然。彼曰其數然，又曰理微妙。既變化中有數理可求，可見變化必有致此之理。既有致此變化之理可求，則變化不得謂之自然矣。以此較之《淮南》神生萬物之說，所勝實遠。此後王弼以理說《易》，殆可謂實啟於江都也。近人多譏仲舒治陰陽家言，至斥之為大巫，又謂漢儒學術皆壞於仲舒，如此等處，乃議論大節目，仲舒又何可輕議乎？

越至東漢，有《白虎通》，此乃當時朝廷儒者，集體撰述，亦漢代儒學一經典也。其書亦言及精神字，而大義仍守先秦舊義，無大走作。茲再舉其說。《白虎通．天地篇》有云：

始起之天，先有太初，後有太始。形兆既成，名曰太素。混沌相連，視之不見，聽之不聞。然後剖判，清濁既分，精出曜布，度物施生。精者為三光，號者為五行。五行生情，情生汁中，汁中生神明，神明生道德，道德生文章。故乾鑿度曰：太初者，氣之始也。太始者，形兆之始也。太素者，質之始也。

此謂天地始於氣，氣有形而始有質，於是始有精。有精然後有物，物生始有情，由是而始有神。此以神屬情知可知。有情知始有道德，有道德始有文章，此所謂人文化成也。此亦以精屬天，神屬人，精先而神後，亦不謂神生萬物也。

其〈情性篇〉又云：

精神者，何謂也？精者靜也，太陰施化之氣也。……神者，恍惚太陽之氣也。

此又以精、神分屬陰、陽，言《易》者，必先陰而後陽，故言精神，亦必先精而後神。是《白虎通》說精、神字，猶未失先秦道家初義也。然其曰精神者何謂也，則知其時精神字連用並稱，已為流行習熟之語矣。

十二　王充論衡言精神義

《春秋繁露》與《白虎通》二書，皆出儒家，然言精神字，尚與先秦道家本義無大違失，而王充著《論衡》，其立論號為一本道家，乃其書中言及精神字，轉多歧義，茲再略舉其要。《論衡・論死篇》有云：

人之所以生者精氣也。……能為精氣者血脈也。人死，血脈竭，竭而精氣滅。……人死，精神升天，骨骸歸土，故謂之鬼，鬼者歸也。……或說鬼神，陰陽之名也。陰氣逆物而歸，故謂之鬼。陽氣導物而生，故謂之神。神者伸也，申復無已，終而復始。人用神氣生，其死復歸神氣。……氣之生人，猶水之為冰。水凝為冰，氣凝為人，冰釋為水，人死復神。

其名為神也，猶冰釋更名水也。人見名異，則謂有知，能為形，而害人，無據以論之也。

人見鬼若生人之形，……故知非死人之精也。

充之此論，殆可謂甚近淮南，非先秦莊老道家言精神之本義矣。充雖謂人之所以生者精氣，然又謂能為精氣者血脈，此充之所謂精氣，顯與《老子》書其中有精之精異。若就《老子》書原義，則當云能為血脈者精氣也。至云陽氣導物而生，故謂之神，若承《繁露》、《白虎通》以精、神分屬陰、陽而來。然謂人死復神，又謂故知非死人之精，此則王充一人之歧義，既非老子義，亦非莊子義。至謂其名為神，猶冰釋更名水，豈是人死專復為陽氣，更不為陰氣乎？故知其用字多歧義也。

為鬼者，人謂死人之精神，……則人見之，宜徒見裸袒之形。……何則，衣服無精神，人死與形體俱朽，何以得貫穿之乎？精神本以血氣為主，血氣常附形體，形體雖朽，精神尚能為鬼，可也。今衣服，絲絮布帛也。……自無血氣，敗朽遂已，與形體等。……由此言之，見鬼衣服，象之，則形體亦象之矣。象之，則知非死人之精神也。

充之此議，僅是駁正人所見鬼，非死人之精神，而充之用此精神二字，則顯已受當時對精神二字之慣常習用，而不能加以辨析矣。古人只謂人死，其魂氣歸天，或謂其魂氣尚能為鬼，然用魂氣字，究與用精神字涵義有不同。因用魂氣字，尚屬後天，而用精神字，則可歧誤如淮南，移指先天也。而充又云：

今人死，皮毛朽敗，雖精氣尚在，神安能復假此形而以行見乎？

是又明明混神與精氣而一之也。又曰：

人之未死也智慧，精神定矣。病則惛亂，精神擾也。夫死，病之甚者。病猶惛亂，況其甚乎？精神擾，自無所知，況其散也？

此一節亦以精神連文，混并為一說之。若細就精神二字本義言，當云病則神惛亂，死則無神知。又當云人死則精散，精散因無神，不得云人病精神擾，人死精神散也。又曰：

蟬之未蛻也，為復育。已蛻也，去復育之體，更為蟬之形。使死人精神去形體，若蟬之去復育乎？則夫為蟬者，不能害為復育者。……死人之精神，何能害生人之身？

又曰：

> 夢用精神，精神，死之精神也。夢之精神不能害人，死之精神安能為害。

此亦皆精神連文。凡充之所加駁正，正見其時人多已如此云云也。而凡此云云，則顯從淮南來，不從老莊來。凡後世言精神字，其義顯近《淮南》、《論衡》，而與老莊遠歧，然則吾人讀充之所駁正，正可見淮南新說之影響於當時後世者為何如矣。

又《論衡．訂鬼篇》有云：

> 凡天地之間有鬼，非人死精神為之也。皆人思念存想之所致也。……伯樂學相馬，顧玩所見，無非馬者。宋之庖丁學解牛，三年不見生牛，……二者用精至矣。思念存想，自見異物也。人病見鬼，猶伯樂之見馬，庖丁之見牛也。……覺見臥聞，俱用精神。畏懼存想，同一實也。

此文以思念、存想、畏懼為精神，後世言精神，多與充之此義近。此精神二字之用法，雖不盡同於淮南，然明是仍從淮南歧義來。故可謂後世用精神字，實始起於《淮南》，而成立於《論衡》也。

又其〈順鼓篇〉，駁董仲舒說《春秋》，其言曰：

傳又言，共工與顓頊爭為天子，不勝，怒而觸不周之山，使天柱折，地維絕，女媧消煉五色石，以補蒼天。斷鼇之足，以立四極。仲舒之祭女媧，殆見此傳也。本有補蒼天立四極之神，天氣不和，陽道不勝，僅女媧以精神助聖王止雨湛乎？

此所謂楚固失之，齊亦未得。仲舒說陰陽五行，誠多附會，然其用精神二字，如我上之所稱舉，則似遠較王充《論衡》為得。故可謂精神二字使用之歧義，實生起於道家之內部也。

又其〈道虛篇〉有云：

世或以老子之道為可以度世，恬淡無欲，養精愛氣。夫人以精神為壽命，精神不傷，則壽命長而不死。

此謂以養精愛氣為道家長生之術，是也。若曰人以精神為壽命，此則仍是淮南後起之說，精、神混用，不再分別。若依道家初義，殆無可有此語也。

又〈感虛篇〉有云：

以至孝與父母同氣，體有疾病，精神輒感，曰：此虛也。夫孝悌之至，通於神明，乃謂德化至天地。俗人緣此而說，言孝悌之至，精氣相動。……考曾母先死，曾子不死矣。此精氣能小相動，不能大相感也。

此文以神明歸於天地，又若以精氣相動與精神輒感二辭為同義語，以此較之上引《呂覽・精通篇》云云，則知兩漢時人用精神字，多混并無別，不如先秦時人用此兩字，義各有指也。今果細為推求，縱《莊子》〈外〉、〈雜〉諸篇亦間有此等歧義語之使用，而可謂大源盛於《淮南》，流趨濫及《論衡》，則例證顯然，更無可疑也。

繼此以往，不再細舉。蓋後世之用精神字，則大體不能越出於上舉之範圍也。

十三　附辨道家言神與儒家言心之區別

繼此有當附辨者。上文釋先秦道家言神字，謂其多指一種心知狀態或心知作用言，此乃辜略言之則然耳。若深細辨之，則道家言神，實與孔孟言心有區別。

孟子曰「心之官則思」，又曰：「養其大體為大人，養其小體為小人。」是心乃人身一官體，與耳、目、口、鼻無甚大異也。而《莊子》書則不然。其言曰：

百骸九竅六藏，賅而存焉，吾誰與為親？女皆說之乎？其有私焉？如是，皆有為臣妾乎？

其臣妾不足以相治乎？其遞相為君臣乎？其有真君存焉。〈齊物論〉

當知孟子所謂心，在人身乃六藏之一，而莊子此處之所謂真君，則實不指心言。若必於道家書中另求一字釋此莊子之真君，則惟有神字足以當之。近儒劉咸炘說此節，曰：

人身百節，皆神所在。神本一渾全之體，不屬於一節。正如道在萬物，風與眾竅，實無所獨私也。

此說大是。蓋就後起道家義，道既散在萬物，其存乎人身者為神，此即人之真宰也。《老子》書有曰：

載營魄，抱一，能無離乎？

此處一字，散在宇宙則指道，其在人身，就後起道家言，則亦指神而言也。蘇轍說之曰：

魄為物，故雜而止。魂為神，故一而變。道無所不在，其於人為性，而性之妙為神。言其純而未雜，則謂之一。言其聚而未散，則謂之樸。其歸皆道也。聖人性定而神凝，不為物遷，雖以魄為舍，而神所欲行，魄無不從。則神常載魄矣。

今按：蘇氏此節，語多未是，然其以神釋一，則甚是也。蘇氏謂道無所不在，其於人為性，而性之妙為神，此乃牽合儒家之說以為說。《莊》、《老》原書初不言性，惟《莊子‧外篇‧天地》，已有體性抱神之語，此證《老子》書之抱一，後起道家即以抱神說之。而神與性互用，皆謂其原始賦稟於天，而與人之形體，若別為一物而先在矣。此等觀念，與此神字之義用，雖尚不明見於《莊》、《老》之書，然實可謂乃由《莊》、《老》之書之引衍而來也。

蘇氏又曰：

> 教之以抱神載魄，使兩者不相離，此固聖人所以修身之要。至於古之真人，深根固蒂，長生久視，其道亦由是也。

神不離形，即得長生久視，此即淮南之說也。呂惠卿亦說之，曰：

> 古之人，以體合於心，心合於氣，氣合於神，神合於無。

此以心與神分言，極得道家言神字之微旨。蓋心特人身一官體，心固不可離身而獨在。道家言神則不然，神之於身，則可離。然神固何物乎？心可指，而神不可指，故心為有而神為無。此所謂名可名，非常名。道之與神，皆不可指，不可名，故強而名之曰一，又強而名之曰無也。後世道家言長生，必曰葆真、守神，蓋謂身不離道，神不離身，即可長生。是謂神可以離軀體而獨在也。若如儒家義，養心固不足以冀長生，因心為人身之官體，心固不能離身自在，范縝之〈神滅論〉，其實乃指心知作用之息滅也。

故儒家言心知，而道家則改言神明。此為儒、道兩家一極大歧義。《莊子．天下篇》有曰：

神何由降？明何由出？

陸長庚曰：

神謂人之本性，降衷於天者。具有靈覺，謂之曰明。

此亦牽合儒家義說之。《中庸》言「天命之謂性」，《尚書．湯誥》：「惟皇上帝，降衷於下民。」此皆後起儒家義。即就《中庸》言，此天命之性，已若先於形體而投入於形體矣。道家言神不言性，僅可謂人身之有神，乃降於天，人心之有明，乃出乎神，神、形可以分立，不如孔孟儒家言身心，則不可分也。

荀子著書稍後於老子，其書多已雜採《老子》用語，然即就其主心知不主神明之一端言，則確然可見其猶守儒家矩矱矣。其言曰：

天職既立，天功既成，形具而神生，好惡喜怒哀樂藏焉，夫是之謂天情。〈天論〉

此言形具神生，神字義用顯本道家。然曰：

耳目鼻口形態，各有接而不相能也，夫是之謂天官。心居中虛以治五官，夫是之謂天君。

此稱心居中虛，又不曰心之官而改稱天君，此亦受莊老道家影響也。然荀子實重心知而不重神明。故曰：

心生而有知。

心者，形之君也，而神明之主也。出令而無所受令。〈解蔽〉

又曰：

心也者，道之工宰也。〈正名〉

是謂由有人心，始有人心之神明。由有人心之神明，始得為道作主宰。此即孔子人能弘道，非道弘人之旨也。故謂荀子確然猶遵儒家之傳統也。

西漢司馬談治道家言，其〈論六家要旨〉，曰：

凡人所生者神也。所託者形也。神大用則竭，形大勞則敝。形神離則死。

又曰：

神者生之本，形者生之具。

此等神字，顯不當僅以心知作用言。蓋道家言神字，雖可有心知作用之涵義，而神形之別，求其語源，實似於古人之言魂魄。故道家言神字，皆涵有精魂義，皆涵有魂氣義。神形可以相離，而神若成為形而上之一體。至於孔孟言心，固無形而上而自成一體之意義存在。此一區別，則大堪注意也。

三國王弼亦治《老子》，故其難何晏〈聖人無哀樂論〉有曰：

聖人茂於人者，神明也。同於人者，五情也。神明茂，故能體沖和以通無。五情同，故不能無哀樂以應物。

觀其言神明而不言心知，即確然知其為宗主於道家矣。

故道家言神字，與孔孟儒家言心字，有其相似，亦有其不相似。有其相通，而甚有其相違。若由此一區別深求之，則西漢淮南賓客著書，雖精神二字混用無別，漸失莊老之舊義，要之其分別精神與形質而為二，溯其思想淵源，仍不得不謂由莊老傳統所展衍而出也。

魂魄之說，既為春秋時人之恆說，先秦道家又易之以形神之說，其流傳於此後中國社會，深入於人心，影響於思想界者，可謂至微妙，亦至廣大。逮後宋儒言心性，言理氣，乃亦頗有染漸於此，而違離於孔孟身心之舊說者，此亦當為治中國思想史者所必深知微辨而不可忽視之一要端。故為特發其大旨於此。

莊子書言長生

《莊子》書有神人而無長生。其言神人也，曰：「藐姑射之山，有神人居焉，肌膚若冰雪，淖約若處子，不食五穀，吸風飲露，乘雲氣，御飛龍，而游乎四海之外。其神凝，使物不疵癘而年穀熟」〈逍遙遊〉。此莊子之所謂神人也。《莊子》又言曰：「之人也，物莫之傷。大浸稽天，而不溺。大旱，金石流，土山焦，而不熱」（同上）。又或謂之至人，《莊子》曰：「至人神矣。大澤焚，而不能熱。河漢沍，而不能寒。疾雷破山，風振海，而不能驚。若然者，乘雲氣，騎日月，而遊乎四海之外。死生無變於己，而況利害之端乎。」〈齊物論〉夫曰死生無變，則至人之有死生可知。又或謂之真人，曰：「古之真人，登高不慄，入水不濡，入火不熱。」又曰：「古之真人，其寢不夢，其覺無憂，其食不甘，其息深深，真人之息以踵，眾人之息以喉，屈服者其嗌言若哇，其嗜欲深者其天機淺。」又曰：「古之真人，不知悅生，不知惡死。其出不訢，其入不距。翛然而往，翛然而來而已矣。」〈大宗師〉然則真人亦復有死生，故曰「不知悅生，不知惡死」。故知凡莊子所謂神人、至人、真人者，皆不能無死生。

子列子問關尹曰：「至人潛行不窒，蹈火不熱，行乎萬物之上而不慄。請問何以至於此？」關尹曰：「是純氣之守也，非知巧果敢之列。彼將處乎不淫之度，而藏乎無端之紀，游乎萬物之所終始。壹其性，養其氣，合其德，以通乎物之所造。夫若是者，其天守全，其神無郤。物奚自入焉。夫醉者之墜車，雖疾不死。骨節與人同，而犯害與人異，其神全也。乘亦不知也，墜亦不知也。死生驚懼，不入乎其胸中，是故遻物而不慴。彼得全於酒，而猶若是。而況得全於天乎？聖人藏於天，故莫之能傷也。」〈達生〉然則莊子所謂神人物莫之傷者，特謂其神全而氣定，雖遻物而不慴，無所動於中，斯以謂之不傷也。

老聃之告孔子曰：「草食之獸，不疾易藪。水生之蟲，不疾易水。行小變而不失其大常也。喜怒哀樂不入於胸次。夫天下也者，萬物之所一也。得其所一而同焉，則四支百體，將為塵垢。而死生終始，將為晝夜。而莫之能滑。而況得喪禍福之所介乎。棄隸者若棄泥塗，知身貴於隸也。貴在於我，而不失於變，且萬化而未始有極也。夫孰足以患心！已為道者解乎此。」〈田子方〉孔子亦曰：「古之真人，死生亦大矣，而無變乎己，況爵祿乎？若然者，其神經乎大山而無介，入乎淵泉而不濡，處卑細不憊，充滿天地，既以與人己愈有。」〈同上〉皆是義也。故曰：「吾身非吾有，是天地之委形也。生，天地之委和也。性命，天地之委順也。孫子，天地之委蛻也。故行不知所往，處不知所持，食不知所味，天地之彊陽氣也，又胡可得而有邪？」〈知北遊〉一切不以為己有，斯「行不知所之，居不知所為，與物委蛇，而同其波，是衛生之經已。南榮趎曰：『然，則是至人之德已乎？』老子曰：『非也。是乃所謂冰解凍釋者。夫至人者，相與交食乎地，而交樂乎天。不以人物利害相攖。不相與為怪，不相與為謀，不相與為事。翛然而往，侗然而來，是謂衛生之經已。』」〈庚桑楚〉然則至人有衛生之經，所謂「可以保身，可以全生，可以養親，可以盡年」〈養生主〉夫亦曰：「依乎天理，因其固然」〈同上〉而已矣。故曰「列子御風而行，泠然善也，旬有五日而後反，此雖免乎行，猶有所待也。若夫乘天地之正，而御六氣之辨以遊無窮者，彼且烏乎待哉」〈逍遙遊〉此即神人之所謂乘雲氣，御飛龍，以游乎四海之外者也，其實則仍不過依乎天理，因其固然，翛然而往，翛然而來而已矣。外無待乎物，內無動於心，此其所以為神人也。「南伯子葵問乎女偊，曰：『子之年長矣，而色若孺子，何也？』曰：『吾聞道矣。』南伯子葵曰：『道可得而學邪？』曰：『惡，惡可。子非其人也。夫卜梁倚有聖人之才而無聖人之道。我有聖人之道而無聖人之才，吾欲以教之，庶幾其果為聖人乎？不然。以聖人之道告聖人之才，亦易矣，吾猶守而告之。三日而後能外天下。已外天下矣，吾又守之，七日而後能外物。已外物矣，吾又守之，九日而後能外生。已外生矣，而後能朝徹，朝徹而後能見獨，見獨而後能無古今，無古今而後能入於不死不生。其為物也，無不將也，無不迎也，無不毀也，無不成也，其名為攖寧，攖寧也者，攖而後成者也。』〈大宗師〉凡莊子之所謂至人、神人、真人、聖人者率具備是矣。外生而入於不死不生，非固所謂長生也。

凡《莊子》書言長生，皆晚起，非誠莊生言。「黃帝問廣成子，『治身奈何而可以長久？』廣成子蹶然而起。曰：『善哉，問乎。至道之精，窈窈冥冥。至道之極，昏昏默默。無視無聽，抱神以靜。形將自正。必靜必清，無勞汝形，無搖汝精，乃可以長生。目無所見，耳無所聞，心無所知，汝神將守形，形乃長生。慎汝內，閉汝外，多知為敗。天地有官，陰陽有藏。慎守汝身，物將自壯。我守其一，以處其和。故我修身千二百歲矣，吾形未常衰。』」〈在宥〉此始為長生之說，本於清靜無知，閉絕視聽，此一術也。曰：「吹呴呼吸，吐故納新，熊經鳥申，為壽而已矣。此道引之士，養形之人，彭祖壽考者之所好也。」〈刻意〉此又一術也。又曰：「無為則俞俞。俞俞者，憂患不能處，年壽長矣。」〈天道〉此則未見必為長生之術。要之其言長年壽，與莊子一死生之旨，盡天年之教，固已乖矣。故知皆非莊子之言也。

中卷之下

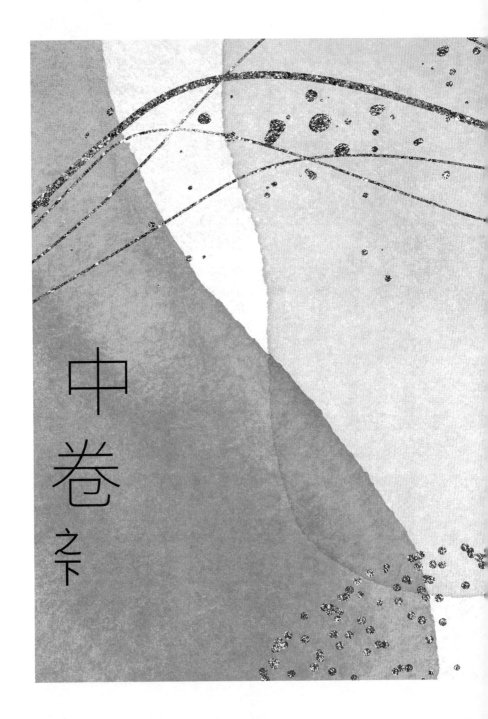

比論孟莊兩家論人生修養

中國學術，原本先秦，而儒、道、墨三家為之宗。研究人生修養，尤為中國學術精華，顧墨家於此獨缺，以此其流亦不暢。儒、道兩家，各擅勝場。孟軻、莊周，俱臻絕詣。兩人學術雖相異，而生世則同，故其議論意境，有相違，亦多相似。相合而觀，殆可範圍此後二千年論人生修養之大途轍，而莫能自外。爰為比列而並論之如次。

孟子道性善，而曰：「盡心可以知性，盡性可以知天。」《莊子・內篇》不言性，〈外〉、〈雜〉篇偶及之，然此乃晚起學莊者之所為。惟莊子言天言自然，自然與性，皆上本於天。故莊之與孟，其學皆尊天。惟莊周混同人物，平等一視。其意境較孟子尤恢宏，而稍不切於人事矣。抑荀既尊天，則若無事於修養。而孟、莊二子，乃皆特以言修養見長。此其所以為深至也。

儻有人焉，彼能一任其天，更不為外界事物所屈抑，所轉移，而其心天行，得以徹底發展其自我內心自由之伸舒，獨行吾心，上達天德，此又何需所謂修養者？不知此正最有待於修養工夫，非大智大勇，能戰勝一切，超脫一切者不辦。正惟此等人，乃最需修養，而所謂人生修養之最高境界，亦期能達至於此等境界而已。孟、莊正同為此等人物，皆同抱此等意境，實同為孔、墨以下，家言得勢，游士奮興之時代要求下產生，實同為此下二千年中國智識分子從事人生修養者，建樹其最高之標的。而此二家論修養之終極意義則大有辨。今先論孟子。

《孟子》書中提及人生修養之至高人格，則曰大丈夫，亦曰大人，以與小人、小丈夫對。孟子曰：

居天下之廣居，立天下之正位，行天下之達道。得志，與民由之。不得志，獨行其道。富貴不能淫，貧賤不能移，威武不能屈，此之謂大丈夫。

故孟子意想中之大丈夫，必確然具有大智大勇，能戰勝一切，超脫一切，不為外界事物所屈抑，所轉移，而其自我內心，乃獲有一種極充分之自由伸舒者。而所以得躋此境界，言其工夫，要之不外兩端。一曰「養心」，一曰「養氣」。心指其內存者言，氣指其外發者言。二者交相養，而中國儒家所理想之修養工夫，大體具是矣。

孟子曰：

我四十不動心。

又曰：

我善養吾浩然之氣。

《孟子》此章，論養心、養氣工夫，最精最備。欲明養氣，當知養勇。勇即氣之徵也。而養勇之至，亦即可以不動心。故知善養吾浩然之氣之與不動心，特所由言之內外異其端，而同歸於一詣，非截然為兩事也。

孟子言養勇，舉示兩方式。一曰北宮黝之養勇，一曰孟施舍之養勇。而曰：「北宮黝似子夏，孟施舍似曾子。」此由養勇工夫而上達會通於養氣、養心，再以歸趨於人生修養之終極，則曰「孔子之大勇」。所謂浩然之氣之與不動心，則皆大勇也。

北宮黝之養勇也，不膚撓，不目逃。思以一毫挫於人，若撻之於市朝。不受於褐寬博，亦不受於萬乘之君。視刺萬乘之君，若刺褐夫。無嚴諸侯，惡聲至，必反之。孟施舍之養勇也，曰：視不勝，猶勝也。量敵而後進，慮勝而後會，是畏三軍者也。舍豈能為必勝哉？能無懼而已矣。

今觀兩人之異點，北宮黝蓋以報復為主，乃一種不吃虧主義，不受辱主義，亦即一種爭強主義也。而孟施舍則以內心無懼為主，此乃一種不怯弱主義，亦即一種不怕主義也。必求報復不吃虧，不受辱，則其權不盡在我。僅求無懼不怯弱，此只盡其在我而已足。故孟子贊孟施舍為守約也。蓋北宮黝之所養，其支撐完成之點，猶微嫌於偏傾向外。孟施舍較側重於我自心之內部，則其權操在己。故就其養勇工夫之表現在外者言，二人若無大不同。然就於工夫之透進向裡言，則北宮黝僅止於氣，孟施舍已觸及於心，淺深之間，固有辨矣。至於孔子之大勇，則曰：

自反而不縮，雖褐寬博，吾不惴焉。自反而縮，雖千萬人，吾往矣。

以此較之孟施舍，更為轉入內心深處。孟施舍僅求對外能無懼、不怯弱，而尚未能把握到使吾心所以能對外無懼、不怯弱之本源所在。故孟施舍之養勇工夫，其最高境界，亦仍僅止於養氣，而固不足與語夫養心也。故孟子又曰：

孟施舍之守氣，又不如曾子之守約。

蓋守氣仍屬外邊事。曾子知反身循理，工夫轉向自心內層。故所養愈在內，則所守愈約也。

抑且北宮黝與孟施舍二子之養勇，其事乃為勇而養，究其極亦僅止於為一勇士。孔子、曾子，則初不為勇而自勇。夫勇亦人生美德，然修德者，固不當僅限於有勇。若求大勇，則需集義。集義者，即自反而縮也。自反而縮，則行無不慊於己心。行無不慊於己心，則其氣無餒。其氣無餒，斯不期勇而勇自至。孟子所謂浩然之氣，「其為氣也，至大至剛以直。養而無害，則塞乎天地之間」。養氣而至於是，斯為養氣之極致。然其工夫則不盡在養氣上。蓋集義工夫尤貴知言。若處言論龐雜，思想紛歧之世，而我不能剖辨群言之是非，與其得失之所在，則吾心終不免有惶惑失主之患，有捨是從非之暗。苟如是，則「生於其心，害於其政，發於其政，害於其事」。於吾內心本源處，苟已受病，其病必曝露於外而不可掩。如是，又何義之能集？夫義者，即吾心之裁制。苟非辨析是非，明白曉暢，則吾心之裁制必有失。裁制有失，而謂其行事可以合道合義，無是理也。行事不合道，不合義，而謂吾心可以無慊，吾氣可以無餒，此則最多僅為一守氣不示弱之勇士而止，非所語於大丈夫也。故大勇必濟之以大智，養氣必本之於養心。故孟子自稱：「我知言，我善養吾浩然之氣。」朱子曰：「知言者，即盡心知性，於凡天下之言，莫不有以究極其理，而識其是非得失之所以然。」可見孟子論修養，乃由內以達外。心為主而氣為副。故曰：「志至焉，氣次焉。」志即心之所至也。故《孟子》此章，開宗明義，提絜綱領，即曰「我四十不動心」。朱子曰：「孔子四十而不惑，亦不動心之謂。」可見孟子之不動心，非可易企。否則告子亦不動心，養勇者亦可以不動心。然苟深透一層而直探其本源，則不動心由於不惑，由於知言養氣，自非大智不能當。我故曰：「非大智大勇不辦也。」

孟子之論養心，又曰：

> 養心莫善於寡欲。其為人也寡欲，雖有不存焉者寡矣。

蓋寡欲則自不易為外物所屈抑，所轉移，而自我內心，始可獲得其高度自由之伸舒，故曰雖有不存焉者寡矣。蓋此心之存，即至大至剛以直之氣之所由生也。必如是而後可以成為獨行其道之大丈夫。亦必能獨行其道者，乃始可以一旦得志而與民由之。否則，在己先已不能獨行其道，而妄曰與民由之，此必為一闇然媚世之鄉愿。鄉愿則妾婦小人之流，一切以隨順世俗為主，又何事於人生之修養乎？

今問如何而能寡欲，孟子則教人以思，人必能思而後始可以知言。固未有其人不能思而謂其能知言者。孟子曰：

> 耳目之官不思，而蔽於物。物交物，則引之而已矣。心之官則思，思則得之，不思則不得

也。此天之所以與我者。先立乎其大者，則小者弗能奪也。此為大人而已矣。

可見大人之事貴於能思，孟子教人養心，即教人以思耳。心能思，則卓然見有我，始不為外物所引蔽。不為外物引蔽，乃始見其大。孟子又曰：

大人者，不失其赤子之心者也。

赤子之心又何心乎？蓋赤子之心，即一種未與外物相交時之心境也。赤子之心雖若不能思，然其良知良能，「不思而得，不慮而知」，以其尚未與物相交接，引蔽尚少，此心尚得自由伸舒。大人之用心，亦不過求復此未為外物引蔽，而能自由伸舒之心境而已。故孟子又常言朝氣與平旦之氣，又言夜氣。夜氣之與平旦之氣，亦即一種未與物接時之境界也。換言之，此乃一種超然物外之境界。此乃與赤子之心，異形而同情。故孟子之言養心與養氣，其主要亦不過求得此境界，使我心常有以超然卓立，而不為外物引蔽。此即所謂富貴不能淫，貧賤不能移，威武不能屈之大丈夫，而謂此非大智大勇而何哉？

人生修養達此境界，則自見有大樂。孟子曰：

君子有三樂，而王天下不與存焉。父母俱在，兄弟無故，一樂也。仰不媿於天，俯不怍於人，二樂也。得天下英才而教育之，三樂也。

蓋王天下，則若所求於外者無不遂。然凡所求於外，則皆非人心真樂所存也。人心真樂所存，如孟子所舉，首一則係乎天，此非人力所預。次二則存乎己，凡所以求知言集義，皆為此而盡力也。其三則在乎天人之際。所以為教育者，亦惟教之以知言集義，以求其亦能達夫次二之境界而已。而惟此三者，乃為吾人內心深處所可感到之真樂也。故孟子又曰：

舜視棄天下，若棄敝屣也。竊負而逃，遵海而處。終身訢然樂，而忘天下。

又曰：

說大人則藐之，勿視其巍巍然。在彼者，皆我所不為也。

曰「棄天下如棄敝屣」，曰「訢然樂而忘天下」，又曰「在彼者，我得志不為」，此皆王天下不與存焉之意。然此種境界，已極似道家，極似莊周，此即儒道兩家共同精神之所在，亦即孟、莊兩家論人生修養所同有之傾向也。然此兩家，畢竟有大異，不可不辨。則請再論莊周之言修養者以資比較。而此兩家之精神血脈，乃可相映益顯也。

莊子論人生修養，開宗明義，已見於其〈內篇〉首篇之〈逍遙遊〉。懸舉兩字，曰大曰遊。彼蓋刻意求大其心胸，以遨遊於塵俗之外。是亦有意於求其內心之無限自由伸舒，而不受任何之屈抑與移轉也。故其言曰：

之人也，之德也，孰弊弊焉以天下為事。

又曰：

之人也，物莫之傷。大浸稽天而不溺，大旱，金石流，土山焦，而不熱。是其塵垢粃糠，猶將陶鑄堯舜者也，孰肯以物為事。

蓋莊子之人生修養，主於不以物為事，而又必期夫物之莫能傷。何為而不以物為事？莊子曰：

古之人，其知有所至矣。惡乎至？有以為未始有物者，至矣，盡矣，不可以加矣。

夫既其知以為未始有物，則孰肯復弊弊焉以物為事乎？抑若誠為未始有物，則試問又孰為能傷之者乎？此莊子論人生修養之最高理想境界也。

然而事固不若是其易企，於是於〈逍遙遊〉之外，又繼之以〈養生主〉與〈人間世〉。養生、處世，此為具體實際問題，固非大其心以遨遊塵俗之外之一意所可盡。莊子論養生，則曰「依乎天理」，「以無厚入有間，恢恢乎其於遊刃，必有餘地矣」。莊子論處人間世，則曰：「形莫若就，心莫若和。」「求無所可用。」蓋莊子之所謂未始有物者，非誠謂宇宙之無物，特謂物與物之無可分別，乃至我與物之無可分別，故以謂之未始有物也。故未始有物，亦即未始有我，於是而有喪我之教。內能喪我，斯吾心大。外能無物，斯能一一依乎天理，天理即自然之分理。昧者不察，則認此自然之天理為有物，為物與物有際，於是盈天地間皆物也。物與物相際，於是相閉塞，相排拒，遂使盈天地間無絲毫之間隙。以吾身處於此物際無間隙之中，乃無所往而不遭閉拒，若凡物皆足以傷吾，而吾心乃絕無迴翔之餘地，乃絕無自由之伸舒。此莊生之所感以為至苦者。故必至於「目無全牛」，然後天地萬物，乃豁然開解。外無物際，斯內有心遊。凡其所見，則莫非天地間一種自然之分理，依乎其理以遊吾心，斯莊子內心修養所企之最高智慧，亦即其最終極之理想所寄也。

嘗試論之，外物之窒礙於我，有最難超脫，最難識破者，兩大關。一曰生死，一曰是非。人莫不好生而惡死，又莫不好是而惡非。究其實，此二問題者實一問題，蓋即我與非我之問題是也。我與非我之別，自一方面言之曰是非，又自另一方面言之，則為死生。死生之與是非，換言之，實即是一物之異同問題也。在莊生之意，苟能於此兩關有解脫，是非可以兩忘，死生可以一貫，物礙既滅，斯一切皆莫足為我害。心遊既暢，斯無往而不自得。於是生亦可養，世亦可處。內篇〈齊物論〉、〈大宗師〉，是即針對此是非與死生之兩問題而試為之解脫也。由此論之，則莊生之論人生修養，實有智過於勇之嫌，與孟子之智勇兼盡，顯為於風格上大有異趣矣。

抑莊生於此，復若有用力過猛之嫌焉。何以言之？蓋莊生之用心，初求能超脫於在外之一切物，而不受其拘礙，乃不期而同時並求超脫於我焉。外求無物，內求無我，即其用力之過猛處也。自莊生言之，我與非我，實為同時並生之兩面。故求超脫物，超脫非我，無異即求超脫我。故莊生之初意，在乎忘物忘外，而勢之所趨，自不得不忘我忘內。彼既不以物為事，乃不期而並不以我為事。斯以謂之用力之過猛也。莊子曰：

順物自然，而無容私。

又曰：

乘物以遊心，託不得已以養中。

莊子蓋主乘順於外而非能有主於中者。故莊子不喜言性，〈內篇〉七篇獨無性字。若曰一任其性真乎？則莊生實非能任性，乃一任於自然也。性與自然之辨則正在此。蓋言性必有己，言自然則無己。性稟賦在我，而自然則不在我。必明夫此，乃可以了然於莊生之論養心也。

莊生又言曰：

形固可使如槁木，心固可使如死灰。

又曰：

至人之用心若鏡，不將不迎，應而不藏，故能勝物而不傷。

是則莊子之用心，特欲其如鏡，欲其不將不迎，欲其有應而不藏。豈止不藏，抑將無感。無感之應，雖應非應。是即所謂不以物為事也。人之用心而洵至於如是，實已類至於一種無心之境界矣。故莊生者，乃實以「刳心」為其養心之工夫者也。

莊子言養心，尤備於其託為女偊之告南伯子葵。其言曰：

南伯子葵問乎女偊曰：道可得學邪？女偊曰：子非其人也。夫卜梁倚有聖人之才而無聖人之道。我有聖人之道而無聖人之才。吾欲以教之，庶幾其果為聖人乎？不然，以聖人之道告聖人之才，亦易矣。吾猶守而告之。三日而後能外天下。已外天下矣，吾又守之七日，而後能外物。已外物矣，吾又守之九日，而後能外生。已外生矣，而後能朝徹。朝徹而後能見獨。見獨而後能無古今。無古今而後入於不死不生。

此言養心工夫，凡歷七境界。先曰外天下，次外物，次外生。又次乃朝徹，見獨，無古今，而入於不死不生。所謂外天下、外物、外生者，此皆所謂其知未始有物也。循此而入於不死不生，斯是非兩忘，死生一貫，故謂物莫之傷，而彼亦自不肯弊弊焉以物為事矣。達此境界，在其內心亦復有一種大快樂，而其樂亦與孟子之所謂樂者不同。故莊子曰：

自事其心者，哀樂不易施乎前。

是在莊生之意，乃實以無哀樂為至樂也。故曰其異乎孟子之所樂也。

莊生之言修養，與孟子尤有一至大之相異焉。蓋莊子言修養，其工夫重於捨心以歸乎氣，此又與孟子之主由氣以反之心者，先後輕重，適相顛倒，此又兩家論人生修養之最相違處也。欲明莊子心氣修養輕重先後之辨，則莫如觀其論所謂心齋者。

顏回問孔子曰：敢問心齋。仲尼曰：一若志，無聽之以耳，而聽之以心。無聽之以心，而聽之以氣。耳止於聽，心止於符。氣也者，虛而待物者也。唯道集虛。虛者，心齋也。

> 顏回曰：回之未始得使，實自回也。得使之也，未始有回也。可謂虛乎？夫子曰：盡矣。

故孟子之論修養，以養心為主，而養氣副之。莊子之論修養，則求以養心達至於養氣。孟子之言氣，曰：「其為氣也，至大至剛以直。養而無害，則塞乎天地之間。」而莊子之言氣，則曰「虛而待物」，蓋孟子所謂氣者生乎心，而莊子之所謂氣者，必虛吾心而始見。故孟子喜言「源泉混混」，莊子則曰「得乎環中」。然則孟子之理想人生，為一直線的，由中達外。而莊子之理想人生，乃一圓形，而中心空虛，無一物焉。故莊子之言心主不藏，不藏則中空無物矣。故曰：

> 盡其所受乎天，而無見得，亦虛而已。

蓋莊子之所謂所受乎天者，即氣也。若中心藏而見得，則固已遁天而倍情矣。故莊子又曰：

> 徇耳目內通，而外於心知。

又曰：

> 使日夜無郤，而與物為春，是接而生時於心者也。

夫耳目者，所由以接外物。然外物之來入吾心，而吾心有知焉以識別之，則曰：此某物之聲，此某物之色也。於是萬物森列，抑且物各有際，而垣牆屹立，於是遂見其於我為不和，為不通。故莊子曰「心止於符」，蓋心之為用，則僅求其符合於一己識別之所知，於是彼我是非紛起，而失其和通之天。故必外於心知，斯能一氣相通，彼我成和。其日夜接於我前者，乃見其為無間隙，無分際，而內外彼我，同屬一氣之化，此化即時也。故曰「接而生時於心」。則將見一片天機，如春氣之生物而不已，故曰「與物為春」也。能若是以為見，乃可謂之「見獨」。養心至此，則誠如朝日之徹，光明四射，無古無今，不死不生，而所見惟此一獨體。此獨體則時時當前，而吾心則一如明鏡也。

故莊子又曰：

離形去知，同於大通，此謂坐忘。

大通者，「通天下一氣耳」。「人之生，氣之聚也」。莊子又言之，曰：

與造物者為人，而遊乎天地之一氣。

然則莊生之所欲忘者，乃求自忘其心知，非忘物也。氣者，虛而待物，而外於心知，則為未始有物矣。故曰「吾喪我」，又曰「嗒焉似喪其耦」。喪我即坐忘也。坐忘即喪其心知之謂也。喪其心知，則物我不相為耦，而後乃始得同於大通，而遊乎天地之一氣矣。此則莊子理想人生之最高境界也。

故循孟子之修養論，而循至於極，可以使人達至於一無上之道德境界。循莊子之修養論，而循至於極，可以使人達至於一無上之藝術境界。莊生之所謂無用之用，此惟當於藝術境界中求之，乃有以見其真實之意義也。

循此而深論之，孟、莊兩家之分別，實即後世理氣二元之所由導也。宋儒之言曰「性即理」，物各有性，則貴乎因物而格，窮理盡性以至於命，其實即孟子知言、集義之教耳。宋儒又主心即理，而其言心則每不免偏主於虛靜，其實此即莊子之所言氣之虛而待物也。故孟子論心必及性，而莊子論心則不及性而常言神，性乃實理，神則虛靈之因應而已。至明儒王陽明，首倡良知即天理之說，是頗有意於彌縫心即理與性即理之兩派，而求綰合以歸於一。然陽明之後學，則仍不免偏陷於從虛靜中求覓良知本體。其流弊所及，則幾同於狂禪。是亦只可謂之是一種藝術境界，而非道德境界也。

莊周之後有老聃。《莊子》書，可謂有甚高之藝術境界，而《老子》書則終陷於功利境界中，而不能自拔。故莊老之別，猶之孟荀之別。荀子雖大儒，其所窺研，亦始終在功利境界中，不能上躋於道德境界也。故治《老子》書者，可以由此而有種種之權術，然終不能進企於藝術境界。蓋老子之病，病在不能忘。故《莊子．內篇》七篇，屢提一忘字，而《老子》書五千言，獨無此一忘字。蓋《老子》書作者，始終不能忘世忘物，此則莊、老兩家內心意趣相異一至要之點也。

《莊子》〈外〉、〈雜〉篇，其書當尤晚出於《老子》，故頗多兼采老莊。然其為說，亦間有深得於莊生忘世忘物之微旨而能加以推闡申述者。不知其果有出於莊生之親筆乎？抑盡出於治莊學者之所演繹乎？今已無可確論。惟治《莊》者，當知〈內篇〉與〈外〉、〈雜〉之有別，亦當知〈內篇〉與〈外〉、〈雜〉之相通。此下略引〈外〉、〈雜〉篇中語，取其足以與本篇上所論列相發明者，以偶見其一斑，然不求盡備也。抑辨偽之與述義，體各有當。凡下之所引，要之確然為承續莊周，而與老子異趣。羅而列之，亦可藉以見莊、老兩家之各有其途轍也。

〈外篇．達生〉曰：

醉者墜車，雖疾不死。骨節與人同，而犯害與人異。其神全也。乘亦不知也，墜亦不知也。死生驚懼不入其胸中，故其遻物而不慴。彼得全於酒而猶若是，況得全於天乎？聖人藏於天，故莫之能傷也。

又曰：

> 津人操舟若神，或問焉，曰：操舟可學耶？曰：可。善泳者數能。若乃夫沒人，則未嘗見舟而便操之。善泳者數能，忘水也。沒人之視淵若陵，視舟覆猶其車卻，覆卻萬方陳乎前，而不入其舍，惡往而不暇？

又曰：

> 以瓦注者巧，以鉤注者憚，以黃金注者殙。凡外重者內拙。

此〈達生〉諸條，皆教人以能忘也。故曰「死生驚懼不入乎胸中」，又曰「覆卻萬方不入其舍」。何以能此？曰醉曰忘。既已忘矣，乃不以之為重，故若物莫之傷也。蓋莊生之論人生修養，有一忘字訣。忘之為用，其要在使人能減輕外重。使外物加於我之重量，能減至於近無之境，斯其內心自可得自由之伸舒矣。故曰：「外重則內拙。」反言之，即外輕則內巧也。外輕，故不肯以物為事，內巧，故物莫之能傷矣。

〈外篇・知北遊〉則曰：

> 齧缺問道乎被衣。被衣曰：汝瞳焉如新生之犢，而無求其故。被衣大說，行歌而去之，曰：形若槁骸，心若死灰，真其實知，不以故自持。媒媒晦晦，無心而不可與謀，彼何人哉？

此所謂無求其故，即忘字真訣也。莊生之所謂應而不藏，不藏即不以故自持也。以故自持則成乎心，成乎心而心有知，則心止於符，而非能真其實知矣。凡莊生之所謂外天下、外物、外生，其要亦在乎無求其故而已。孟子言心，以赤子喻，莊子亦言「彼且為嬰兒，亦與之為嬰兒」，則莊周之意，固不以嬰兒為貴。此條獨言牛犢。牛犢之與赤子嬰兒，則有辨矣。雖同為一新生，然一有心，一無心。一有我，一無我。赤子亦可見天性，牛犢則僅以見自然。故一偏於人相，一偏於物相。牛犢無心，不知求故。莊子之養心，正貴能達於無心，而不可與謀。至老子，則是人世間之最善謀者也。

〈雜篇．庚桑楚〉則曰：

備物以將形，藏不虞以生心。敬中以達彼。若是而萬惡至者，皆天也，而非人也。不足以滑成，不可內於靈臺。靈臺者，有持，而不知其所持，而不可持者也。不見其誠己而發，每發而不當。業入而不舍，每更為失。

靈臺，即心也。惟其不可持，故必舍。舍即不藏也。有持而不知其所持，此即接而生時於心也。不虞則無思也，無謀也。藏此不虞，乃可生心。《金剛經》，應無所住而生其心。六祖從此悟入而開禪宗法門。不虞生心，即猶無所住而生其心也。禪宗之與莊子，同為有得於藝術境界之絕高處，此則其從入之門也。

〈外篇・田子方〉有曰：

百里奚爵祿不入於心，故飯牛而牛肥，使秦穆公忘其賤，與之政也。有虞氏死生不入於心，故足以動人。宋元君將畫圖，眾史皆到，受揖而立，舐筆和墨，在外者半。有一史後至者，儃儃然不趨，受揖不立。因之舍，公使人視之，則解衣般礴裸。君曰：可矣，是真畫者也。

宋元君之畫史，乃為後世藝術人之最高標格。此種解衣般礴贏之心境，即藝術界之最高心境也。何以得此？曰「爵祿不入於心」，「死生不入於心」，「外天下」，「外物」，「外生」，使一切不入於心，乃始可以為此畫史也。

此其意，又見於〈達生篇〉之言梓慶。其言曰：

梓慶削木為鐻。鐻成，見者驚猶鬼神。魯侯見而問焉，曰：子何術以為焉？對曰：臣工人，何術之有？雖然，有一焉。臣將為鐻，未嘗敢以耗氣也。必齊以靜心。齊三日，而不敢懷慶賞爵祿。齊五日，不敢懷非譽巧拙。齊七日，輒然忘吾有四肢形體也。當是時也，無公朝。其巧專而外滑消。然後入山林，觀天性，形軀至矣，然後成見鐻，然後加手焉，不然則已。則以天合天。器之所以疑神者，其是歟？

則魯之梓慶，猶夫宋之畫史也。〈達生篇〉又曰：

工倕旋而蓋規矩。指與物化，而不以心稽。故其靈臺一而不桎。忘足，屨之適也。忘要，帶之適也。知忘是非，心之適也。不內變，不外從，事會之適也。始乎適，而未嘗不適者，忘適之適也。

蓋莊生之人生終極理想，夫亦一適字可以括之。而其所以達此之工夫，則曰「無心」，曰「忘」。然而此等境界，其實則是一種藝術境界也。豈不證於〈外〉、〈雜〉篇之所云，而益見其然乎？

故〈田子方〉又曰：

遺物離人而立於獨。

又曰：

女奚患焉，雖忘乎故吾，吾有不忘者存。

此不忘者即獨也。〈外篇・天道〉又曰：

外天地，遺萬物，而神未嘗有所困也。

《中庸》之書有之，曰：「所存者神，所過者化。」外天地，遺萬物，即不以故自持，故所過者化也。有不忘者存，而立於獨，即所存者神也。

〈天道〉又曰：

至人之心，有所定矣。

又曰：

一心定而王天下，一心定而萬物服。

其實此等境界，施之於藝術則可，施之於人事，則不屬道德，即屬功利。未有僅一忘字，僅一定字，而謂可以王天下，服萬物者。此蓋治《老子》之說者，不得莊生立言之要旨而戲言之，妄言之，故如是云云也。

要而言之，莊周之學，初意在患乎外重，其究乃變而為內虛。內既虛，則外重無所加。然而此等境界，以施之藝術，則可謂入聖超凡矣。若以處人事，則亦僅止於周之所謂得無用之用者而止，〈應帝王〉之說，則終為周之空言也。

莊子外雜篇言性義

《莊子．內篇》七篇，以及《老子》五千言，皆不言性字，至《莊子》〈外〉、〈雜〉篇始屢言之，此亦《莊子》〈外〉、〈雜〉諸篇較《老子》書尤晚出之一證也。

若專就〈外〉、〈雜〉篇言，〈雜篇〉言及性字者頗不多，惟〈庚桑楚〉、〈徐無鬼〉兩篇各一見，〈則陽篇〉三見，共僅六處，而〈外篇〉言及性字者不下數十見。明儒王船山有云：「〈外篇〉文義雖相屬，而多浮蔓卑隘之說。〈雜篇〉語雖不純，而微至之語，較能發〈內篇〉未發之旨。學者取其精蘊，誠〈內篇〉之歸趣。」其分別〈外〉、〈雜〉篇最有見。竊意〈雜篇〉義多近莊，〈外篇〉義多近老。然此皆姑較言之爾。〈外〉、〈雜〉諸篇，各有深至語，亦各有粗率語，殊難一概而論也。本文姑舉〈外〉、〈雜〉篇言性諸條，擇要分別說之，然亦不能逐篇逐節一一細辨也。

〈庚桑楚〉有云：

道者，德之欽也。生者，德之光也。性者，生之質也。性之動謂之為，為之偽謂之失。

今按：〈外〉、〈雜〉篇言性，有一最要之點，厥為常以德性連言。德性皆指天然之稟賦，此即《中庸》天命之謂性也。德之布散陳列（此皆欽字義，欽叚作廞）斯為道，此即《中庸》率性之謂道也。生者德之光，此即〈易繫〉天地之大德曰生之說也。性之動，謂之為，郭象〈注〉：「以性自動，故稱為耳，此乃無為，非有為也。」為之偽謂之失，陸長庚曰：「此是失道、失德、失仁、失義之失，《莊子》分明是《老子》注疏。」今按：此一節文義顯出《荀子》後。而《荀子》則微後於《老子》書。荀子主性惡，而謂善者偽也，清儒為荀子辯護，謂荀子偽字即為字義，非誠偽義。然則荀子乃謂善不出於自然，而特出於人為也。蓋謂人為惡者是老子，謂自然是惡者是荀子，而老與荀皆失於分別自然與人為太甚。〈庚桑楚〉此節，似即從荀子之說而加以駁正，謂率性而動者是為，此是德之光。此是自然之無為而有為。至於為而雜以人偽，此始失於自然。然則率性而自然者不得謂之失，亦不得謂之惡也。然則〈庚桑楚〉此節，乃針對儒說，而辯護自然之非惡者。而《中庸》之書則特提出一誠字，謂人為而一本於誠，即為至善而可上達於天矣。是乃針對道家，而辯護人為之非惡也。要之〈庚桑楚〉之與《中庸》，特於人為中提出誠偽之辨，知其說之晚出於老、荀，亦思想逐步演進之一線索也。

〈則陽篇〉有云：

聖人達綢繆，周盡一體矣，而不知其然，性也。

郭象〈注〉曰：「不知其然而自然者，非性如何？」〈則陽〉此節主自然為性。由自然而達於為聖人，此亦〈則陽〉本文不主性惡之說也。〈則陽〉又曰：

生而美者，人與之鑑，不告，則不知其美於人也。若知之，若不知之，若聞之，若不聞之，其可喜也終無已。人之好之亦無已，性也。聖人之愛人也，人與之名，不告，則不知其愛也。若知之，若不知之，若聞之，若不聞之，其愛人也終無已。人之安之亦無已，性也。

然則發於性者，可以不知其然而然。此謂自然。自然有此美德，此種美德，乃可久而無已。此即孟子行仁義與由仁義行之辨也。故聖人之仁，聖人之愛人，乃本出於聖人之性，於是人之受其愛者亦安之。此證仁者愛人，乃人類天性自然之美德也。《中庸》言性，特舉誠字，悠久字，不息、不已字，正與〈則陽篇〉此條持論相通。晚周思想自荀子以後，有本於孔、孟而會通之以老、莊者，如《中庸》、〈易繫〉是也。亦有本於老、莊而會通之於孔、孟者，如此舉〈庚桑楚〉、〈則陽〉

諸條是也。

〈則陽篇〉又曰：

長梧封人問子牢曰：君為政焉勿鹵莽，治民焉勿滅裂。昔予為禾耕而鹵莽之，則其實亦鹵莽而報予。芸而滅裂之，其實亦滅裂而報予。予來年變齊，深其耕而熟耰之，其禾繁以滋。予終年厭餐。莊子聞之，曰：今人之治其形，理其心，多有似封人之所謂。遁其天，離其性，滅其情，亡其神，以眾為。故鹵莽其性者，欲惡之孽為性，萑葦蒹葭始萌，以扶吾形，尋擢吾性。並潰漏發，不擇所出，漂疽疥癰，內熱溲膏是也。

此段陳義極深至。苟為人事未盡，則天性亦難全。如禾穀固有種性，然必深耕熟耰，始獲繁滋。人性亦然。此即孟子所謂牛山之木嘗美矣，苟得其養，無物不長，苟失其養，無物不消也。故《中庸》有未發之中及發而中節為和之說，〈樂記〉有物交物則好惡無節而天理滅之說，〈易繫〉有成性存存，道義之門之說。然則欲見天性之至善，必有待於人事之修養。今若鹵莽滅裂，忽於耕耰教道，則不免即認欲惡之孽為性，則萑葦蒹葭始萌，以扶吾形而尋擢吾性矣。可見鹵莽滅裂之所得而至者，實似性而非性也。此則必求於人事修養以善盡其天之說也。此皆晚周以下儒、道兩家論性之相通義。然則〈則陽〉本文云云，固顯為採儒說以會通之於老莊，而其為晚出書可證矣。

《莊子・雜篇》言性凡五見，〈庚桑楚〉、〈則陽〉兩篇，已具上引，此外〈徐無鬼〉有云「馳其形性，潛之萬物，終身不反」，此亦《孟子》所云「物交物，亦引之而已矣」，與夫〈樂記〉所謂「感於物而動，知誘於外，不能反躬」之說之旨也。

至〈外篇〉言性，有當特加闡發者，如〈達生〉有云：

孔子觀於呂梁，縣水三十仞，流沫四十里，……見一丈夫游之。……問蹈水有道乎？曰：……吾始乎故，長乎性，成乎命。……從水之道而不為私焉，此吾所以蹈之也。……曰：吾生於陵而安於陵，故也。長於水而安於水，情也。不知吾所以然而然，命也。

此一節特可與孟子言性語相參究。《孟子・離婁篇》有云：

天下之言性也，則故而已矣。故者以利為本。所惡於智者，為其鑿也。如智者若禹之行水也，則無惡於智矣。禹之行水也，行其所無事也。如智者亦行其所無事，則智亦大矣。天之高也，星辰之遠也，苟求其故，千歲之日至，可坐而致也。

此章孟子言，天下人言性，則僅指其已往之跡，已然之故，而謂之性耳。〈達生〉所謂生於陵而安於陵，此即故也。天下之言性者，則群目此為性矣。實不知此乃後天之習，非必先天之性也。故人性當誘導使向前，求其能革故而鼎新。若僅求其故以資當前之利用，則豈不將生於陵則利其安於陵，而不復以為可以長於水而安於水。如是，則生人之道，將終古而不變。孔子曰：「性相近，習相遠。」此似以生於陵為性，長於水為故。而孟子則曰：「行堯之行，言堯之言，則亦堯而已矣。」「舜之居深山之中，與木石居，與鹿豕遊，及其聞一善言，見一善行，則沛然若決江河，莫之能禦。」舜之居深山，侶鹿豕，此亦舜之故也。及其聞善言，見善行，而其心豁然開悟，沛然若決江河，而行其所不得不行，此始真其本性所固有，如水之必行下，而特有待於智者之導而行之耳。水無有不下，性無有不善，聖人之以善導性，以善盡性，此猶禹之導水歸海也。此亦因水之性，行其所無事，所謂有為而無為者，亦一任其水性之自然爾。〈達生〉此節，以生於陵而安於陵為故，以長於水而安於水為性，分別性與故而言之，此已分明採納孟子說法。如此，則性有故常而可以不限於故常，雖不限於故常而仍不失其故常。此《易・繫傳》所謂「感而遂通天下之故」也。《易・繫傳》又謂：「通變之謂事，變而通之，使民不倦。」又曰：「富有之謂大業，日新謂之盛德。」夫生於陵者豈必長於陵，長於水者豈必不安於水，此必待聖人之大智，有以察民之故，有以善感而能通天下之故，乃始能導民於至善而盡其性。盡性則至命矣。如是始可有盛德大業。〈達生篇〉作者，謂不知吾所以然而然，命也。不知吾所以然而然，即行所無事，即自然也。自然自有其大常，故天之行健而不息，而千歲之日至，可坐而致。孟子曰：「盡性可以知天，知天則至命矣。」則盡性至命之中，仍包括有人事。人事未盡，烏得謂已盡性而至命？而人事之盡，又貴能不違逆於天性與自然。苟其違逆於天性與自然，此乃孟子之所謂鑿也。鑿不可有，而導不可無。此篇云「從水之道而不為私」此即善導而不為鑿矣。善導之，則善盡之以達於命，而全於自然矣。〈達生篇〉此節，以故與性與命三者層累言之，亦一貫言之，此與孟子言性大旨，正可相通。雖其始乎故，而長成乎性與命，則究為故之當重乎，抑性與命之當重乎？若果知性與命之當重，則日新之與富有，盛德之與大業，亦即天命之自然也。此乃所謂無為而無不為，而豈蹈常襲故者之所與知乎？亦豈鹵莽滅裂者之所能企乎？

〈達生篇〉又言之，曰：

> 彼將處乎不淫之度，而藏乎無端之紀，遊乎萬物之所終始，壹其性，養其氣，合其德，以通乎物之所造。

蓋所謂性者，正是萬物之所由始，亦是萬物之所於終。惟盡性而後能合德，此即所謂窮理盡性以至於命也。至於命，即通乎物之所造矣。通於物之所造，而猶謂之非自然乎？

王船山有云：「〈達生篇〉於諸〈外篇〉中，尤為深至。雖雜引博喻，而語脈自相貫通。其文詞沉邃，足達微言。雖或不出莊子之手，要得莊子之真者所述。」今按〈外篇〉言性，亦惟上引

〈達生〉兩節較深至，他篇少可比並。然必謂其出莊子手，則未有確證。或是後之治《莊》學者，又會通之於《孟子》，而始獲造此義也。

茲再雜引〈外篇〉中他處言性者略說之。〈天地篇〉有云：

泰初有無，無有無名。一之所起，有一而未形。物得以生謂之德。未形者有分，且然無間，謂之命。留動而生物，物生成理謂之形。形體保神，各有儀則，謂之性。性脩反德，德至同於初。

今按：此條舉德為最先，命次之，形又次之，性最後。因儒家自孟子以來，尚言性命，故習為莊老之說者，必舉德字以駕於命之上，又舉形以列乎性之先，又主性脩反德，德至同於初，是即同於此無有無名之無也。此等語，顯見是糅雜儒、道，牽強裝點，而實無甚深義旨。故乃陷於模糊惝怳，不可捉摸。使誠有志於修性育德者，真於何處下手乎？此文淺薄，治莊老者，果於此等處求從入之途，必將茫然不得其所入，又將漫然無所歸。然以此文較之〈天道〉、〈天運〉諸篇，尚為差善矣。故治《莊》、《老》之學者，先貴能分別莊老，又貴能分別《莊子》〈外〉、〈雜〉諸篇於莊老之外，又貴能就於〈外〉、〈雜〉諸篇而一一分別之，一一識其深淺高下，以及其是非得失之所在，而後始能會通以觀，以求所謂道家之宗趣，以與儒家之說相參究。此貴心知其意，非可刻劃穿鑿以求。而要之，汗漫混并而一說之者，則鮮乎其可以有得耳。

〈繕性篇〉有云：

……德又下衰，及唐虞始為天下，興治化之流、澆淳散朴，離道以善，險德以行，然後去性而從於心。心與心識知而不足以定天下，然後附之以文，益之以博。文滅質，博溺心，然後民始惑亂，無以反其性情而復其初。

今按：此文論性，顯與儒義對立。舉其要旨，一則分心與性而對說之，以性屬天，以心屬人，故荀子曰「莊子知有天而不知人」，此等處，正是其流弊也。孟子雖曰「盡心知性」，然非心性對說，必尊性而斥心也。厥後宋儒程、朱一派，頗受道家心性對說之影響，而陸、王無此失。此學者所當深究而微辨之者也。二則蔑文與博，此乃老子絕學無憂之旨爾。孔子曰：「郁郁乎文哉，吾從周。」達巷黨人稱孔子博學而無所成名。孟子曰「由博反約」，《中庸》亦言「博學之」，文之與博，皆儒義所重，而為莊老道家所不喜。此後宋儒程、朱一派尚重文重博，尤以朱子為然，而陸、王一派則轉喜文滅質博溺心之旨。此又學者所當深究而微辨也。三則主反本復初。清儒戴震《孟子字義疏證》辨宋學，即由此發端，謂復初乃道家義，非孔孟義。戴氏此辨甚有見，此乃宋儒受道家影響之顯然者。然如上引〈達生篇〉呂梁蹈水之丈夫一節，固無此失矣。四則鄙薄治化，謂其濠淳散朴，是亦主張反本復初之說之引申所必至也。

今按：《莊子》〈外〉、〈雜〉諸篇言性，重要者，大率不出如上舉。其間有會通之於儒義而言者，如〈庚桑楚〉、〈則陽〉、〈達生〉之所說是也。有演繹發揮《老子》之說而立論者，如〈天地〉、〈繕性〉兩篇之所言是也。其他〈外篇〉言性諸條，則又大率是〈天地〉、〈繕性〉兩篇之旨耳。其有德性連文並舉者，如〈駢拇〉云：

駢拇枝指，出乎性哉，而侈於德。附贅縣疣，出乎形哉，而侈於性。

此條德字，指人之同得於天者言，性字指人之獨得於己者言，此與〈天地篇〉性脩反德之語略同義。其謂出乎形而侈於性，亦與〈天地篇〉物生成理謂形，形體保神，各有儀則謂性之說可相通。是謂先有德，次有性，更次始有形，此皆牽強立說，分析愈細，而所失彌遠矣。

又曰：

枝於仁者，擢德塞性，以收名聲。

且夫待鉤繩規矩而正者，是削其性也。待繩約膠漆而固者，是侵其德也。

是亦德、性分言，而又混并不加分別矣。〈馬蹄篇〉有云：

> 同乎無知，其德不離。同乎無欲，是謂素樸。素樸而民性得矣。

素樸之語顯襲自《老子》。〈在宥篇〉有云：

> 在之也者，恐天下之淫其性，宥之也者，恐天下之遷其德也。天下不淫其性，不遷其德，有治天下者哉？昔堯之治天下，使天下欣欣焉人樂其性，是不恬也。桀之治天下也，使天下瘁瘁焉人苦其性，是不愉也。夫不恬不愉，非德也。非德也，而可長久者，天下無之。

實則如此說，正是孟子所譏，今天下之言性者，則故而已矣之類耳。若如此而謂之不淫其性，不遷其德，則尚何盛德大業之有？大抵王船山斥老莊，多著眼在此等處。蓋船山固深有得於史學者。故知人文化成，人性之有待於發展善盡也。〈天地篇〉有云：

> 大聖之治天下也，搖蕩民心，使之成教易俗，舉滅其賊心，而皆進其獨志。若性之自為，而民不知其所由然。若然者，……欲同乎德而心居矣。

此亦以獨者歸性，同者歸德，辭旨顯然。又〈天道篇〉：

> 夫子亦放德而行，循道而趨，已至矣。又何偈偈乎揭仁義，若擊鼓而求亡子焉。意！夫子

亂人之性也。

〈刻意篇〉：

水之性，不雜則清，莫動則平。鬱閉而不流，亦不能清。天德之象也。

〈繕性篇〉：

彼正而蒙已德，德則不冒，冒則物必失其性也。

又云：

古之存身者，不以辨飾知，不以知窮天下，不以知窮德，危然處其所而反其性已，又何為哉？

以上諸條，皆德性連文並舉，而兩字實有分別。蓋德指其所同得，而性指其所獨稟也。故道家有脩性反德而復初之說。凡此德字之定義，皆本《老子》。若《莊子．內篇》七篇中德字，皆不涵此義，而與孔孟之言德者轉相近。此義已詳莊老之宇宙論篇，此不贅。故據是而知〈外篇〉之必出於《老子》成書之後也。

《莊子・外篇》既以德性並言，復以性命並言。凡以性命並言之命字，即猶以德性並言之德字也。蓋就其賦授於天者而言之則曰命，就其稟受於人者而言之則曰德。故其言德言命，即猶之其言天矣。惟《老子》書屢言德，不言命。《莊子・內篇》七篇屢言命，而非此性命之命，乃人生所遭遇之謂命耳。然則〈外篇〉言性命，顯多襲《老子》，而亦已借用《孟子》、《中庸》之義。《中庸》晚出於《孟子》，始言天命之謂性，而下引《莊子・外篇》語，則似尤出《中庸》後。

如〈駢拇〉云：

> 正正者，不失其性命之情。
>
> 不仁之人，決性命之情而饕富貴。
>
> 吾所謂臧，非仁義之謂也，臧於其德而已矣。吾所謂臧者，非所謂仁義之謂也，任其性命之情而已矣。

可見此所謂性命之情，即猶其所謂德也。而性命連文，蓋必尤晚出於《中庸》矣。又〈在宥〉云：

> 自三代以下者，匈匈焉終以賞罰為事，彼何暇安其性命之情哉？

天下將安其性命之情，之八者，存可也，亡可也。天下將不安其性命之情，之八者，乃始臠卷愴囊而亂天下也。

故君子不得已而臨蒞天下，莫若無為。無為也，而後安其性命之情。

大德不同，而性命爛漫矣。

〈天運〉云：

三皇之知，上悖日月之明，下睽山川之精，中墮四時之施，其知憯於蠆蠆之尾。鮮規之獸，莫得安其性命之情者，而猶自以為聖人，不可恥乎？其無恥也！

性不可易，命不可變，時不可止，道不可壅。

今按：此四語義深至。時不可止，道不可壅，則正是盛德大業之所由興也。若誠知此，又何必主反本而復初乎？性不可易，命不可變，此二語當善參。若鹵莽滅裂而諉謂性之不可易，命之不可變，則其語似是而實非，蓋已不知有大化，而亦惟故之求矣。〈刻意篇〉亦云：「水之性，鬱閉而不流，亦不能清」，然則又何以謂德之愈下及於後世而愈衰乎？〈天運篇〉又言孔子告老子曰：「久矣夫，丘不與化為人。」學老莊者，必主反本復初，是即不與化為人也。若果深究《莊子》

七篇與《老子》五千言陳義之相異，則此等偏陷，實多本於《老子》書，而《莊子・內篇》固少此失。故老莊之徒凡言性命，往往指其最先之本初言，此皆可謂承襲自《老子》，厥後惟王船山駁斥之最精到。戴東原亦有見於此，而宋儒則轉反有誤涉老莊以闡孔孟之病。此非細分別而究極言之，則不易得其異同得失之所在也。

《莊子・外篇》既以最先之本初言德，言命，言性，故謂仁義非人性。如〈駢拇〉云：

> 故意仁義其非人情乎？
>
> 自虞氏招仁義以撓天下也，天下莫不奔命於仁義，是非以仁義易其性與？
>
> 夫屬其性乎仁義者，雖通如曾史，非吾所謂臧也。

〈天地〉云：

> 跖與曾史，行義有間矣，然其失性均也。
>
> 老聃曰：請問，仁義，人之性邪？

〈外篇〉作者誤謂仁義非人性，此乃《老子》失道而後德，失德而後仁，失仁而後義之說耳。若果如此說之，則絕不能有富有之大業，絕不能有日新之盛德。而宋儒受其影響，故程伊川遂謂性中何嘗有孝弟來。在伊川之意，乃主仁義是性，而孝弟則非性。蓋伊川以仁義屬於德，而孝弟則屬於事，故謂孝弟是人生以後事，非性中所有。此在莊老之徒，恥通於事，尚可如此說之。宋儒既不恥通於事，然則何為仍必分別事與性言之乎？此即朱子所以必別理與氣而言之之旨也。此後亦惟船山能深辨之。蓋船山深於《易》，又深於《老》、《莊》，故能微辨其異同得失也。

〈外篇〉作者，既主原始本初者是德是性，而人事行為，皆屬後起。又人事行為，可以害德，可以傷性，故遂主即以身與生言性，蓋身與生亦人之最先本初所有也。如〈駢拇〉云：

> 此數子者，事業不同，名聲異號，其於傷性，以身為殉，一也。
>
> 伯夷……盜跖……二人者，所犯不同，其於殘生傷性，均也。
>
> 若其殘生損性，則盜跖亦伯夷矣。

〈天地篇〉亦云：

> 且夫失性有五，一曰五色亂目，……二曰五聲亂耳，……三曰五臭薰鼻，……四曰五味濁口，……五曰趣舍滑心，使性飛揚。此五者，皆生之害也。

凡此皆即以生與身調性之說也。後世道家循此失而益甚，遂以長生之術為歸真返樸、脩性保命之學矣。此尤道家思想之愈歧而愈失其本旨者。而亦可謂其說之承襲於《老子》書者，尤深於其承襲於《莊子》之〈內篇〉也。

其他〈外篇〉言性，為本篇所未及稱舉者，尚可得十許條，然大義不越如上舉，故不備列焉。

老子書晚出補證

余辨《老子》書之晚出，其主要方法，在即就《老子》書，摘出其書中所用主要之字語，一以推究其時代之背景，一以闡說其思想之線索。《老子》書僅五千言，而余就其所用字語，足以證成其書當尤晚出於莊周之〈內篇〉，凡見於我先成諸篇之所申述者，無慮已逾數十字數百條以上，則殆已鐵案如山矣。然《老子》書所用字語之可證其書之為晚出者，則猶不盡於我先成諸篇之所論，爰再補列，以成茲篇。

一　常

《老子》書常用常字，如曰：

道可道，非常道。名可名，非常名。

又曰：

道常無為而無不為。

又曰：

復命曰常，知常曰明。不知常，妄作凶。知常容。

又曰：

知和曰常。無遺身殃，是謂習常。

又曰：

常德不離，復歸於嬰兒。常德不忒，復歸於無極。常德乃足，復歸於樸。

是老子心中重視有一常可知。今按：孔、墨、孟諸家皆不言常，獨莊子始曰：「化則無常也。」蓋莊子喜言天地大化，故曰無常。而老子承之，乃轉言有常。此為思想線索之推進一層，蓋以無常言化，淺而易見，以有常言化，乃深而難知也。若老子先知化有常，而莊子師承之，則絕不輕言化則無常矣。《荀子》與《老子》書當約略同時而稍後，故亦曰「天行有常」。至〈樂記〉「道五常之行」，則其言益晚出矣。

昔孔子尚言仁，而老子乃曰：「天地不仁，以萬物為芻狗，聖人不仁，以百姓為芻狗。」墨子主尚賢，而老子又曰：「不尚賢，使民不爭。」就思想史進程言，一新觀念之興起，必先有人提出其正面，然後始有人轉及其反面。若謂《老子》書在孔墨前，豈有老子先言不仁、不尚賢，而孔子始專主仁，墨子又專主尚賢之理。然常與無常，則不得以正反論。蓋化之一新觀點，莊子始提出之。莊子就化而言其無常，老子乃就化而言其有常，則是深淺之異，非正反之別也。否則又豈有老子兼言有常、不仁、不尚賢在前，而孔、墨、莊三家，乃各就其一端，而皆顛倒以反言之乎？則《老子》書之晚起於孔、墨、莊三家，而總攬此三家之說之痕跡，亦已甚顯無疑矣。

二　同

《老子》書又言同，如曰：

> 此兩者同出而異名，同謂之玄。
> 和其光，同其塵。是謂玄同。

今按：《墨子》有〈尚同篇〉，而辨同異，則其事始於莊周與惠施。然周之言曰：「吹萬不同。」又曰：「子知物之所同是乎？曰：惡乎知之。」又曰：「自其異者視之，肝胆楚越也。自其同者視之，萬物皆一也。」「假於異物，託於同體。」是莊周雖兼言同異，而實偏向於言其異。老子則偏向於求其同。蓋言化則異，言同則常，此亦莊、老兩家意向之不同也。《小戴記・禮運篇》論大同之世，〈樂記篇〉謂「樂者為同，禮者為異」，此等皆較老子為尤晚出也。

三　妙

六經孔孟不言妙，而老子始言之，曰：

> 常無，欲以觀其妙。

玄之又玄，眾妙之門。

王弼曰：「妙者，微之極也，萬物始於微而後成。」《莊子・內篇》妙字惟一見。〈齊物論〉，「夫子以為孟浪之言，而我以為妙道之行」。妙與孟浪對文。崔譔曰：「孟浪，不精要。」則妙者，正是精微義，細小義。惟莊子妙字僅作一形容詞用，而《老子》書中妙字，則轉成為一抽象的專門名詞。蓋莊子僅注重言大化之遷流不常，而《老子》書乃進一層深求此大化之何自始，何於終，何由出，何所歸。謂萬物同始於微，極微處，即萬物之同出處，故曰「玄之又玄，眾妙之門」也。《易・說卦傳》：「神也者，妙萬物而為言者也。」此語明出《老子》後。蓋妙萬物即是玄通萬物至於其最先極微同出處，此即神之功用之所於見也。《中庸》曰：「鬼神之為德，其盛矣乎！視之而弗見，聽之而弗聞，體物而不可遺。夫微之顯，誠之不可揜，如此夫！」此用微字，不用妙字，要其意則與《易傳》相近，同為晚出於《老子》也。

四 和

《論語》：「和無寡。」有子曰：「禮之用，和為貴。」又子曰：「君子和而不同。」凡言和，皆指行事之表現在外者。孟子曰：「天時不如地利，地利不如人和。」又曰：「伯夷，聖之清者也。伊尹，聖之任者也。柳下惠，聖之和者也。」此諸和字，亦皆指行事之表現在外者。至莊周言和字始不同。如曰：「心莫若和。」「遊心於德之和。」又曰：「不足以滑和。」又曰：「使之和豫通而不失於兌。」又曰：「德者，成和之修也。」凡此諸和字，始指內心言，始指為一種內心之德言。至其指行事表現在外者。如曰：「聖人和之以是非。」又曰：「和之以天倪。」又曰：「常和人而已矣。和而不倡。」此所謂和，亦與儒家言和有別。至老子曰：

和其光，同其塵。

是和與同無辨也。此即莊子所謂和而不倡，以隨同於人為和。是即「為後不為先」，「道者同於道，德者同於德，失者同於失」也。亦即莊子之所謂「彼且為嬰兒，亦與之為嬰兒。彼且為無町畦，亦與之為無町畦。彼且為無崖，亦與之為無崖」也。

老子又曰：

萬物負陰而抱陽，沖氣以為和。

又曰：

含德之厚，比於赤子。骨弱筋柔而握固，未知牝牡之合而全作，精之至也。終日號而不嗄，和之至也。知和曰常。

此諸和字義，乃並為莊子所未及。蓋莊子所謂德之和，必有一番修養工夫，始可臻此。至老子始不言德之和而轉言氣之和。氣之和則稟於先天，所由受以成人成物。故赤子轉為得和之至。是老子之言和，即猶其言精。此皆由先天所稟賦，而越後轉失之者。余曾辨老子言德字義與莊周不同。莊子之言德，尚近孔孟儒家，至老子始引而指先天。此處辨和字，亦其證。故就思想進程言，必是莊在先而老在後，此辨極微妙，學者必深玩焉而後可悟也。至《荀子．天論》，乃曰「萬物各得其和以生」，當知《荀子．天論》，即所以駁正老莊，而此語則明承老子。試問若《老子》書果遠在孔、孟、莊之前，何以於孔、孟、莊三家書，乃絕不見此等影響耶？

五 中

孔、孟言中字，亦率指其在外有跡象可睹者。如《論語》曰：「不得中行而與之，必也狂狷乎！狂者進取，狷者有所不為也。」是進取與有所不為，各占一偏，中行則不偏據也。故曰：「過猶不及。」又曰：「《中庸》之為德也，其至矣乎！民鮮能久矣。」蓋《中庸》之德，即指其不陷於過與不及也。《論語》二十篇，絕無指中言心者。若就心言，當為忠。否則徑言心。《孟子》七篇亦然。孟子曰「中心達於面目」，中心與面目在外對文，不滅心專言中也。又曰：「胸中正，眸子瞭焉。胸中不正，眸子眊焉。」以胸中指心，亦不即中言心也。又曰「不得於君則熱中」，朱子曰「躁急心熱也」。此乃心覺胸中有熱，不得謂心熱，是亦不得謂以中字代心字。孟子又與人辨仁內義外，又言反身而誠，皆不言中。又曰：「子莫執中，執中無權，猶執一也，執一賊道。」又曰：「孔子不得中道而與之，必也狂獧乎？」又曰：「中也養不中，才也養不才。」凡語孟言中字略具是。至莊周，曰：「樞始得其環中，以應無窮。」此環中中字，亦有形象可指。然已作一抽象的專門名詞矣。又曰「託不得已以養中」，此中字乃以代心字，亦可謂是代氣字。乃與《論》、《孟》用中字之義遠異。

老子曰：

多言數窮，不如守中。

此中字何指，或指環中之中，或指養中之中，要之語承莊周。莊周以前，則不見此中字之用法也。

至《中庸》之書乃曰：

喜怒哀樂之未發謂之中。發而皆中節謂之和。中也者，天下之大本也。和也者，天下之達道也。致中和，天地位焉，萬物育焉。

中和兩字，乃占如此重要之地位。學者若熟誦《論》、《孟》、《老》、《莊》，便知《中庸》此一節用語，全承老莊來，不從孔孟來。論孟言心，必言孝弟，言忠信，言忠恕，言愛敬，言仁義，言知勇，卻不言中和，亦不特別重提喜怒哀樂。特別重提喜怒哀樂以言心，其事亦始莊周。《中庸》言未發、已發，亦承莊周。所謂「其發若機括」，「喜怒哀樂，慮歎變慹，姚佚啟態，樂出虛，蒸成菌」，是也。其謂中節謂和者，亦指心氣之和，與《論》、《孟》所言和字大不同。老子曰：

天地之間，其猶橐籥乎？虛而不屈，動而愈出。

《中庸》乃承其意以言中和也。故曰「中為天下之大本，和為天下之達道」。又曰「致中和，則天地位，萬物育」。若非深通老莊，則《中庸》此一節語，終將索解無從。故知《中庸》之為書，尤當晚出於《老子》。此由於拈出其書中所用字語，而推闡申述其觀點沿襲之線索，此一方法，即可證成各家思想之先後，必如此而不可紊也。至《周禮》大司樂有中、和、祗、庸、孝、友之六德，此亦即足徵《周禮》之為晚出矣。

六　畜育

莊子僅言一氣之化，所謂道者，即指此一氣之化言。而老子不然。老子曰：

生之，畜之，生而不有，為而不恃，長而不宰，是謂玄德。

又曰：

大道汜兮其可左右，萬物恃之而生而不辭，功成不名有，衣養萬物而不為主。

又曰：

道生之，德畜之，物形之，勢成之。

又曰：

故道生之，德畜之。長之育之，亭之毒之。養之覆之。生而不有，為而不恃，長而不宰，是謂玄德。

是謂道乃生萬物者。德乃畜萬物，育萬物者。此等意想，亦莊生所未有。今按：《中庸》曰：「萬物育焉。」又曰：「贊天地之化育。」又曰：「洋洋乎發育萬物。」又曰：「萬物並育而不相害，道並行而不相悖。小德川流，大德敦化，此天地之所以為大也。」此亦見《中庸》之兼承莊周、老子，蓋言化則本之莊周，言育則兼採老子也。則其書之尤較晚出於《老子》，又可證矣。《易．繫辭傳》，「天地之大德曰生」，此亦本老子，不本莊周。〈樂記〉「萬物育焉」，語與《中庸》同，亦證其同為晚出書也。

七　明

古之言明指視，故《論語》曰：「視思明。」又子張問明，子曰：「浸潤之譖，膚受之愬不行焉，可謂明也已矣。」又曰：「可謂遠也已矣。」是明為遠視。《書》曰：「視遠惟明」是也。孟子曰：「明足以察秋毫之末。」又曰：「離婁之明。」又曰：「舜明於庶物，察於人倫。」又曰：「日月有明，容光必照焉。」凡《論》、《孟》言明字率如是。至《莊子》書而明字之使用義乃大不同。莊子曰：「莫若以明。」又曰：「為是不用而寓諸庸，此之謂以明。」蓋孔孟儒家尚言知，莊子鄙薄知，又謂為知者殆，故轉而言明。蓋知由學思而得，明由天授而來。故莊周又常連言神明，曰：「勞神明為一，而不知其同也。」蓋神者即心知之明，人盡有之也。若分析言之，則神降自天，明出於人，《莊子・天下篇》謂「神何由降，明何由出」。陸長庚曰「神謂人之本性，降衷於天。具有靈覺，謂之曰明」，是也。

老子承莊周，故亦薄知而重言明。老子曰：

知常曰明。

又曰：

自知者明。見小曰明。

又曰：

用其光，復歸其明。

又曰：

是謂襲明，是謂微明。

《中庸》亦重明，故曰：「不明乎善，不誠乎身矣。」又曰：「自誠明，謂之性。自明誠，謂之教。誠則明矣，明則誠矣。」又曰：「誠則形，形則著，著則明，明則動，動則變，變則化。」故《中庸》之言明，顯承老莊而來。故《中庸》稱天曰高明，又曰「極高明而道中庸」，極高明，即天稟神明也。道中庸，此即莊子所謂不用而寓諸庸，盡人所有，故曰以明也。蓋由莊子言之，知有大小之別，復有彼我是非之不齊，明則各憑神明天賦，遇用而見，各有所得，可以大通，不由學至也。故《中庸》又曰「尊德性而道問學」，尊德性屬明，道問學屬知。是《中庸》之匯通孔、孟、老、莊以為言也。《易・繫傳》亦屢言「神明之德」，其書晚出而有所襲取於《莊》與《中庸》同。後之儒者，既莫不重《易》、《庸》，因好言此明字。不知明字實淵源莊老道家，乃語孟所未有也。然則莊、老之學，又安可堅擯而嚴斥之，必使與孔、孟劃為截然之兩流乎？

又按宋儒如周濂溪《通書》言「靜虛動直，明通公溥」。程明道〈識仁篇〉謂「存久自明」，〈定性書〉謂「用智則不能以明覺為自然」。此皆尚言明。故明道又曰：「質美者明得盡，渣滓便渾化，卻與天地同體也。」其弟伊川始矯其偏，曰：「涵養須用敬，進學則在致知。」伊川重提出學字知字，實為不失孔孟矩矱。晦菴承伊川之說，而象山、陽明則皆尊濂溪、明道，而不樂伊川、晦翁，則尚明尚知，先秦此一分野，即下逮宋明，猶變相存在也。

八 止

莊子好言止，〈齊物論〉，「知止其所不知，至矣」。又〈養生主〉，「吾生也有涯，而知也無涯，以有涯隨無涯，殆已。已而為知者，殆而已矣」。此戒人之追逐無涯以為知，而不知止也。莊子又言「休乎天鈞」。又言「因是已」。已與休，皆止也。至老子乃獨承用此止字，故曰：

始制有名，名亦既有，夫亦將知止。知止可以不殆。

又曰：

知足不辱，知止不殆。

然則非知之為殆，乃有知而不知止之為殆也。學者試即就上引《莊》、《老》此兩節語而細籀之，其固為莊先於老乎？抑老先於莊乎？亦可以不煩多證繁引而決矣。

止之為義，老子稍前，公孫龍亦言之。其後《大學》又盛言之。故曰：

又曰：

在止於至善。

知止而后能定，定而后能靜，靜而后能安，安而后能慮，慮而后能得。

此其所用字語，如定、靜、安、慮，亦多襲《莊》、《老》。故知《大學》亦晚出書，當在《老子》之後也。後之儒者，既尊孔、孟，復重《學》、《庸》，而深排老、莊。不知《學》、《庸》之固已匯通孔、孟、老、莊而為說矣。故知論學之不貴有門戶也。

九 曲

老子特用曲字，曰：

曲則全，枉則直。

則曲者一曲，正與大方之全為對。《中庸》承用此曲字，故曰：

唯天下至誠，為能盡其性。……其次致曲。曲能有誠。誠則形，形則著，著則明，明則動，動則變，變則化。唯天下至誠為能化。

盡性即全也。致曲能有誠，因能化，此即老子曲則全之說。〈繫辭上傳〉亦用此曲字，曰：

範圍天地之化而不過，曲成萬物而不遺，通乎晝夜之道而知。故神無方而易無體。

〈注〉曰：「曲成者，乘變以應物，不係一方者也。」此注亦用《老》、《莊》。因《易傳》本文本用《老》、《莊》，若不用《老》、《莊》作注，即文義難明也。荀子亦承用此曲字，〈王制〉云：「其餘雖曲當，猶將無益也。」〈解蔽〉云：「曲知之人，觀於道之一隅。」此皆不以曲為是。然其用此曲字，則明承《老子》書而來。《小戴記・禮器》云：「曲禮三千。」又特有〈曲禮〉之篇。其實用此曲字，則皆晚出也。

十　強

孔、孟儒義不言強，莊子亦不言強。老子雖言曲，實以求全。雖守柔，實以求強。故曰：

知人者智，自知者明。勝人者有力，自勝者強。

又曰：

見小曰明，守柔曰強。

《中庸》亦明強連文，顯承老子。故曰：

果能此道矣，雖愚必明，雖柔必強。

又：

子路問強。子曰：南方之強與？北方之強與？抑而強與？寬柔以教，不報無道，南方之強也，君子居之。衽金革，死而不厭，北方之強也，而強者居之。

鄭玄曰：「抑而強與，而之言，汝也。謂中國也。」是則《中庸》此章，以南方之強與北方之強對舉，即猶以南方之強與中國之強對舉。孟子謂陳良北學於中國，中國之學者未能或之先，此即古人以北方謂中國之證。《中庸》所謂南方之強，即隱指老子言。老子曰：

強梁者不得其死，吾將以為教父。

此即寬柔以教也。又曰：

報怨以德。

此即不報無道也。是則《中庸》之書，明為承老子，受老子之影響，並已隱指老子而謂其為君子之道，而並以謂其勝於北方之中國矣。

抑《論語》有之，曰「野哉由也」。又曰「由也好勇過我」。

又：

子路曰：君子尚勇乎？子曰：君子義以為上。君子有勇而無義為亂，小人有勇而無義為盜。

又：

子路曰：子行三軍則誰與？子曰：暴虎馮河，死而無悔者，吾不與也。必也，臨事而懼，好謀而成者也。

此即《中庸》子路問強之所本。然《論語》言勇不言強。故知《中庸》言強，實近承《老子》，非遠本《論語》也。荀子亦時復言強。〈宥坐〉曰：「強足以反是獨立。」又《小戴記・祭義》，「強者，強此者也」。此等皆是儒家之晚出語也。

十一　華文素

孔子曰：「郁郁乎文哉，吾從周。」又曰：「文之以禮樂。」又曰：「文質彬彬，然後君子。」至莊周書，不言文而好言華，蓋意有抑揚從違，故遣辭不得從同也。莊周之言曰：「言隱乎榮華。」又曰：「張乎其虛而不華也。」此華字為老子所承用，故曰：

前識者，道之華而愚之始。

又曰：

處其實，不居其華。

《尚書・舜典》「重華協于帝」。〈疏〉曰：「文德之光華。」是復以華為佳辭。是可知〈舜典〉成書之又晚出於《老子》矣。

《論語》又曰：「文王既沒，文不在茲乎？天之將喪斯文也，後死者不得與於斯文也。天之未喪斯文也，匡人其如予何？」是孔門儒學之重視於文者，可謂甚矣。而《老子》則曰：

絕聖棄知，民利百倍。絕仁棄義，民復孝慈。絕巧棄利，盜賊無有。此三者，以為文，不足，故令有所屬。見素抱樸，少私寡欲。

所謂聖知、仁義，即指孔門儒學而言。巧利則猶是戰國晚起之事。老子正欲反此三者，其意即欲一反社會之人文演進，而期為歸本返樸也。故必令此三者有所屬。此在孔子亦言之，曰：「禮云禮云，鐘鼓云乎哉！樂云樂云，玉帛云乎哉！」是在孔子當時，正以鐘鼓、玉帛為文，而孔子求反之於禮樂，是孔子之意，固以禮樂為文也。孔子又曰：「先進於禮樂，野人也。後進於禮樂，君子也。如用之，則吾從先進。」是孔子之意，亦猶以禮樂為文為不足，而求另有所屬也。孔子以禮樂為文，正合春秋時代之情形，此有一部《左傳》之詳細記載可以為證。《老子》書以聖知、仁義、巧利三者為文，則求之於春秋時代為不合，必求之於戰國晚世，乃見宛符。此亦可證《老子》書之為晚出矣。

《老子》書素樸之素字，亦見於《論語》。子曰：「繪事後素。」子夏曰「禮後乎」，是也。

是孔門之意，正以禮為不足，而欲屬之於人心忠信之素質也。《老子》書用素字，採之《論語》。其用樸字，乃其新創。《中庸》：「君子素其位而行，不願乎其外。素富貴，行乎富貴。素貧賤，行乎貧賤。素夷狄，行乎夷狄。素患難，行乎患難。」鄭〈注〉：「素讀為嗉。」殊屬強解。蓋素乃本先之義。朱子易之曰：「素，猶現在也。言君子但因現在所居之位而為其所當為。」蓋朱子嫌若注為因其本先所居之位，則人將疑現在或已不然。故徑改本先為現在，此誠通儒之達解也。素樸二字，遂為此下《呂覽》、《淮南》諸家所樂用。故凡《老子》書中用字，往往尋之於《論》、《孟》、《墨》、《莊》諸書或不易見，而求之《荀子》、《戴記》、《易傳》、《呂覽》、《淮南》，則遍檢而可得。則《老子》書之成書年代，豈不顯而易證乎？

十二　宗

《莊子・內篇》命題有〈大宗師〉。又曰：「命物之化而守其宗。」又曰：「吾鄉示之以未始出吾宗。」此宗字用法，亦為《老子》書襲用。老子曰：

淵兮似萬物之宗。

又曰：

言有宗，事有君。

皆是也。後世喜用此宗字，如曰宗主，曰宗匠，曰宗旨，曰宗門，曰宗風，曰宗師，曰宗極，曰宗派，曰宗教，求其語源，實始莊老。余嘗謂中國後世學術思想，若嚴格剔去莊、老兩家所創用之字語，則必成為偏枯不起之重症，此例可概其餘也。

十三　正貞

孔孟儒家好言正。故《論語》曰：「齊桓公正而不譎。」又曰：「必也正名乎！」又曰：「就有道而正焉。」孟子曰：「盡其道而死者，正命也。」又有胸中正、胸中不正之辨。《荀子》亦有〈正名篇〉、〈正論篇〉。此皆儒義尚正之證。至莊周則不認有此正。故曰：「四者孰知正味。」「四者孰知正色。」又曰：「吾誰使正之。」然又曰：「幸能正生以正眾生。」是莊周心中亦有正，惟非儒家孔孟之所謂正耳。老子曰：

孰知其極，其無正。正復為奇，善復為妖。

此承莊周言正之無定也。然又曰：

以正治國，以奇用兵。

又曰：

我好靜而民自正。不欲以靜，天下將自正。

又曰：

清靜為天下正。

是老子心中亦有正，然近莊周，不近孔孟，則顯然也。《老子》書又以貞易正，其言曰：

昔之得一者，天得一以清，地得一以寧，神得一以靈，谷得一以盈，萬物得一以生，侯王得一以為天下貞。

此處用貞字，即正也。謂侯王為天下之所從以受正也。《小戴禮・文王世子篇》，「萬國以貞」。此又明承老子侯王為天下貞之語來。

〈繫辭下傳〉曰：

吉凶者，貞勝者也。天地之道，貞觀者也。日月之道，貞明者也。天下之動，貞夫一者也。

此貞字有主於一義，有常義。謂吉凶之道，常主於相勝。天地之道，常主於觀示。日月之道，常主於有明。天下之動，則常主於一也。此一字亦即《老子》書中昔之得一者之一，一即道也。天下之動，則一切遵於道而動，亦即《中庸》所謂「道也者，不可須臾離。可離非道也」。就其所用之字語，推求其所涵之義蘊，〈易繫〉之與《中庸》，往往可以援老子之書為解而得其相通者。然就孔、孟書中，尋其所用字語，乃渺不得其有受老子思想影響之痕跡。此即可以知《老子》書之晚出，其時代當下距《易傳》、《中庸》不遠，而絕不能謂其前於孟子，孔子更無論也。

十四　淵

莊周書好用淵字，曰：「鯢桓之潘為淵，止水之潘為淵，流水之潘為淵。淵有九名，此處三焉。」釋德清曰：「鯢桓處深泥，喻至靜，即初止。止水澄清，萬象斯鑑，即天壤之觀。流水雖動，而水性湛然，即太沖莫勝，止觀不二也。」此莊周之以淵喻心也。老子承之，乃曰：

> **心善淵。**

若非先有莊子，則老子此語殊嫌突兀。於《詩》固有之，曰：「其心塞淵。」又曰：「秉心塞淵。」《左氏》亦曰：「齊聖廣淵。」然謂老子此語，乃承詩人之詠而來乎？抑承莊周所云云而來乎？精於文理者，亦可微辨而定之矣。

十五　沖

《莊子》書又特用沖字，曰：「鄉吾示之以太沖莫勝。」《說文》曰：「沖，涌搖也。」莊子以水喻心，釋德清謂太沖莫勝，即流水之淵，其說甚是。《老子》書乃特喜用此沖字。曰：

> **道，沖而用之或不盈，淵兮似萬物之宗。**

此處沖字淵字並用，顯見承莊周。謂沖而用之者，即虛而不屈，動而愈出也。故老子又稱谷神，谷亦指水流，常動常虛也。又曰：

大盈若沖。

沖與盈對文，則沖顯有虛義。然正以涌搖流動故虛。此處老子心中，仍指川谷之水以為喻也。故又曰：

谷得一以盈。

蓋谷之為水，流於山間，猶未達於平地。故其勢常動、常流、常虛，而又能常不枯竭，故老子每喜以谷喻道。喻道即以喻心矣。故莊周以淵喻心，而老子增之以谷喻。是老子思想之益細密也。若謂老子在前，兼以淵谷喻，乃莊周特賞其一而昧棄其一焉，此又無說以通也。老子又曰：

萬物負陰而抱陽，沖氣以為和。

何以謂之沖氣？蓋天地大氣，亦常遷化流動，正如川谷之水也。莊周特言此一氣之化，而老子詳說之，曰「沖氣以為和」，斯可謂精妙矣。蓋謂此一氣以常流動，而有種種配合，遂以成此萬物也。《易．繫傳》亦言之，曰：「一陰一陽之謂道」，當知一陰一陽者，此即常動常化，即所謂沖氣以為和也。今若老子先言萬物負陰抱陽，沖氣為和在前，則還讀莊周書，幾同嚼蠟。以莊周之大智，而若等於茅塞其心矣。故兼觀此淵與沖之兩字之用法，而《莊》、《老》兩書之先後，亦可即此而定。從來解《老子》書沖字，每主以虛說之，而不知兼以動義說之，其誤在不知《老子》書用此沖字之來源，乃特源於莊周之書也。

十六　兌

莊周書又特用兌字，曰：「使之和豫通而不失乎兌。」《老子》亦承用之，曰：

塞其兌，閉其門，終身不勤。開其兌，濟其事，終身不救。

王弼曰：「兌，事欲之所由生。門，事欲之所由從。」莊子之意，使其心與外和豫悅通而不失之兌，此即虛義也。老子曰塞兌閉門，即求不失乎兌。然必又知抱一，乃始微妙玄通。若專言塞兌閉門，則陷落一偏，義不深愜矣。

十七　光

莊子有言：「是謂葆光。」此一光字，亦為老子所襲用。老子曰：

和其光，同其塵。

〈庚桑楚〉云：「生者德之光。」即此光字的解。光、塵對文者，莊子曰：「是其塵垢粃糠，猶將陶鑄堯舜」，此塵字之來源也。《易・坤・文言》曰：

坤，後得主而有常，含萬物而化光。

此其為晚出於《老子》書，又可就文而見矣。

十八　久

老子言常，故亦言久。其書曰：

又曰：

天長地久，天地所以能長久者，以其不自生，故能長生。

又曰：

孰能安以久動之徐生。

道乃久。

有國之母，可以長久。是謂深根固蒂，長生久視之道。

後世道家言長生久視，其說實始於老子，在莊子固不爾。故曰：「大塊載我以形，勞我以生，佚我以老，息我以死。故善我生者，乃所以善吾死。」蓋莊子主大化無常，故不言長生，老子主有常，故轉期長生也。

又老子曰「道乃久」，此義乃為《中庸》所襲。《中庸》之書曰：「至誠無息，不息則久。」又曰：「悠久所以成物。」又曰：「天地之道，博也厚也，高也明也，悠也久也。」蓋《中庸》之所謂至誠，即老子之所謂道也。《中庸》言天地之道，於博、厚、高、明之外，特添進悠久一義。此為於物質觀念、形象觀念外，特添進一時間觀念。故《中庸》實承《老子》，而莊子轉不然。蓋莊子認天地之道為遷化無常，而老子、《中庸》則認為天地之道為有常而可久也。

又按：《中庸》曰：「天地之道，可一言而盡也。其為物不貳，則其生物不測。」不貳之貳字，清儒如王引之、朱駿聲，皆考訂其為忒字之訛。其為物不忒，即老子之常德不忒也。生物不測，即老子之復歸於無極也。無極、不測皆無窮義，即《中庸》之所謂悠久不息也。則《中庸》此一忒字，亦正從老子來。

《易・繫傳》亦言可久可大。其言曰：「有親則可久，有功則可大。可久則賢人之德，可大則賢人之業。」蓋莊周好言大，而特以言大化。至《老子》、《中庸》、〈易繫〉，始兼言大與久，而落實到人生事業上，此亦思想線索遞轉遞進之一端。若謂莊周書晚出於《老子》、《易傳》與《中庸》，則莊周思想之於老子，實為一種墮退叛離與違失，此又與向來認莊周為推闡老子之說者大背矣。

上舉二十二字，又數十條，大體就思想演進線索言，然亦有涉及時代背景者，如第十一節論「此三者以為文不足」之類是也。玆請再就於時代背景有可疑者續論如次。

十九　士

老子曰：

古之善為士者，微妙玄通，深不可識。夫唯不可識，故強為之容。豫兮若冬涉川，猶兮若畏四鄰。儼兮其若客，渙兮若冰將釋。敦兮其若谷，渾兮其若濁。孰能濁以靜之徐清，孰能安以久動之徐生。保此道者不欲盈。夫唯不盈，故能敝不新成。

《老子》書言聖人，其於春秋時代背景不合，已詳論在前，而此條言士，亦殊可疑。當春秋時，士之地位至微末。其先惟齊公子糾、公子小白，晉公子重耳出亡，隨從之士，因緣際會，躍登要職，嶄然露頭角。其他則甚少見。下至春秋晚世，晉卿始多養士，而孔子與其門弟子，乃亦多於士之品格修養有討論。然亦曰：不恥惡衣惡食。行己有恥。不懷居。使於四方，不辱君命。察言觀色，慮以下人。見危授命，見得思義。凡若此類而止。蓋士之地位，尚不能上與君子比。而《老子》書中之士，如上舉之條，其身分地位，實已相同於《老子》書中之聖人。此必士之在社會，已甚活躍，受人重視。隱握有領導群倫之勢。士之意氣已甚發舒，而多因此遭意外之禍害。故老子乃意想古之善為士者，其所描述，乃務自深藏，不為人先，不急表現，處渾濁不安之世，而能默運潛移，主宰一切。試問此何嘗為春秋中葉孔子以前之所能有？若非老子處戰國晚季，處士囂張之時代，又何來有此等想像與擬議乎？

老子又曰：

上士聞道，勤而行之。中士聞道，若存若亡。下士聞道，大笑之。

當知此上士聞道之道，與孔子士志於道之道大不同。此統觀於《論語》與《老子》兩書之論道而可知。蓋在《論語》，士尚為下於君子之一流品。君子已上儕於貴族，士則始藉以進身，此為於春秋晚年之時代背景相切合。而《老子》書中之士，則實與聖人同為一類知識分子之稱號。而君子一名，乃不見於《老子》書中。蓋莊、老皆不喜言君子，莊、孟之異，老、荀之別，即可於此一端覘之也。

老子又曰：

善為士者不武。

若就春秋言，士之進身，實首賴於尚武。孔門六藝有射御。孔子曰：「執御乎？執射乎？吾執御矣」。下至墨家，其徒更以有武顯。觀於禽滑釐與孟勝之儔，可以知墨徒於當時所以獲尊顯之由來。即李克、吳起、商君，何一不以武事自升進。士之可以不武而見尊，此正世運之進，此則在孟、莊之時而始然耳。王弼注《老子》此條，曰：「士，卒之帥也。」當知由士而得為卒之帥，此亦已以晚世事為說矣。

凡此皆可證《老子》書之晚出。循此以往，所涉益細，可以例推，不煩再縷舉也。

莊老太極無極義

《莊子・內篇・大宗師》始言太極。其言曰：

道……神鬼神帝，生天生地。在太極之先而不為高，在六極之下而不為深。先天地生而不為久，長於上古而不為老。

六極又見於〈內篇・應帝王〉：

厭則又乘夫莽眇之鳥，以出六極之外。

是也。又見於〈外篇・天運〉，曰：

天有六極五常。

司馬彪云：「六極，四方上下也。」俞樾曰：「此即洪範之五福六極。」〈天運〉乃後起之篇，疑說六極當以俞樾說為是。司馬之說，移以釋〈大宗師〉、〈應帝王〉則諦矣，未可說此〈天運〉之六極也。〈天運〉篇又云：

充滿天地，包裹六極。

此則亦當如司馬氏之說。

又有稱八極，〈外篇・田子方〉：

上闚青天，下潛黃泉，揮斥八極，神氣不變。

又有稱西極，〈田子方〉：

日出東方而入於西極。

是也。凡所謂六極、八極、西極者，皆遠而無所至極義。知〈大宗師篇〉太極與六極連文，亦當指空間。下文先天地生，長於上古，乃始指時間。

然則又何謂在太極之先乎？按郭象〈注〉：

道無所不在，故在高為無高，在深為無深，在久為無久，在老為無老。且上下無不格者，不得以高卑稱。內外無不至者，不得以表裏名。與化俱移者，不得言久。終始無常者，不可謂老。

據是，則《莊子．大宗師》原文，應作在太極之上，而後人妄易以先字耳。

《莊子》書又屢言無極、有極，如曰：

其言猶河漢而無極。〈逍遙遊〉

若人之形者，萬化而未始有極。〈大宗師〉，此語又見於〈田子方〉。

孰能登天遊霧，撓桃無極。〈大宗師〉

入無窮之門，以遊無極之野。〈在宥〉

澹然無極，而眾美從之。〈刻意〉

精神四達旁流，無所不極。〈刻意〉

彼其物無測，而人皆以為極。〈在宥〉

道物之極，言默不足以載，非言非默，議其有極。〈則陽〉

然則《莊子》書言極字，皆至極義，非有其他深解。莊子又屢言無窮、無竟、無端、無涯，皆猶其言無極，特見遙邃之趣。

至《老子》書言無極，曰：

知其白，守其黑，為天下式。為天下式，常德不忒，復歸於無極。

王弼〈注〉：「不可窮也。」則此亦無窮之常義。又曰：

禍兮福之所倚，福兮禍之所伏，孰知其極。

無不克，則莫知其極。

善用人者為之下，是謂不爭之德，是謂用人之力，是謂配天，古之極。

蓋老子尚古，故謂古之極，其淳樸之德足以配天也。則《老子》書用極字，亦皆常義，非有深解也。

極字之具有玄義，實始《易・繫辭》：「易有太極，是生兩儀。」《釋文》：「太極，天也。」此實本《莊子・大宗師》太極之上一語來。然莊子言太極、六極，猶其言天地、上古，此本常語，而《易・繫辭》之太極、兩儀，則漸染有玄義，而成為一專名。又〈易繫〉云「三極之道」。指天、地、人為三極，此極字亦不能作常義解。於是乃始有〈洪範〉之皇極。知〈洪範〉絕為晚出書，疑當在《老子》後，或更出〈易繫〉後也。

後人言太極、無極，其大義則顯本〈易繫〉、〈洪範〉。太極、無極皆成一玄名，而此玄名，又若為宇宙間所實有。雖其語源固出於莊老，然其涵義則實創自儒家也。此亦後起儒家匯通莊老道家言而增成其形上之一境界之一例，為治中國思想史者所當注意。凡以見中國後起思想，頗多會合儒道而另闢一新境界。若必剔除莊老道家義，而專從儒家孔孟原始義，則不能有此等觀念與境界之開出也。

莊老與易庸

五四運動後，一般人好講辯證法，因之有人說《莊》、《老》、《易》、《庸》都帶西方辯證法的氣息，講對立，講變化。今按辯證法萬變無窮。中國言變，則只在一常道中。此講先《莊》，次《老》，最後《易》、《庸》，分三次第來講。

一　莊子

從死生與物我講起，此為智識上「時」、「空」之兩大限界，莊子歸納稱之曰「彼是」。《莊子》說：

物無非彼，物無非是，自彼則不見，自知則知之。故曰：彼出於是，是亦因彼。彼是，方生之說也。雖然，方生方死，方死方生，方可方不可，方不可方可。因是因非，因非因是。〈齊物論〉

人生根本不能脫離時空之有限性。在此時空限界之這一邊的是「我」與「生」，莊子稱之曰「是」。在此時空限界之那一邊的是「物」與「死」，莊子稱之曰「彼」。因此有是必有彼，有彼必有是，「彼」、「是」同時並起，而且平等存在。在此則此曰是，在彼則彼曰是，「彼」、「是」雙方又可以對等互易。但人之情感知識，常見此為是而可好，彼為非而可惡。其實此非與惡之情識，早已侵越了知之界限，而闖進我們所不可知之對面去。我們對知識界之那一面，既本無所知，又何從認其為非而可惡？此種錯誤，是只知依照著人生界而起。人類每每喜歡把人生界來推概宇宙界，喜歡把有限來推概無限。此非莊子之所謂「以有涯隨無涯」，實乃以無涯隨有涯。我們若能改就無限的立場，依照宇宙界，則根本將無此分別，無此限界。但宇宙界中既確有此人生界，而我們則站在人生界立場，便易於承認有這一面。但我們也該從宇宙界的立場來同時承認有那一面。如是則在無限界中之有限界，變成無處無時不是，抑且無處無時不可好。《莊子》說：

是以聖人不由，而照之於天，亦因是也。〈齊物論〉

若由純乎天的立場，即宇宙界的立場，則根本無「彼」、「是」之分。現在是站在人生界中而同時採用宇宙界的看法，則此人生界將無時不是是，無處不是是，故《莊子》說：「亦因是也。」純乎人生界的知識範疇，因乎是而有非，因乎非而有是。純乎宇宙立場，則並無是非之分。現在是把人生界妥當安放在宇宙裡，則可以各有其所是，而不必各有其所非。此亦是一種「因是」，但與「因是因非」之「因是」不同。一面是因有所是而有所非，因有所非而有所是。此則只因其所是而不再有所非。如是則一切皆是，更無有非。故《莊子》說：

物固有所然，物固有所可。無物不然，無物不可。恢恑憰怪，道通為一。其分也成也，其成也毀也，凡物無成與毀，復通為一，通也者得也，適得而幾矣？因是已。〈齊物論〉

人生界有得必有失，有是必有非，有好必有惡，其實是誤在其有所知即有所不知上。莊子的理想人生，是只有得而更無所失。此種得，乃人生界從宇宙中之所得，莊子稱之為「適得」。適得是一種無心於得之得。並不是先有所好所是後之得，而是偶然適得。所得的便是「是」。「因是已」，「已」是即此而止，即其所適得而止。不再從所得侵越到所未得，而橫生一種好惡是非之妄見。所得為生，生即是是，卻不就此認死即是非。所得為我，我即是是，卻不就此認物即是非。因「死」、「生」、「物」、「我」，同樣在此宇宙界中，同樣是一「天」。這一種境界，莊子稱之為「天與人不相勝，是之謂真人」。〈大宗師〉他又說「有真人而後有真知」。

二　老子

道家有莊、老，等於儒家有孔、孟，這是中國思想史裡兩大主要骨幹。上面講莊子，沒有提及道家關於「道」字的觀念，現借《老子》書來講道字。老子說：

有物混成，先天地生。吾不知其名，字之曰道，強為之名曰大。大曰逝，逝曰遠，遠曰反。

二十五章

這是說，道先天地而有，道是絕對的，又是循環的。宇宙一切都由道出，道是運行向前的，但它向前到某一限度會回歸的。老子又說：

至虛極，守靜篤。萬物並作，吾以觀其復。夫物芸芸，各復歸其根。歸根曰靜，是謂復命。復命曰常。知常曰明，不知常，妄作凶。十六章

大道運行不息，但必反本復始，歸根回原，所以是至動而至靜。此種運行既有常軌，故可信。老

子又說：

反者道之動，弱者道之用。……強梁者不得其死。四十・四十二章

道之運行，常向其相反處，強便轉向弱，弱又轉向強。成便轉向敗，敗又轉向成。人心好強好成，道則無所存心。天地間一切現象的變動，其起始常甚微，但到後則甚明。人若懂得「微」與「明」的道理，則自知所以自處。故曰「柔弱勝剛強」。反之，過於剛強，或不得其死。老子又說：

知其雄，守其雌，為天下谿。知其白，守其黑，為天下式。知其榮，守其辱，為天下谷。二十八章

人若喜雄、白、榮，便該守雌、黑、辱。雌、黑、辱有獲得雄、白、榮之道。若牢居在雄、白、榮的位上，反而要墮入雌、黑、辱的境遇了。莊子是豁達豪放人，事事不在乎。老子是一謹小慎微者，步步留心，處處在意。他說：

我有三寶，持而保之。一曰慈，二曰儉，三曰不敢為天下先。慈故能勇，儉故能廣，不敢為天下先，故能成器長。六十七章

此三寶中，「儉」與「不敢」，最見老子真情。「慈」則最多只像是一種老年之愛，世故已深，熱情血性都衰了，譬如哄小孩般。這一意態，仍是他所說「天地不仁」、「聖人不仁」之冷靜意態。他是一精於打算的人，遂主張「無為」，他說：

聖人無為，故無敗。無執，故無失。民之從事，常於幾成而敗之。慎終如始，則無敗事。是以聖人欲不欲，不貴難得之貨。學不學，復眾人之所過。以輔萬物之自然而不敢為。六十四章

老子認為「無為」，可以長生，可以治國，可以用兵，可以交與國，取天下。可見老子思想，最自然，還是最功利的。最寬慈，還是最打算的。雖竭力主張尚法自然，尊道貴德，而求達於「天人合一」之境界。究竟他太精於打算了，似乎精細更勝過了博大。故莊子講「是非」，境界高。老子講「得失」，境界淺。此後黃老之學，變成權謀術數，陰險狠鷙，尤非老子之所及料。

三　易庸

以上講老子思想，提出一個「天人合一」，即人生界與宇宙界合一，文化界與自然界合一的一

種新觀點。此一問題，本是世界人類思想所必然要遭遇到的惟一最大主要問題。春秋時代人的思想，頗想把宇宙界暫時撇開，來專一解決人生界諸問題，如子產便是其代表。孔子思想，雖說承接春秋，但在其思想之內在深處，實有一個極深邃的天人合一觀之傾向，然只是引而不發。孟子性善論，可說已在天人交界處明顯地安上一接筍，但亦還只是從天過渡到人，依然偏重在人的一邊。莊子要把人重回歸到天，然又用力過重，故荀子說其「知有天而不知有人」。但荀子又把天與人斬截劃分得太分明了。老子始提出「人法地，地法天，天法道，道法自然」之明確口號，而在修身、治國、平天下一切人生界實際事物上，都有一套精密的想法。較之孟子是恢宏了，較之莊子是落實了，但較之孔子，則仍嫌其精明有餘，厚德不足。而且又偏重在自然，而放輕了人生文化之比重。《易傳》與《中庸》，則要彌補此缺憾。《中庸》說：

天命之謂性，率性之謂道，修道之謂教。

把自然扣緊在人性上，把道扣緊在人文教化上，這是把孟子來會通到莊老。《易傳》說：

昔者聖人之作易也，將以順性命之理。是以立天之道，曰陰與陽。立地之道，曰柔與剛。立人之道，曰仁與義。

這仍是把孔孟「仁義」來會通莊老之「天地」、「自然」。順性命之理，即是順自然。人道中之仁義，即是天道中之陽陰。地道中之剛柔，此即是道法自然。故曰：

觀變於陰陽而立卦，發揮於剛柔而生爻，和順於道德而理於義，窮理盡性以至於命。

此處特提「窮理」一觀念，極重要。《易傳》所謂「窮理盡性以至於命」，即孟子所謂「盡心以知性，盡性以知天」。即孔子所謂之「下學而上達」。

道家觀念重於「虛」，虛而後能合天。儒家則反身內求，天即在人之中，即就人文本位充實而圓滿之，便已達「天德」，便已順「天命」，更不必捨人求天。《易傳》之窮理盡性，亦即是《中庸》之致中和。《中庸》曰：

喜怒哀樂之未發，謂之中。發而皆中節，謂之和。中也者，天下之大本也。和也者，天下之達道也。致中和，天地位焉，萬物育焉。

「中」即是人之性，「致中和」即是盡性窮理。何以說「致中和即能天地位，萬物育」呢？《易傳》曰：「天地之大德曰生。」天地之生，在於有陰陽之分。人道之生，在於有夫婦之別。《中庸》曰：

君子之道，造端乎夫婦，及其至也，察乎天地。

夫婦之「合」本乎人性，而夫婦有「別」，又於別中見「和」。別生「敬」，和生「愛」。別生「義」，和生「仁」。夫婦之道，即是仁、義、愛、敬之道，此見「人道」即「天道」，人生界即是宇宙界。

《易傳》、《中庸》，一面認為人道本身就是天道，此義當溯源於孔、孟。但另一方面也常先從認識天道入手來規範人道，此法則襲諸莊、老。但莊老言天道，只就「現象」言，《易傳》、《中庸》則不肯就象言象，而要在現象中來籀繹出此現象所特具而顯著的「德性」，此一點，與莊老發生絕大歧異。《易傳》裡所注重的「法象」觀念，顯然淵源於老子，但有一極大不同點。老子只指出此現象之常對立、常反覆，僅就現象來描述現象。《易傳》則就此現象而指出其一種無休無歇、不息不已之性格，故曰：「天行健，君子以自強不息。」「健」乃天行之象之一種特性，一種本身內在固具之德。《中庸》也說：

至誠無息。不息則久，久則徵，徵則悠遠，悠遠則博厚，博厚則高明。博厚所以載物也，高明所以覆物也，悠久所以成物也。博厚配地，高明配天，悠久無疆。

《中庸》又於健行不息中說出一個「至誠」來。若非至誠，如何能健行不息呢？《易傳》指出此道之健，《中庸》則指出此至健之「道」之至誠之「德」。惟其至誠而健，故能不息。惟其不息，故能博厚、高明、悠久而成其為天地，成其為道。

我們若把西方的哲學觀點來衡量批評《莊》、《老》與《易》、《庸》，他們都是主張根據宇宙界來推及到人生界的。莊老宇宙論，可說是唯物的，他們對物的觀念，注重在其流動變化，是氣化的一元論。《易》、《庸》並不反對此觀點，只從天地萬物之流動變化中，指出其內在固有之一種性格與特徵，是「德性的一元論」。此種德性一元的觀點，為中國思想史中之特創。《易》、《庸》即運用此觀點來求人生界與宇宙界之合一，所謂「天人合一」。因此《易》、《庸》不失為儒家孔孟傳統，而終與莊老異趨。

莊老都認為宇宙間一切事象，全是對立的。《易傳》、《中庸》則不同，他們似認為一切對立，都不是截然的。在對立的兩極端之間，還有一段較寬較長的中間過程，此即儒家所謂「中道」。這一新觀點，也是莊老強調了宇宙事象是一切相對立的這一觀念之後，而始提出的。《易傳》說：

> 易之為書也，原始要終，以為質也。六爻相雜，惟其時物也。其初難知，其上易知，本末也。初辭擬之，卒成之終。若夫雜物撰德，辯是與非，則非其中爻不備。

此說人生界一切事理，主要的不在兩頭，而在其中段。我們須認識得此中間過程而應付得宜，始是本末始終，一以貫之。故說：「陰陽合德。」「天下之理得而成位乎其中矣。」《中庸》也說：

舜其大知也與！舜好問而好察邇言。隱惡而揚善，執其兩端，用其中於民，其斯以為舜乎！回之為人也，擇乎中庸，得一善，則拳拳服膺，而弗失之矣。

當知善不專在極端處，而在中庸處。好問好察邇言，便是舜之樂取於人以為善。擇乎中庸，並不是教人在兩極端上同樣打一折扣。所謂「中庸之道」，根本不認有截然兩端之對立，看若對立，而其間實有一相通相和之中性存在，故曰：

君子和而不流，強哉矯！中立而不倚，強哉矯。

「中」處即是其「和」處，即是此兩極端之交互通達而合一處。《中庸》說：「天地之大，人猶有所憾。」人若要站在一極端上，實無此極端可站。試問天地是否算得上至善？除卻像西方宗教裡的上帝是至善以外，便只有中庸之道可算得至善。因為中庸之道是「庸德之行，庸言之謹」。《中庸》又說：「君子之中庸也，君子而時中。小人之中庸也，小人而無忌憚也。」論是非，不是截然對立之兩敵體，但要在此渾然一體中，明辨是非，所以要博學、審問、慎思、明辨、篤行。惟天地間並無截然對立的是非，若使有，則在其終極處，所謂其初難知，其上易知。人類永遠在下學而上達，永遠在過程中。所以《易》卦終於「未濟」。若站在終極處，則天地滅絕，更無演進，更無變化。就理論上言，應求出此兩端。就實踐上論，則很難遇見此兩極端。所以說「執其兩端，用其中於民」。「用」即是實踐，在人世間的實踐，則既非上帝，也非魔鬼。善惡、是非之辨，往往是中間過程之相對，而非兩極之絕對。如是則理論與實踐，也便成為兩極端。我們仍須「執兩用中」，把「理論」與「實踐」之兩極端中和起來，一以貫之，這是儒家中庸的辯證法。這一番理論，較之莊老所言，又進了一步。其實《易》、《庸》思想，《論語》、《孟子》均已說及，只是引而未發，必得經過莊、老一逼，始逼出《易傳》與《中庸》來。

下卷

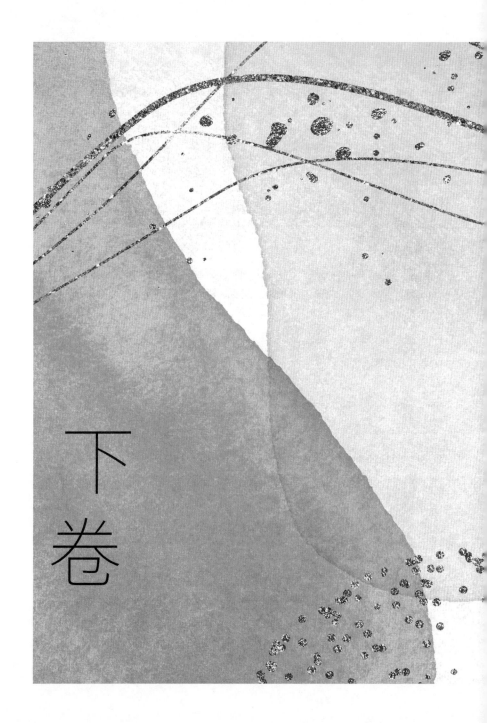

記魏晉玄學三宗

魏晉之際，玄學再興，言其派別，大率可分三宗。一曰王、何，二曰阮、嵇，三曰向、郭。之六家者，世期相接，談議相聞，而其思想遞嬗轉變之跡，乃如陂陀之逶迤，走於原隰，循勢所趨，每降愈下。頹波曲折，殊有可得而微論者。

一

王弼之學，原於荊州。時稱劉表之在荊州也，廣開雍泮，親行鄉射，設俎豆，陳罍彝，鴻生巨儒，朝夕講誨，雖洙、泗之間，學者所集，方之蔑如。深愍末學遠本離質，乃令諸儒改定五經章句，刪剗浮辭，芟除煩重，贊之者用力少，而探微知機者多。（嚴輯《全三國文》卷五十六〈劉鎮南碑〉）又謂其開立學官，博求儒士，使綦母闓、宋忠等撰定《五經章句》，謂之後定。（《三國志》裴〈注〉引《英雄記》）《隋書・經籍志》劉表有《周易章句》五卷，梁有宋忠注《周易》十卷。弼父業乃劉表外孫，則弼之《易》學，遠有端緒。其兼通《老子》，亦時風率然。荊州既儒雅所萃，而別駕劉先以好黃、老著。鍾會與王弼同時，其父鍾毓，即為《周易老子訓》。會稚年，四歲授《孝經》，七歲誦《論語》，八歲誦《詩》，十歲誦《尚書》，十一歲誦《易》，十二歲誦《春秋左氏傳》、《國語》，十三歲誦《周禮》、《禮記》，（《三國志・鍾會傳》裴〈注〉引會作其母傳）此可窺當時士族家教之一斑。然會之自稱，「涉獵眾書，特好《易》、《老子》」，即此可徵時尚。意弼之於會，學業塗轍，亦無大異。弼方弱冠，造吏部郎裴徽，徽問弼曰：「夫無者誠萬物之所資也，然聖人莫肯致言，而老子申之無已者何？」弼曰：

聖人體無，無又不可以訓，故不說也。老子是有者也，故恆言無，所不足。

然則當時固不許老子為聖人，此裴徽、王弼之所同也。特王弼說聖人，即以老子之所稱尚於無者說之，故曰「聖人體無，老子是有者，恆言無，乃其所不足」，是弼之視老子，固猶下於聖人一等矣。蓋弼之尊孔，乃是承續前傳，而內實宗老，則亦衰世風情之大趨，此其所以開啟後學也。弼既注《易》，又注《老》，殆謂《老子》義通《周易》，此其所尊，固猶在儒，而特以《老子》義通之，尚非背儒而尊老也。

《世說》注引《文章敘錄》，謂：「自儒者論以老子非聖人，絕禮棄學，何晏說與聖人同，著論行於世。」又引《魏氏春秋》云：「何晏善談《易》、《老》。」此亦進老子於儒門，意徑與王弼略似。《世說》云：「何晏注《老子》始成，詣王輔嗣，見王〈注〉精奇，乃曰：『若斯人可與論天人之際矣。』遂以所著為《道德論》。」是王、何二人論學宗旨相同也。《世說》又曰：「王弼未弱冠，往見晏，晏聞弼名，因條向者勝理，語弼曰：此理僕以為理極，可得復難否？弼便作難，一坐人便以為屈。」然《魏氏春秋》又云：「弼論道約美不如晏，然自然出拔過之。」則王、何在當時，固是並駕齊驅，一時瑜亮，不得謂晏之必屈於弼也。

《晉書・王衍傳》謂：「魏正始中，何晏、王弼等祖述老莊立論，以天地萬物皆以無為（按：此處疑衍一為字。）為本。無也者，開物成務，無往不存者也。陰陽恃以化生，萬物恃以成形，賢者恃以成德，不肖恃以免身。故無之為用，無爵而貴矣。」竊謂王、何之學，論其傳統大趨，則猶是儒學也。而兩人乃獨標無字以為天地萬物之本者，此緣兩漢以來，儒生言經籍，率羼以陰陽五行，謂天地萬物，皆本源於五天帝，五天帝遞相主令，而宇宙萬物燦然分別。東漢王充以下，此義遂成諍點。王、何援無說經，正以蕩滌漢儒陰陽讖緯之謬悠。至於後世流蕩不反，崇尚虛無，固不得盡以歸罪二人也。

孫盛之評王《易》曰：「易之為書，窮神知化。弼以附會之辨，而欲籠統玄旨，故其敘浮義則麗辭溢目，造陰陽則妙賾無閒，至於六爻變化，群象所效，日時歲月，五氣相推，弼皆刊落，多所不關。雖有可觀，恐將泥於大道。」（《三國志》裴〈注〉引）此乃孫氏猶守漢儒舊轍，故無契於弼之得意忘象，得象忘言，刊落蕪穢，直造淵微之深旨耳。

王弼既以天地萬物為原本於無，何晏申其說，創為聖人無喜怒哀樂論，鍾會等皆述之，而弼獨與不同。謂：

> 聖人茂於人者神明也，同於人者五情也。神明茂，故能體沖和以通無。五情同，故不能無哀樂以應物。然則聖人之情，應物而無累於物者也。今以其無累，便謂不復應物，失之多矣。《三國志‧鍾會傳》裴〈注〉引何劭為〈王弼傳〉

輔嗣此論，遙與北宋程伯子定性之旨扶同，則烏見其為獨祖老莊，背離儒統乎？

何晏魏之宗戚。幼有夙惠。七歲在魏宮，魏武奇愛之，欲以為子。晏畫地自處其中，人問之，曰：「何氏之廬也。」年壯仕進，心存魏室，死於曹爽之難，殆亦忠節之士。嘗著五言詩以言志，曰：

鴻鵠比翼遊，羣飛戲太清。常畏大網羅，憂禍一旦并。豈若集五湖，從流唼浮萍。永寧曠中懷，何為怵惕驚。

此猶阮嗣宗之〈詠懷〉矣。蓋在當時，如夏侯太初、何平叔，皆非不知禍難之方臨。其不能引身而退，亦自有難言者。乃為易世史臣之所誣蔑，宋葉正則、清錢大昕皆白其冤。（葉說見《習學記言》，錢說見《潛研堂集．何晏論》。）余考其學，蓋亦儒家之矩矱。晏所集《論語注》，本由五人同撰，孫邕、曹羲、荀顗、鄭沖與晏而五。邕學詣不詳，《通典》卷七十八僅存孫邕合朔有違錯一節，在其領太史令時。）羲爽之從弟，舊史於爽、晏多詆毀，獨於羲無貶辭。謂爽數與晏等縱酒作樂，羲深以為憂，數諫止之。又著書三篇，陳驕淫盈溢之致禍敗，辭旨甚切。不敢斥爽，託戒諸弟。今惜其文不傳。或羲自戒弟，而史臣曲謂之斥爽。其謂爽、晏數縱酒而羲數諫，亦未必盡可信。晏與羲既同撰《論語集解》，同道之朋，豈必一驕淫而一檢括？今羲文存者有〈至公論〉，（見嚴輯《全三國文》卷二十。）主厲清議以督俗，明是非以宣教。謂私情難統，至公易行。則其納交平叔，豈果比私之偶然哉？其申蔣濟叔嫂服議，與何晏難蔣濟叔嫂無服論（《全三國文》卷三十九）持義正反，要之皎然皆儒學傳統，則無疑也。顗彧子，佐命晉室，位至太尉。《晉書．顗傳》，稱其性至孝，與扶風王駿論仁孝孰先，又難鍾會《易》無互體，見稱於世。又云顗明三禮，知朝廷大儀。則顗亦守儒統者。何劭為〈荀粲傳〉，云粲諸兄並以儒術論議，而粲獨好言道。（見《三國志》注引。）亦顗為儒家之一證。史又稱顗無質直之操，惟阿意苟合於荀勗、賈充間，此顗之所得以成其為佐命之元老也。沖亦晉室佐命，史稱其清恬寡欲，耽玩經史，遂博究儒術，及百家之言。高貴鄉公講《尚書》，沖執經親授。證沖亦守儒業。史又稱沖以儒雅為德，蒞職無幹局之譽。又曰：「沖雖位階台輔，而不預世事。」此亦沖之得獲自全於易代之際者也。《論語集解》，由此五人同撰，知何晏在當時，亦自確然守儒者之業。其表諫齊王，謂「善為國者必先治其身，治其身者慎其所措。故為人君者，所與游必擇正人，所觀覽必察正象，放鄭聲而弗聽，遠佞人而弗近，然後邪心不生，而正道可弘」（《三國志・齊王芳紀》）。此豈非卓然儒家之正論乎？故知史臣誣辭，不盡可據。今觀《集解》所申，大抵樸樕有畔岸，亦未見其盡為離經違道之怪辭也。

《集解》集諸家善說，有不安者頗為改易，然不甚多，抑不知其果為晏一人之辭否？今考其釋性與天道，（〈公冶長〉：「夫子之文章可得而聞，夫子之言性與天道，不可得而聞。」）曰：

> 性者，人之所受以生者。天道者，元亨日新之道也。深微，故不得而聞也。

此以自然日新說天道，較之漢儒未為短劣。其釋知我者其天乎，（〈憲問〉）曰：

聖人與天地合其德，故曰唯天知己也。

其釋一貫，〈衛靈公〉曰：

善有元，事有會。天下殊途而同歸，百慮而一致。知其元，則眾善舉矣。故不待多學，一以知之也。

此與弼之注《易》，辭旨略同，殆晏自有取於弼也。其釋天命，釋大人，釋聖人之言，〈季氏〉曰：

順吉逆凶，天之命也。大人即聖人，與天地合其德者也。深遠不可易知，則聖人之言也。

其釋德不孤，〈里仁〉曰：

方以類聚，同志相求。

其釋利命與仁，〈子罕〉曰：

利者，義之和也。

凡此諸條，皆《集解》自下己意，而多引《易傳》，此證平叔、輔嗣，均主以《老子》通《周易》，即以《周易》闡儒義。所為祖述老莊，以天地萬物為原本於無者，其宏旨密意，正可於此覘之。又其釋不遷怒，（〈雍也〉）曰：

凡人任情，喜怒違理。顏淵任道，怒不過分，怒當其理，不移易也。

平叔初主聖人無喜怒哀樂，此殆聞輔嗣陳論勝己，故乃改而從之也。至其釋學如不及，（〈泰伯〉）曰：

學自外入，至熟乃可長久。

此頗近嵇康〈難張遼叔自然好學論〉。然曰至熟乃可長久，則顯循儒統，異乎老氏之絕學無憂。其釋志道據德，（〈述而〉）曰：

道不可體，故志之。德有成形，故可據。

其釋回也屢空（〈先進〉）引一說曰：

空猶虛中。

此等皆以莊老說儒書。然自《易》、《庸》以來，儒道相引，淵源固已有自。即下逮宋儒，言若此類，猶復不少。固不足以摘此疵病，必謂其離逆儒門也。

二

阮籍、嵇康之學，則頗與王、何異趣。輔嗣注《易》，平叔解《論語》，皆顯遵儒轍。阮、嵇則菲薄經籍，直談莊老，此一異也。王、何喜援《老子》，少及莊周。阮、嵇則莊老並稱，而莊周尤所尊尚。此二異也。故嗣宗為〈達莊論〉，(嚴輯《全三國文》卷四十五) 深笑縉紳之徒，誦乎六經之教，習乎吾儒之跡者，而曰：

彼六經之言，分處之教也。莊周之云，致意之辭也。

然嗣宗尚有〈通易論〉、〈樂論〉，其於六籍儒學，雖意存軒輊，固未割絕鄙棄。而叔夜尤激蕩，乃曰：

每非湯武而薄周孔。

又曰：

少加孤露，母兄見驕，不涉經學，又讀莊老，重增其放。

又曰：

老子莊周，是吾師也。〈與山巨源絕交書〉

既尊奉莊老，而又明斥儒籍。又曰：

甯如老聃之清靜微妙，守玄抱一乎？將如莊周之齊物變化，洞達而放逸乎。〈卜疑〉，見嚴輯《全三國文》卷四十七。

見當時於老子、莊周，亦尚分別而觀，而嵇、阮意徑，則甯於莊周為尤近。此皆其與王、何之所為異趣也。

向秀、郭象繼起，始以注《莊》名家。向秀有《莊子隱解》廿卷，郭象有《莊子注》三十三卷，回視輔嗣注《易》，平叔解《論語》，軌趣顯殊矣。然向、郭之與嵇、阮，其間亦有辨。向之解《莊》，其書已逸，大體當與郭旨相近。今秀集有〈難嵇叔夜養生論〉一篇，（嚴輯《全晉文》卷七十二）頗可窺嵇、向兩家之異趣。向曰：

人受形於造化，與萬物並存，有生之最靈者也。異於草木，殊於鳥獸。有動以接物，有智以自輔。若閉而默之，則與無智同，何貴於有智哉？有生則有情，稱情則自然。若絕而外之，則與無生同，何貴於有生哉？且夫嗜欲，好榮惡辱，好逸惡勞，皆生於自然。夫天地之大德曰生，聖人之大寶曰位，崇高莫大於富貴，富貴，天地之情也，皆先王所重，關之自然，不得相外。或覩富貴之過，因懼而背之，是猶見食之有噎，因終身不餐耳。夫人含五行而生，口思五味，目思五色，感而思室，飢而求食，自然之理也。但當節之以禮耳。今五色雖陳，目不敢視，五味雖存，口不得嘗，以言爭而獲勝則可，焉有勺藥為荼蓼，西施為嫫母，忽而不欲哉？苟心識可欲而不得從，性氣困於防閑，情志鬱而不通，而言養之以和，未之聞也。聖人窮理盡性，宜享遐期，而堯舜禹湯文武周孔，上獲百年，下者七十，豈復疏於導養耶？顧天命有限，非物所加耳。且生之為樂，以恩愛相接，天理人倫，燕婉娛心，榮華悅志，服饗滋味，以宣五情，納御聲色，以達性氣，此天理之自然，人之所宜，三王所不易也。今若舍聖軌而恃區種，離親棄懽，約己苦心，欲積塵露以望山海，恐此功在身後，實不可冀也。背情失性，不本天理，長生且猶無懽，況以短生守之邪！

向之言如此。是蓋以順世隨俗為自然也。秀《別傳》稱其「進止無固必，而造事營生業，亦不異常」，則其為人居可知。至於阮、嵇，則非超世絕俗，意終不快，亦絕不即認為自然，此其軌趣之所由相懸隔也。

惟其以超世絕俗者為自然，故嵇、阮之所想像而追求者，常見為奔放騰踔，不可羈制。阮之言曰：

弘修淵邈者，非近力所能究。靈變神化者，非局器所能察。鸞鳳凌雲漢以舞翼，鳩鷃悅蓬林以翱翔。螭浮八濱以濯鱗，鼈娛行潦而羣逝。用情各從其好，以取樂焉。夫人之立節，將舒網以籠世，豈樽樽以入網？方開模以範俗，何暇毀質以適檢？若良運未協，神機無準，則騰精抗志，邈世高超。觀君子之趨，欲銜傾城之金，求百錢之售。制造天之禮，擬膚寸之檢。勞玉躬以役物，守腜穢以自畢。沈牛跡之浥薄，愠河漢之無根。其陋可愧，其事可悲。〈答伏義書〉，《全三國文》卷四十五為《大人先生傳》，謂：

先生以為中區之在天下，曾不若蠅蚊之著帷，故終不以為事，而極意乎異方奇域。

曰：

大人者，乃與造物同體，天地並生。逍遙浮世，與道俱成。變化散聚，不常其形。天地制域於內，而浮明開達於外。天地之永，固非世俗之所及。且汝獨不見夫虱之處褌中乎？深縫匿乎壞絮，自以為吉宅也。行不敢離縫際，動不敢出褌襠，自以為得繩墨也。飢則嚙人，自以為無窮食也。然炎斤火流，焦邑滅都，羣虱死於褌中而不能出。汝君子之處中區之內，亦何異夫虱之處褌中乎？

然則如向子期之所云，豈不正乃為群虱處褌中者申辯！嗣宗又言曰：

昔者天地開闢，萬物並生。大者恬其性，細者靜其形。陰藏其氣，陽發其精。各從其命，以度相守。蓋無君而庶物定，無臣而萬事理，保身修性，不違其紀。今造音以亂聲，作色以詭形，外易其貌，內隱其情，懷欲以求多，詐偽以要名，君立而虐興，臣設而賊生。坐

> 制禮法，束縛下民，欺愚誑拙，藏智自神。強者睽眠而凌暴，弱者憔悴而事人。假廉而成貪，內險而外仁。罪至不悔過，幸遇則自矜。夫無貴則賤者不怨，無富則貧者不爭。

則又烏睹所謂崇高莫大乎富貴耶！

故曰：

> 汝君子之禮法，誠天下殘賊亂危死亡之術耳，而乃目以為美行不易之道，不亦過乎？吾將抗志顯高，遂終於斯，禽生而獸死，埋形而遺骨，不復反余之生乎？

故曰：

> 必超世而絕羣，遺俗而獨往，登乎太始之前，覽乎忽漠之初。慮周流於無外，志浩蕩而遂舒。細行不足以為毀，聖賢不足以為譽。

此則嗣宗之所志存也。

嗣宗志氣橫軼，而叔夜則思理周至。二人者，性趣不同，然其以超世脫俗為蘄向則一也。叔夜之言曰：

所以貴知而尚動者，以其能益生而厚身也。然欲動則悔吝生，知行則前識立。二者，不藏之於內而接於外，祗足以災身，非所以厚生也。夫嗜欲雖出於人，而非道之正，猶木之有蝎，雖木之所生，而非木之宜也。

又曰：

富與貴，是人之所欲者，蓋為季世，未能外榮華而安貧賤，且抑使由其道而不爭，不可令其力爭，故許其心競。此俗談耳，不言至人當貪富貴也。夫不慮而欲，性之動也。識而後感，智之用也。性動者，遇物而當，足則無餘。智用者，從感而求，勤而不已。故世之所患，禍之所由，常在於智用，不在於性動。君子識智以無恆傷生，欲以逐物害性，故智用則收之以恬，性動則糾之以和。使智止於恬，性足於和，然後神以默醇，體以和成，去累除害，與彼更生。性氣自和，則無所困於防閑，情志自平，則無鬱而不通。今上以周孔為關鍵，畢志一誠，下以嗜欲為鞭策，欲罷不能，馳驟於世教之內，爭巧於榮辱之間，以多同自滅，思不出位，使奇事絕於所見，妙理斷於常論，以言變通達微，未之聞也。〈答向子期難養生論〉

凡此皆叔夜之所以答向難。叔夜思理精密，其所持辨，頗足為道家別闢新囿。蓋嗣宗之於莊周，得其神情之縱放，叔夜則得其文理之密察。叔夜之於道家，可謂能從事於科學之推闡，嗣宗則文學之歌詠也。叔夜養生之論，蓋自東漢晚季神仙方術既衰，而期重賦之以科學理論之根據者。故叔夜之言曰：

> 推類辨物，當先求之自然之理。理已定，然後借古義以明之耳。今未得之於心，而多恃前言以為談證，自此以往，恐巧歷不能紀。〈聲無哀樂論〉

叔夜之意，蓋主於觀大化之自然，悟妙理於方新，而不樂於古經典效墨守。故其〈難張遼叔自然好學論〉，謂：

> 六經以抑引為主，人性以從容為懽。抑引則違其願，從容則得自然。自然之得，不由抑引之六經，全性之本，不須犯情之禮律。

又曰：

> 今子立六經以為準，仰仁義以為主，以規矩為軒駕，以講誨為哺乳，由其途則通，乖其路

則滯，遊心極視，不覩其外，終年馳騁，思不出位。

此乃叔夜之所深誚也。故曰：

以多自證，以同自慰，謂天地之理，盡此而已。〈養生論〉

蓋循俗之與尊古，事若異而情則一。叔夜所謂思不出位，嗣宗所譏若群虱之處裩中，皆不能擺脫羈靳以赴新趨。嵇、阮雖一騁想像，一精思辨，性氣互異，然其於世俗從同之境，莫不思衝決網羅，奮迅翱翔以為快。此等意境，實為得莊周逍遙之真髓，而顯然與周孔儒統，拘拘然求自靖自獻於人間世者有辨。此則嵇、阮之所以有異於王、何，而亦向、郭之所以復異於嵇、阮也。

三

向秀解《莊》，書今不傳。然郭〈注〉俱在，尋其大意所宗，率不離向秀之難嵇康者近是。當時謂象竊秀〈注〉為己有，此殆未必直鈔其文字，義解從同，即謂之竊矣。故《晉書》謂「今有向郭二書，其義一也。」今讀郭〈注〉，頗多破莊義以就己說者。而其說乃頗有似於向秀之難嵇康。則郭之竊向，其獄自定矣。如〈逍遙遊〉莊生寄趣在鯤鵬，嵇康所謂：

方將觀大鵬於南溟，又何憂於人間之委曲也。〈卜疑〉

而象反其意，謂：

小大雖殊，而放於自得之場，則物任其性，事稱其能，各當其分，逍遙一也。豈容勝負於其間哉？

又曰：

莊子之大意，在乎逍遙遊放，無為而自得，故極小大之致，以明性分之適。達觀之士，宜要其會歸，而遺其所寄，不足事事曲與生說。

彼不悟蜩與學鳩之決起而飛，槍榆、枋而不至，則控於地而已者，豈果亦有當於莊生之所謂逍遙者耶。故莊生特稱藐姑射之神人，以鄙薄堯、舜之為治，而郭〈注〉又故反之。謂：

此皆寄言耳。夫神人即今所謂聖人也。聖人雖在廟堂之上，然其心無異於山林之中，世豈識之哉？徒見其戴黃屋，佩玉璽，便謂足以纓紼其心矣。見其歷山川，同民事，便謂足以憔悴其神矣。豈知至至者之不虧哉？

此即向子期所謂崇高莫大乎富貴，此皆先王所重，關之自然，不得相外也。在莊周則放之惟恐不曠，在向、郭則斂之惟恐不促。在莊周則颺之惟恐不遠，在向、郭則牽之惟恐不邇。向秀〈思舊賦〉謂：「嵇康呂安，其人並有不羈之才，然嵇意遠而疏，呂心曠而放，其後各以事見法。」向蓋懲於嵇呂之疏放，乃轉而為平近。蓋嵇、阮亦激於平叔、太玄之無妄罹難，而亟思高飛遠颺。叔夜有言：

危邦不入，所以避亂政之害。〈難張遼叔宅無吉凶攝生論〉

又曰：

阮嗣宗口不論人過，吾每師之而未能及。至性過人！與物無傷，惟飲酒過差耳，至為禮法之士所繩，疾之如讎，幸賴大將軍保持之耳。吾不如嗣宗之資，而有慢弛之闕，久與事接，疵釁日興，雖欲無患，其可得乎。〈與山巨源絕交書〉

則彼之思長林而志豐草，夫豈得已！《別傳》稱其〈與山巨源絕交書〉，「亦欲標不屈之節，以杜舉者之口」。又《世說》：王戎稱之，曰：「與嵇康居二十年，未嘗見其喜慍之色。」《別傳》稱之為「方中之美範，人倫之勝業」。斯其謹慎自守，凜慄自保，亦云至矣。而猶罹殺身之禍。向秀則又鑑於叔夜仲悌之無罪嬰禍，而復顧回就樊籠，以冀自免也。魏晉之際，學術思想之轉變，固莫不與朝局相影響。其情可憫，其志可悲。若至郭象，任職當權，薰灼內外，當時即為素論所非，是又不得與前數子者並。蓋自向秀之所論，頹波逶迤，必自達於如郭氏之所為，是亦不足深怪也。

史稱向秀隨計入洛，文帝問曰：「聞子有箕山之志，何以在此？」秀曰：

以為巢許狷介之士，未達堯心，豈足多慕？

帝甚悅。考《世說》注：鍾會之廷論嵇康，曰：「今皇道開明，四海風靡，而康上不從天子，下不事王侯。輕時傲世，不為物用。無益於今，有敗於俗。不誅康，無以清潔王道。」叔夜遂以見誅。方鍾會之訪嵇，正在大樹下鍛，向秀為之佐鼓排。嵇既見誅，則向秀之對晉文，其情宛然矣。

今郭注〈逍遙遊〉堯讓天下於許由一節謂：

治之由乎不治，為之出乎無為也，取於堯而足，豈借之許由哉？若謂拱默乎山林之中，而後得稱無為者，此莊老之說，所以見棄於當塗，當塗者自必於有為之域而不反者，斯之由也。

又曰：

若獨亢然立乎高山之頂，守一家之偏尚，此故俗中之一物，而為堯之外臣耳。

向、郭之言若此，無怪當時在朝當塗者亦群慕莊老矣。此固向、郭之功也。史稱「向為隱解，發明奇趣，振起玄風，讀之者超然心悟，莫不自足一時」。又云：「王衍每云，聽郭象語，如懸河瀉水，往而不竭。」王夷甫之徒，固當深賞向、郭之論。故曰：「聖人忘情，最下不及情，情之所鍾，正在我輩。」雖位居宰輔之重，而心不以經國為念，惟思自全。其見石勒，則曰少不豫事，意求自免，因勸勒稱尊號。蓋此輩皆以巢許自況，而混跡廊廟，則宜乎其聞向、郭之論，而釋然皆有以自足。此正如嵇含所譏：「借玄虛以助溺，引道德以自獎，戶詠恬曠之辭，家畫老莊之象。」又曰「畫真人於刻桷之室，載退士於進趣之堂，可謂託非其所」者也。王戎嘗經黃公酒壚下過，顧謂後車客曰：「吾昔與嵇叔夜、阮嗣宗酣暢於此，竹林之遊，亦預其末。自嵇、阮云亡，吾便為時之所羈紲，今日視之雖近，邈若山河。」以向、郭上擬嵇、阮，真所謂視之雖近，邈若山河矣。王衍問阮修老莊聖教同異，對曰，「將無同」。衍大善，辟為掾，世謂之三語掾。昔王弼、何晏，以《老子》書上通儒術，今王衍之徒，乃以儒術下同老莊，推波助瀾，凡以獎借而助成之者，則向、郭也。

向、郭解莊義既大行，及於東晉，乃始有糾其失者，則為方外之佛徒。《世說》載「莊子〈逍遙篇〉，舊是難處，諸名賢所可鑽味，而不能拔理於郭、向之外。支道林在白馬寺中，將馮太常共語。因及逍遙，卓然標新理於二家之表，立異義於眾賢之外，皆是諸名賢尋味之所不得。後遂用支理」。劉孝標〈注〉引向、郭逍遙義曰：

夫大鵬之上九萬，尺鷃之起榆枋，小大雖差，各任其性。苟當其分，逍遙一也。然物之芸芸，同資有待，得其所待，然後逍遙耳。惟聖人與物冥而循大變，為能無待而常通。豈獨自通而已，又從有待者而不失其所待，不失則同於大通矣。

支氏〈逍遙論〉曰：

夫逍遙者，明至人之心也。莊生建言大道，而寄指鵬鷃。鵬以營生之路曠，故失適於體外。鷃以在近而笑遠，有矜伐於心內。至人乘天正而高興，遊無窮於放浪，物物而不物於物，則遙然不我得。玄感不為，不疾而速，則逍然靡不適。此所以為逍遙也。若夫有欲當其所足，足於所足，快然有似天真，猶飢者一飽，渴者一盈，豈忘蒸嘗於糗糧，絕觴爵於醪醴哉？苟非至足，豈所以逍遙乎？

劉氏曰：「此向、郭之注所未盡。」蓋支遁之所異於向、郭者，向、郭言無待，而支遁則言至足。至足本於無欲，欲無欲，則當上追嵇、阮，以超世絕俗為尚。而向、郭以來清談諸賢，則浮湛富貴之鄉，皆支遁所謂有欲而當其所足，快乎有似乎天真也。遊心不曠，故遂謂尺鷃、大鵬各任其性，一皆逍遙矣。及聞夫支氏之論，遂不得不謂其卓然標新理於二家之表。《世說》：王坦之不為林公所知，乃為沙門不得為高士論，大略云：「高士必在於縱心調暢，沙門雖云俗外，反更束於教，非情性自得之謂也。」蓋當時名士所謂情性自得者，其內心不忘俗，淺薄率如是。然亦有僧徒趨附名士，曲說阿俗者。《世說》：愍度道人始欲過江，與一傖道人為侶，謀曰：「用舊義、在江東，恐不辦得食。」便共立心無義。既而此道人不成渡，愍度果講義積年。後有傖人來，先道人寄語云：「為我致意愍度，無義那可立？治此權計救飢耳，無為遂負如來也。」此亦可證真佛學與當時名士談趣實不能同，而亦藉可見向、郭以來所謂當時諸賢內心之所存矣。自此以往，莊老玄理，遂不得不讓位於西來之佛法。此其異同，固不在莊老與佛法間，乃在於向、郭以來諸賢之說莊老者，至是已不復足以饜切人心也。

王弼郭象注易老莊用理字條錄

一

昔程伊川有性即理也之語，朱晦菴承之，乃謂天即理。《論語》獲罪於天，《集注》亦解作獲罪於理，大為清儒所譏。陸、王改主心即理。要其重視理字，則程、朱、陸、王無大別。故宋學亦稱理學。然考先秦古籍理字，多作分理、條理、文理解，亦或作治理言，實未嘗賦有一種玄遠的抽象觀念，有形上學之涵義，如宋儒所云云也。清儒戴東原《孟子字義疏證》，辨此甚詳盡。《孟子．告子上篇》：

心之所同然者，何也？謂理也，義也。聖人先得我心之所同然耳。故理義之悅我心，猶芻豢之悅我口。

戴氏之說曰：

六經孔孟之言，以及傳記羣籍，理字不多見。孟子舉理以見心能區分，舉義以見心能裁斷。明理，明其區分也。精義，精其裁斷也。自宋以來，始相習成俗，理為如有物焉，得於天而具於心，因以心之意見當之。

此戴氏謂理字在中國思想界，賦與以一種形上學之最高抽象涵義，其事實始於宋人也。竊謂戴氏之說是已，然其間實有一段甚長之演變，固亦非直至宋儒，乃始重視此理字。且宋儒所提此理字之涵義，亦非前無所承，全由特創也。

竊謂理字觀念之重要提出，其事實始於道家。莊子與孟子同時，其書亦曾用理字。〈養生主〉有曰：

官知止而神欲行。依乎天理，因其固然。

天理二字，始見於此。韓非曰：「理者，成物之文。」成玄英〈疏〉：「天理，天然之腠理。」《莊子》書重論自然，喜言萬物，故其書中用理字，雖僅此一見，而後起治道家言者，不期而多用理字，如《莊子》〈外〉、〈雜〉篇，及《呂覽》、《韓非》、《淮南》皆是，此一宗也。

其又一宗為晚出之儒家，亦由會通道家義，而屢用此理字，如荀卿、《易傳》、《小戴記》皆是，此為又一宗。荀卿〈非相篇〉有曰：

> 類不悖，雖久同理。

此實為先秦諸子言理字之最扼要者。蓋言及理字，必偏主於事物，事物有類可分，乃始有理可指也。清儒焦循說之曰：「理者，分也。各有分焉，即各有宜也。」物理通於事理則曰宜。事之宜不宜，亦由分類而見。《老子》書始提象字，象即今語之抽象，此即荀卿分類之說之所由承也。故荀卿書亦屢言象字，此皆其思想遞嬗痕跡之可見者。

《易．說卦傳》有曰：

> 聖人之作易也，將以順性命之理。

又曰：

和順於道德而理於義，窮理盡性以至於命。

〈說卦傳〉亦後出書。道德連文始老子，和順二字，為莊老所愛用，而儒家襲取之，故荀卿及《小戴禮》皆多用和順字。性命之理，則亦謂人與萬物所稟受之天性，各有其分理可尋也。

《小戴禮‧樂記篇》有曰：

樂也者，情之不可變者也。禮也者，理之不可易者也。

鄭玄〈注〉：

理，猶事也。

今按：〈樂記篇〉又謂：「樂由中出，禮自外作。」又曰：「樂者為同，禮者為異。」蓋謂出於中者為同，作於外者為異也。作於外乃就事物言，故曰：「萬物之理，各以類相動。」蓋物各有分，斯即物各有理也。其分各可歸類，以類相動，則理見於事矣。鄭〈注〉「理，猶事也」，實為後人理事對言一觀念之始起也。

〈樂記篇〉又曰：

人生而靜，天之性也。感於物而動，性之欲也。物至知知，然後好惡形焉。好惡無節於內，知誘於外，不能反躬，天理滅矣。夫物之感人無窮，而人之好惡無節，則是物至而人化物也。人化物也者，滅天理而窮人欲者也。

鄭玄〈注〉：

理，猶性也。

蓋人之性亦分賦自天，故人性亦有其自然之分限，此種自然之分限，即所謂天理也。若人不能反躬自節，而外騖物欲以求窮極，則越乎其所賦之分限，而天理滅矣。滅天理，即謂違失其性，故鄭氏以性注理，此又為後人性、理兩字互釋之原本也。

又按：《荀子．正名篇》：

志輕理而不重物者，無之有也。

上引〈樂記〉語，似實本此。重物即是窮人欲也。荀子又曰：

禮義文理，所以養情也。

又曰：

> 心之所可中理，欲雖多，奚傷於治？心之所可失理，欲雖寡，奚止於亂。

荀子特以理、欲對文，而〈樂記〉增成之為天理人欲。蓋理見於外，故曰天。欲起於中，故曰人。荀子之所謂中理，即《中庸》之所謂中節也。喜怒哀樂發而皆中節，即荀子所謂情得其養也。故《中庸》雖不言理字，而實與《荀子・樂記》大義相通也。

至西漢董仲舒《春秋繁露・同類相動篇》有曰：

> 氣同則會，聲比則應，非有神，其數然也。明於此者，欲致雨則動陰以起陰，欲止雨則動陽以起陽。故致雨非神也。而疑於神者，其理微妙也。相動無形，則謂之自然。其實非自然也，有使之然者也。

此又以理、數互言。蓋理見於分，分之最易見者莫若數，故理之最易徵而知者，亦莫明於數也。仲舒始以數理觀念代替先秦道家之自然觀念，謂宇宙間一切事象物質之變化，其背後皆有一種數與理之作用引生而推動之。蓋凡事物之同類者，積至於某程度，某數量，即可引起某種變化，此乃自然之理，實即一種使之然之理也。仲舒此說，蓋由荀卿類不悖雖久同理之觀念引衍而出。仲舒之所謂使之然之理，亦即鄭玄之所謂事理與性理也。故可謂理字之觀念，至漢儒而又有新發展。而此種新觀念之展出，大體實仍自道家思想之系統下引衍而來，此亦甚為顯白也。

惟特別重視此理字，一再提出，以解說天地間一切自然之變化，而成為思想上重要之一觀念，則其事當始於魏晉間之王弼與郭象。弼注《周易》與《老子》，象注《莊子》，乃始時時提出此理字，處處添入理字以解說此三書之義蘊。於是遂若缺此一字，天地間一切變化，皆將有無從解說之苦。此一理的觀念之鄭重提出，若謂於中國思想史上有大功績，則王、郭兩家當為其元勳。亦不得謂宋儒絕不受王、郭之影響。此下特就弼注《老》、《易》，象注《莊子》，遇其以理字為說者，為之逐條錄存，以證吾說，此實為治中國思想史者一重要大題目也。

二

王弼注《易》，括其大義於《周易略例》，首〈明象〉，即謂「物无妄然，必由其理」。又曰「統之有宗，會之有元」，此即一切統會之於理也。物不妄然，必由理而然，此即董仲舒理使之然之說也。故其注文，常多特增理字。如〈乾卦〉，「乾元用九，天下治也」，〈注〉：

能全用剛直，放遠善柔，非天下至理，未之能也。……夫識物之動，則其所以然之理，實皆可知也。

此謂天下一切物之動，皆有其所以然之理。而統其宗會其元者，則為至理也。又〈坤卦〉「六五，黃裳元吉」，〈注〉：

體无剛健，而能極物之情，通理者也。以柔順之德，處於盛位，任夫文理者也。

此以理為文理，又稱極物之情，故能通理，戴東原《孟子字義疏證》說理字，都如弼此注。又〈訟卦〉「九四，復即命，渝安貞，吉」，〈注〉：

若能反從本理，變前之命，安貞不犯，不失其道，為仁由己，故吉從之。

此謂一切事有本理，即固然之理也。此理字地位，已超命字上。不僅孔、孟重視命，即莊周〈內篇〉亦重視命，此後宋儒始以天理觀念代替天命觀念，弼之此注，已啟其端。又〈豫卦〉「六二，介於石，不終日，貞吉」，〈注〉：

明禍福之所生，故不苟說。辯必然之理，故不改其操，介如石焉，不終日明矣。

此謂理有必然也。所以然之理，本然之理，與必然之理，為理字涵義三大綱，王弼均已舉出。皆承董仲舒使之然之理以為言也。而就其統宗會元者言，則為至理。此後宋儒言理，亦無逃此範圍矣。又〈噬嗑卦〉「九四，噬乾胏，得金矢，利艱貞，吉」，〈注〉：

噬乾胏而得剛直，可以利於艱貞之吉，未足以盡通理之道也。

此所謂通理之道，即上所謂極物之情也。理相通，故得統宗會元而尋其至理也。又〈睽卦〉，「睽，君子以同而異」，〈注〉：

同於通理，異於職事。

此條最當注意。厥後以理、事對立，唐代華嚴宗最暢其旨，而語實本此。鄭玄注《禮》，謂「理，猶事」，蓋不能如弼之此注之暢析也。何以謂同於通理，此即《略例》所謂統之有宗，會之有元，既天下事皆統會於一理，則眾理自通，不得不同。按《周易》本文，「天地睽而其事同也，男女睽而其志通也，萬物睽而其事類也」，則所同者在事，所通者在志，而弼〈注〉則謂事由分職而異，理由共通而同，其越出正文，自闢新解，豈不甚顯。又〈解卦・初六・象傳〉，「剛柔之際，義无咎也」，注：

或有過咎，非其理也。義猶理也。

今按：義就行事者之立場言，理就事之本身言。故義可說為無咎，理則無所謂無咎也。弼之此解，顯非《易》文原義，此與朱子解獲罪於天作獲罪於理，更何異乎？又〈夬卦．初九．象傳〉，「不勝而往，咎也」，〈注〉：

不勝之理，在往前也。

今按：《易》文本義，謂事不可勝而往為咎，弼轉增理字釋之，謂不勝之理，在於往前，此亦清儒所譏增字詁經之一例也。又〈豐卦．象傳〉，「雷電皆至，豐，君子以折獄致刑」，〈注〉：

文明以動，不失情理也。

按：王弼言理，或以事、理對舉，或以情、理連稱，其《周易略例》首〈明象〉，即專言理，次〈明爻通變〉，即專言情。一切人事，情理二字足以盡之，此弼注《易》之大旨。清儒戴震、焦循頗喜言情理，章學誠則轉言事理，其實弼之注《易》，已兼舉之。若就《周易》上下經本文論，惟「黃中通理」語一見理字，而弼〈注〉用理字如上舉，凡九處。蓋古人注書，非盡隨文訓詁。亦有特創新解，越出所注本書範圍，而卓然自成一家言者。弼之注《易》，亦可謂是弼之一家言也。

三

又按皇侃《論語集解義疏》引王弼〈注〉，雖隻鱗片爪，亦時見理字，茲舉其要者。〈里仁〉吾道一以貫之章，弼曰：

貫猶統也。夫事有歸，理有會。故得其歸，事雖殷大，可以一名舉。總其會，理雖博，可以至約窮也。

此注與《周易略例．明象》所謂統之有宗，會之有元，顯然異語相足。會之有元，即指理之可會通歸一也。《論語》本言道，而弼〈注〉轉言理。大率言之，唐以前人多言道，宋以後人多言理，以理的觀念代替出道的觀念，此在中國思想史上為一大轉變。王弼可謂是此一轉變之關捩也。弼又曰：

忠者，情之盡也。恕者，反情以同物者也。未有反諸其身而不得物之情。未有能全其恕而不盡理之極也。能盡理極，則無物不統。極不可二，故謂之一也。

理極無二，即為後來竺道生頓悟義所本，亦即猶宋儒濂溪之言太極也。故王弼言理，既為釋家闢路，亦為宋儒開先。而清儒戴、焦言理，則尤與弼之此條意近。

又〈述而〉子溫而厲，威而不猛，恭而安章，王弼曰：

溫者不厲，厲者不溫。威者不猛，猛者不威。恭則不安，安者不恭，此對反之常也。若夫溫而能厲，威而不猛，恭而能安，斯不可名之理全矣。故至和之調，五味不形。大成之樂，五聲不分。中和備質，五材無名也。

今按：此條尤見弼之援《老》釋孔，匯通儒道之深致。老子曰：「道可道，非常道。名可名，非常名。」因凡可名者皆有對反，苟有對反，則非大通。故大道必無名，以其會歸合一，更無對反也。自漢以下，漸以理字代道字。此一轉變，至弼而大定。魏晉間人好言名理，即猶老子言名與道也。理極無二，即猶老子以一說道也。會歸合一，始為大道，始是至理，而遂不可復名矣。弼此條又以中和釋至理，此後釋家及宋儒，遂群尊《中庸》，亦可謂由弼啟之也。

又子罕大哉孔子，博學無所成名章，王弼曰：

譬猶和樂，出乎八音乎，然八音非其名也。

此亦以《老子》書之無名，釋《論語》之無名也。古人言理皆主其分，弼之言理更主其和。會通合一則和矣。和則更無物物之分，將惟見其為一理也。然則晦翁之以天釋理，豈不與弼之說有相似乎？

又〈陽貨〉性相近習相遠章，王弼曰：

不性其情，焉能久行其正，此是情之正也。若心好流蕩失真，此是情之邪也。若以情近性，故云性其情。情近性者何，妨是有欲，若逐欲遷，故云遠也。若欲而不遷，故曰近。但近性者正，而即性非正。雖即性非正，而能使之正。譬如近火者熱，而即火非熱。雖即火非熱，而能使之熱。能使之熱者何，氣也，熱也。能使之正者何，儀也，靜也。

今按：弼之此條，謂即性非正，而能使之正。即火非熱，而能使之熱。此其意，殆已隱涵一種體用觀念之分別，特未明白剖言之耳。蓋火即體也，熱即用也。弼又言性使之然，此猶言理使之然也。則言理事即猶言體用，此皆在魏晉當時人觀念中已露其端倪，而特未能如後人之剖劃透澈耳。又弼曰，能使之熱者氣，則在魏晉人觀念中，顯尚不如朱子時之理、氣兩分，嚴明剖別，而轉陷於以死人騎活馬之譏。然則言辯之演進，亦有愈後愈精而轉失之者，此亦治思想史者所應知也。

四

弼之注《老子》，亦多平添理字以為說者。如其注「人之所教，我亦教之」云：

> 我之教，非強使人從之也，而用夫自然，舉其至理，順之必吉，違之必凶。故人相教違之，自取其凶也。

此條不用大道字，而用至理字。《老子》書明言道，弼注必改言理，此正弼注之越出原書而自有其貢獻之所在也。又理與自然並舉，即為自然之理。莊老言自然，而弼注改用理字，其事可謂始於董仲舒，然不得不謂其至於王弼，而此一觀念始臻顯白也。又如注「不出戶，知天下，不窺牖，見天道」云：

> 事有宗而物有主，途雖殊而同歸也，慮雖百而致一也。道有大常，理有大致，執古之道，可以御今，雖處於今，可以知古始，故不出戶窺牖而可知也。

常、道字為《老子》書所固有，理字為弼〈注〉所新增。殊途同歸，慮百一致，此弼援《易》注《老》也。宋儒晁說之謂：「弼本深於《老子》，而《易》則末矣。其於《易》，多假諸《老子》之旨，而《老子》無資於《易》者，其有餘不足之跡斷可見」。今按晁之此說，似猶不知弼之注《老》，乃亦假諸其《周易略例》之所得也。以余觀之，弼之注《周易》，其功尚遠出於其注《老子》之上。晁氏曰：「嗚呼！學其難哉！」則誠矣其難矣。又如其注「聖人不行而知，不見而名」云：

> 得物之致，故雖不行而慮可知也。識物之宗，故雖不見而是非之理可得而名也。

然則弼之言理，有所以然之理，有本然之理，有必然之理，有是非之理，此皆越出《老子》本書以為說也。《呂覽・離謂篇》：「理也者，是非之宗也。」此為弼言是非之理之所本。

又按：《老子》五千言無理字，而弼〈注〉平添理字為說者如上舉，觀其注《周易》注《老子》，即知其對於理的一觀念之重視矣。

五

弼之後有嵇康，亦治《莊》、《老》，而最善持論，其集中亦常言及理字，然尚可謂其乃自抒己見。至郭象注《莊子》，乃亦處處提及理字，一似弼之注《老》、《易》，而猶有甚焉。茲再逐條列舉如下：

〈逍遙遊〉：大物必自生於大處，大處亦必自生此大物，理固自然，不患其失，又何措心於其間哉？

此謂理屬自然，而又必然也。弼之注《老》，已屢提自然字，又以理與自然並舉。象之注《莊》，乃益暢發自然之義，而始顯明提出自然之理一語，則弼〈注〉所未及也。

又：理有至分，物有定極，各足稱事，其濟一也。

弼始言事理，象又足之以物理。理有至分，宋儒謂之理一分殊。物有定極，宋儒則謂一物一太極，萬物一太極。此皆從王弼統宗會元之說來。然則烏得謂王、郭言理與宋儒理學，在思想進展上，乃一無關涉乎？

又：理至則迹滅。順而不助，與至理為一，故無功。

至理字襲王弼。理、迹對言，理屬形而上，迹則形而下。則猶弼之理、事並舉也。

又：但知之聾瞽者，謂無此理。

又：推理直前，而自然與吉會。

推理直前，語似宋儒。

又：小大之物，苟失其極，則利害之理均。用得其所，則物皆逍遙也。

〈齊物論〉：凡物云云，皆自爾耳，非相為使也，故任之而理自至。

董仲舒始言物有使然之理，此為儒家義。郭象言物物各有自然之理，更無使之然者，為道家義。

其言理雖殊，其重理則一也。

又：理無是非，而或者以為有。

又：至理盡於自得。

又：至理無言。

又：萬物萬形，同於自得，其得一也。已自一矣，理無所言。

又：物物有理，事事有宜。

此條極似晦菴。晦菴《大學》注，本云：「物，事也。」其〈格物補傳〉，乃云「即凡天下之物，莫不因其已知之理而益窮之」，此物字亦可作事解。事理物理，理本相通，始是至理。而宋儒言理，遠同魏晉，亦於此可見矣。

又：夫物之性表，雖有理存焉，而非性分之內，則未嘗以感聖人也，故聖人未嘗論之。

按：象言物物有理，此與程、朱意合。謂理非性分之內者，未嘗以感聖人，則與程、朱意異。故象謂至理盡於自得，惟專重於性分之內。程、朱則主格物窮理以盡性而至命，則必由統宗會元而達。由此以觀，可謂伊川、晦翁較近王弼。而郭象之言，則似較近明道也。

又：將寄明齊一之理於大聖，故發自怪之問以起對。

又：務自來而理自應，非從而事之也。

理應之說，亦始王弼，而極為宋儒所樂道。

又：物有自然，理有至極，循而直往，則冥然自合。

理有至極，即太極也。物之自然即理，是猶性即理也之意。

又：是非死生，蕩而為一，斯至理也。至理暢於無極，故寄之者不得有窮。

至理暢於無極，即猶云無極而太極也。推郭意，似主性分之內即是一無極。亦即物物一太極義也。

又：卒至於無待，而獨化之理明。

郭象既言自然之理，又言獨化之理，此皆王弼所未及也。戴氏《孟子字義疏證》，申明理字古義，亦未嘗及此等處。凡此皆郭象所新創也。

又：亦斯理也，將使萬物各反所宗於體中，而不待乎外。

〈養生主〉：養生者，理之極也。

又：忘善惡而居中，任萬物之自為，悶然與至當為一，故刑名遠己，而全理在身。

全理字亦象新創。全理在身，仍即物物一太極義也。

又：夫養生非求過分，蓋全理盡年而已矣。

又：盡理之甚，既適牛理，又合音樂。

盡理即窮理也。牛亦有理，即凡天下之物，莫不有理也。

又：直寄道理於技耳。

《莊子》書只言道，象〈注〉特增理字。

又：未能見其理間。

又：但見其理間也。

又：司察之官廢，縱心而順理。

縱心順理，極似宋儒語。

又：不中其理間也。

又：理解而無刀迹。

理間與理解字，為戴氏《疏證》所主。此即所謂文理，乃理字之古義。至王、郭與宋明儒所重言之理，則斷非此文理一義所能限。讀者通觀此文之前後，自知宋儒言理，亦非盡宋儒所首創也。

又：嫌其先物施惠，不在理上住，故致此甚愛也。

又：指盡前薪之理，故火傳而不滅。

〈人間世〉：依乎天理，推己性命，若嬰兒之直往也。

又：當理無二。

當理無二語，亦極似宋儒。竺道生頓悟義，由此入。

又：不得已者，理之必然者也。

又：事有必至，理固常通，故任之則事濟。

又：理無不通，故當任所遇而直前耳。

又：不復循理。

又：任理之必然者，中庸之符全矣，斯接物之至也。

象之注《莊》，頗好言中庸字，而《中庸》之書，亦特為宋儒所樂道。知王、郭之與宋儒，其間固多相近可通之處也。

又：順理則異類生愛，逆節則至親交兵。

此條順理與逆節對文，故予謂《中庸》之言中節，即猶荀卿之言中理也。郭言順理，則猶莊子之所謂約分也。

又：付之自爾而理自生成，生成非我也。

理自生成，則可謂有生成之理，實即自然之理也。此義為後來王船山所樂道。

又：性命全而非福者，理未聞也。

〈德充符〉：夫我之生也，非我之所生也。則一生之內，百年之中，其坐起行止，動靜取舍，性情知能，凡所無者，凡所為者，凡所遇者，皆非我也，理自爾耳。

此條與晦翁天即理也之說，遙相符會。其實亦即自然之理也。

又：人之生也，理自生矣，直莫之為而任其自生。

又：華薄之興，必由於禮，斯必然之理。

又：欲以直理冥之，冀其無迹。

直理字，又象新創。

又：自然之理，行則影從，言則響隨。……故名者影響也，影響者，形聲之桎梏也。明斯理也，則名迹可遺。

魏晉時人好言名理，而象之注《莊》，則獨少言名理字。據此條，知象之言理，遠較其同時好言名理者為深至矣。似象此意，實自王弼所謂不可名之理來也。

又：其理固當，不可逃也。故人之生也，非誤生也，生之所有，非妄有也。天地雖大，萬物雖多，然吾之所遇，適在於是，則雖天地神明，國家聖賢，絕力至知，而弗能違也。故凡所不遇，弗能遇也。其所遇，弗能不遇也。凡所不為，弗能違也。其所為，弗能不為也。故付之而自當也。

此條由理通命，其所謂命，乃指一切遭遇言。莊子此處本文正言命，象〈注〉乃轉由命而推本之於理，此即朱子天即理也之說，而朱子言命，亦多指遭遇言。從此等處參入，可悟魏晉與宋儒說理，正有許多相近可通處也。

又：苟知性命之固當，則雖死生窮達，千變萬化，淡然自若，而和理在身矣。

按《易・說卦傳》言，窮理盡性以至於命，象之此條近之。王、郭蓋皆求以老莊會通之於儒說者。宋儒乃不期而與之近。

又：此四者，自然相生，其理已具。

又：既稟之自然，其理已足。……物無妄然，皆天地之會，至理所趣。

據此條，知象之言理，實本源於弼。惟謂其理已足，不待乎外而可盡，此則為郭象注《莊》之特著精神處也。

又：未明生之自生，理之自足。

又：生理已自足於形貌之中，但任之則身存。

按：宋儒必言天地之性，必主格物窮理，而郭主理自足於本身，此其異。生理字亦象新創。此後王船山好言生理，乃轉近郭義。

〈大宗師〉：天地萬物，凡所有者，不可一日而相無也。一物不具，則生者無由得生。一理不至，則天年無緣得終。然身之所有者，知或不知也。理之所存者，為或不為也。故知之所知者寡，而身之所有者眾。為之所為者少，而理之所存者博。

此條極有深趣。象之所闡，重在至理自足，此所以越出王弼，而自成為一家言也。

又：理固自全，非畏死也。

又：理當食耳。

按：此處本文僅謂「其食不甘」，而象〈注〉以理當食耳為說，試問與朱子注《論》、《孟》橫添理字處，又復何異乎？

又：寄之至理，故往來而不難。

又：人生而靜，天之性也。感物而動，性之欲也。物之感人無窮，人之逐欲無節，則天理滅矣。

此條原本〈樂記〉，而〈樂記〉此語特為宋儒所樂引，又可證王、郭之與程、朱，實自有其相近可通處也。

又：本至而理盡矣。

此仍統之有宗，會之有元義。惟孔、孟統會之於天，老、莊統會之於道，而王、郭則統會之於理。而郭象則尤主以一己性分之內者為之本。程、朱則可謂又自王、郭而求重反之孔、孟。後世尊程、朱，斥王、郭，是為未脫門戶之見，實未足以與語夫思想演進之條貫也。

又：人之有所不得而憂娛在懷，皆物情耳，非理也。

明道言：「人能於怒時遽忘其怒，而觀理之是非，亦可見外誘之不足惡。」又曰：「明理可以治懼。」怒與懼皆物情而非理，此義象已先言之。

又：自然之理，有積習而成者。

此條有深趣。後惟王船山時發此旨。

又：死生猶寤寐耳，於理當寐，不願人驚之。

於理當寐四字，極似宋儒語。

又：適足捍逆於理以速其死。

又：理有至極，外內相冥。……乃必謂至理之無此。是故莊子將明流統之所宗，以釋天下之可悟。

明道謂性無內外，即理冥內外也。

又：遺物而後能入羣，坐忘而後能應務。愈遺之，愈得之。苟居斯極，則雖欲釋之，而理固自來。

此又與宋儒虛實之辨、主一之說甚相似。

又：以自然言之，則人無小大。以人理言之，則侔於天者可謂君子矣。

人理字，《莊子．漁父篇》有之，此條以人理與自然對文，亦理一分殊也。宋儒不喜用人理字，因理既統宗會一，則不宜再分天人也。

又：盡死生之理，應內外之宜者，動而以天行，非知之匹也。

按此條近宋儒德性之知與聞見之知之辨。

又：天下之物，未必皆自成也。自然之理，亦有須冶鍛而為器者。

此條有深趣，船山最喜於此等處深說之。

又：任之天理而自爾。

又：嫌其有情，所以趨出遠理。

〈應帝王〉：應不以心而理自玄符，與變化升降而以世為量，然後足為物主，而順時無極。

按《莊子‧內篇》七篇，理字惟養生主「依乎天理」語一見，而象〈注〉用理字者如上舉共七十條。可見象之自以理字說《莊》，此即郭象注《莊》之所以為一家言也。

六

《莊子》〈外〉、〈雜〉篇用理字始稍多，而象〈注〉用理字處更多，茲再逐條錄之如下：

〈駢拇〉：令萬理皆當，非為義也，而義功見。

萬理字，亦郭創。

〈馬蹄〉：缺。胠篋：缺。

〈在宥〉：賞罰者，聖王之所以當功過，非以著勸畏也。故理至則遺之，然後至一可及也。

又：當理無悅，悅之則致淫悖之患矣。

當理無悅語，似宋儒。

又：神順物而動，天隨理而行。

按：此處本文為「神動而天隨」，象〈注〉橫增理字，乃謂天隨理而行，以此較之朱子注《大學》格物為窮格萬物之理，其為增字詁經，不尤甚乎？其謂天隨理而行，較之朱子天即理也之說，理字之地位，亦不啻更高一級矣。

又：理與物皆不以存懷，而闇付自然，則無為而自化矣。

又：事以理接，能否自任，應動而動，無所辭讓。

此處本文為「接於事而不辭」，象〈注〉事以理接，此理字顯是於原旨外添出。

〈天地〉：一無為而羣理都舉。

按：本文，「通於一而萬事畢」，象〈注〉以羣理易萬事。羣理字，亦新創。羣理猶云萬理也。

又：夫至人，極壽命之長，任窮理之變。……故云厭世而上僊也。

按本文：「千歲厭世，去而上僊」，象〈注〉乃謂因其任窮理之變，故厭世。蓋任理則無欲，因曰厭。象意如此，豈不可與宋儒立論相通？

又：亦不問道理，期於相善耳。

〈天道〉：倫，理也。

又：各司其任，則上下咸得，而無為之理至矣。

無為之理，即自然之理也，亦新創。

又：言此先後，雖是人事，然皆在至理中來，非聖人所作也。

人事皆在至理中來，此即理事無礙，事事無礙也。

又：物得其道，而和理自適。

〈天運〉：故五親六族，賢愚遠近，不失分於天下者，理自然也。

又：仁孝雖彰，而愈非至理。

又：非作始之無理，但至理之弊，遂至於此。

又：弊生於理，故無所復言。

按：至理之弊，弊生於理，皆宋儒所不言。

〈刻意〉：泯然與正理俱往。

又：任理而起，吾不得已也。

又：天理自然，知故無為乎其間。

正理字亦新創。

按：此處本文為「去知與故，循天之理」。云循天之理，則所重猶在天。云天理自然，則所重轉在理。

又：理至而應。

按：此處本文曰「不豫謀」。〈注〉云理至而應，為深一層說之。

〈繕性〉：二者交相養，則和理之分，豈出他哉？

按：本文「和與恬交相養，而和理出其性」。

又：道故無不理。

按本文「道，理也。」

又：無不理者，非為義也，而義功著焉。

按本文：「道無不理，義也。」

〈秋水〉：知其小而不能自大，則理分有素，跂尚之情，無為乎其間。

理分字，象特創。象〈注〉又屢言性分，宋儒性即理之說，象〈注〉已寓。

又：物有定域，雖至知不能出焉，故起大小之差，將以申明至理之無辨也。

又：以小求大，理終不得。各安其分，則大小俱足矣。

又：應理而動，而理自無害。

按本文「動不為利」。象〈注〉應理而動，轉入正面。

又：理自無欲。

本文曰：「不賤貪污。」象〈注〉轉深一層說之。理自無欲語，大似宋儒。

又：任理而自殊。

本文曰「不多辟異」，象〈注〉特增理字。而用意特重於分殊，故曰任理而自殊矣。

又：夫天地之理，萬物之情，以得我為是，失我為非。適性為治，失和為亂。

按本文：「是未明天地之理，萬物之情者也。」情理兼稱，似為王弼注《易》之所本。

又：達乎斯理者，必能遣過分之知，遺益生之情，而乘變應權。

按本文：「知道者必達於理，達於理者必明於權。」

又：穿落之，可也。若乃走作過分，驅步失節，則天理滅矣。

按本文：「落馬首，穿牛鼻，是謂人。故曰無以人滅天。」注文以天理代天字，此猶朱注《論語》獲罪於天云天即理也之先例也。惟象此處，所謂天理，重節限義。仍是重於理之分。

〈至樂〉：未明而槩，已達而止，斯所以誨有情者，將令推至理以遣累也。

按：本文：「自以為不通乎命，故止也。」注以理字代命字。

又：斯皆先示有情，然後尋至理以遣之。若云我本無情，故能無憂，則夫有情者，遂自絕於遠曠之域，而迷困於憂樂之竟矣。

按：王弼主聖人有情，故不能無哀樂以應物，惟應物而能無累於物耳。郭象承之，而足之以理遣。

〈達生〉：性分各自為者，皆在至理中來，故不可免也。

此即程子性即理之說。

又：任其天性而動，則人理亦自全矣。

此又性即理之義。人理全即是天理全，郭〈注〉一貫注重分殊，此乃郭之一家言也。

又：守一方之事，至於過理者，不及於會通之適也。鞭其後者，去其不及也。

此條又是以中庸說理。

又：欲瞻則身亡。理常俱耳，不間人獸也。

此條儼似宋儒語。

又：憂來而累生者，不明也。患去而性得者，達理也。

此亦性即理之義。

〈山木〉：缺。

〈田子方〉：缺。

〈知北遊〉：物無不理，但當順之。

按本文：「果蓏有理。」

又：志苟寥然，則無所往矣。無往焉，故往而不知其所至。有往焉，則理未動而志已驚矣。

按本文：「寥已吾志，無往焉而不知其所至。」注特增理字。

〈庚桑楚〉：意雖欲為，為者必敗，理終不能。

又：理自達彼耳，非慢中而敬外。

按：本文「敬中以達彼」，注特增理字。

又：天理自有窮通。

按本文：「若是而萬惡至者，皆天也，而非人也。」注文以理釋天，即是以理代命也。

又：善中則善取譽矣，理常俱。

又：平氣則靜，理足順心，則神功至。

〈徐無鬼〉：反守我理，我理自通。

按：本文「反己而不窮」，注文以理釋己。我理字，特創。有天理，有人理，有我理，此皆理一分殊也。

又：至理有極，但當冥之，則得其樞要。

按：本文「冥有樞」，注特增理字為說。

又：若問其大摧，則物有至分，故忘己任物之理，可得而知也。奚為而惑若此也？

按本文：「闔不亦問是已，奚惑然為。」

〈則陽〉：物理無窮，故其言無窮，然後與物同理也。

按本文「與物同理。」

〈外物〉：此言當理無小，苟其不當，雖大何益。

按：本文魚乞水，而注以不當理說之。此理是分限義。

又：情暢則事通，外明則內用，相須之理然也。

又：當通而塞，則理有不泄而相騰踐也。

又：通理有常運。

按本文：「天之穿之，日夜無降。」注通理字襲自王弼。此又是以理釋天之例。

又：自然之理，有寄物而通也。

按本文：「大林丘山之善於人也，亦神者不勝。」

寓言：理自爾，故莫得。

按本文，「莫得其倫」，〈天道篇〉注，「倫，理也」。然此處注語甚曲強，蓋象自好以理說《莊》，未必與《莊》書原義觸處可通也。

又：理必自終，不由於知，非命如何？

按本文：「莫知其所終，若之何其無命也。」注以理釋命。

又：不知其所以然而然，謂之命，似若有意也。故又遣命之名以明其自爾，而後命理全也。

按本文：「莫知其所始，若之何其有命也。」注謂命若有意，即非自然，故以理釋命，而謂是命之理。命理字，特創。此可與以理釋天各條同參。象既暢發自然之旨，故不好言天言命，而專提出理字。王弼注《易》，已曰：「天，形也。」王、郭兩家，所以必言自然言理者，其意居然可見。此為魏、晉、宋、明所以重言理字一大原因，作者已另文闡發，此不詳。

又：理必有應，若有神靈以致也。

按本文：「有以相應也，若之何其無鬼也。」注文以理說事物之應，又以神靈字代出鬼字，較《莊》書原文，遙為深允矣。若寓言作者先悟得此，必不云若之何其無鬼矣。此亦可見思想進展之跡，而郭〈注〉有超出《莊子》原書者，亦即此等處而可睹。

又：理自相應，相應不由於故也，則雖相應而無靈也。

按本文：「無以相應也，若之何其有鬼邪？」原意，天下事，有相應，亦有無相應，故若有鬼，若無鬼。注文以理說之，則理無不相應，故此條本文明說無以相應，而注文必說成理自相應而不由於故，不由於故則屬自然矣。自然相應，故曰自然之理。既不由天命，亦非由鬼神。王弼之注《易》，郭象之注《莊》，特提出一理字，其在中國思想史上之貢獻，誠不可沒，看此條更顯。又按：董仲舒論同類相動，謂其理微妙，實非固然，此分自然與理而兩言之也。郭象此注，則并自然與理而一言之。故郭象特提出自然之理一語，不得不謂是象之特創也。

又：推而極之，則今之所謂有待者，率至於無待，而獨化之理彰矣。

獨化之理，亦即自然之理。此乃理字之深趣，雖可與分限之理相通，而不當以分限盡獨化。此乃郭象注《莊》之特著精神處也。明乎此，則戴氏《疏證》所釋古書理字本義用以駁擊宋儒者，洵為淺之乎其說理矣。蓋戴氏不僅不識宋儒，乃亦不識王、郭，專恃訓詁家法，終不明得理趣，此又郭象之所以不喜言名理也。郭象不喜言名理，此即郭〈注〉之所為深有得於《莊》學之精神也。

〈讓王〉：缺。

〈盜跖〉：缺。

〈說劍〉：缺。

〈漁父〉：夫孔子之所放任，豈直漁父而已哉？將周流六虛，旁通無外，蠢動之類，咸得盡其所懷，而窮理致命，固所以為至人之道也。

〈列禦寇〉：理雖必然，猶不必之，斯至順矣，兵其安有？

按本文：「聖人以必不必，故無兵。」

又：理雖未必，抑而必之，各必其所見，則衆逆生。

按本文：「衆人以不必必之，故多兵。」注文以理代必字。夫既云理所必然，聖人亦豈猶不必之乎？宋儒所以異乎孔孟者，孔孟常言天命，天命不可必，而宋儒喜言天理，理則必然，故宋儒說理，轉若有固必之嫌。今象以順理釋原文之不必，其為曲說甚顯。蓋既主一切以理說《莊》書，宜有其扞格而難通。而注文之所以自成為一家之言者正在此。此又學者所不可不深玩也。

〈天下〉：民理既然，故聖賢不逆。

按本文：「皆有以養，民之理也。」民理語猶人理。

又：謂自苦為盡理之法。

按本文：「以自苦為極」。極字豈可解作盡理之法乎？而注文必如此說，此其所以成為一家言也。

又：腼調之理然也。

按本文：「上說下教，雖天下不取，強聒而不舍者也。」亦安不得一理字。

又：惟聖人然後能去知與故，循天之理，故愚知處宜，貴賤當位，賢不肖襲情，而云無用賢聖，所以為不知道也。

按本文：「故曰：至於若無知之物而已，無用賢聖。」注文謂惟聖人始能循天之理，然則聖人固非塊然為無知，於是有晦翁致知在格物之說。

又：常與道理俱，故無疾而費也。

按本文：「其行身也，徐而不費。」注文橫增入道理字。

又：委順至理則常全，故無所求福，福已足。

按本文：「人皆求福，己獨曲全。」象以順理解曲全。亦曲強。

又：理根為太初之極，不可謂之淺也。

按：本文「以深為根」，語本明顯，而注文必以理字說之，乃有理根之語。理根為太初之極，即謂宇宙萬物皆出於理，是即濂溪〈太極圖說〉之先聲矣。

又：至順則全，迕逆則毀，斯正理也。

又：其言通至理，正當萬物之性命也。

按本文：「以巵言為曼衍，以重言為真，以寓言為廣，獨與天地精神往來，而不敖倪於萬物。」安不上理與性命字。注文則謂至理正當萬物之性命，亦與宋儒程、朱語相吻合。

又：膏粱之子，均之戲豫，或倦於典言，而能辨名析理，以宣其氣，以係其思，流於後世，使性不邪淫，不猶賢於博奕者。

按：此指惠施歷物之意以下及於辯者言，當時即目之為名理，以辨名為析理，此象之所不喜也，故此注言之如此。

按：〈外〉、〈雜〉篇郭〈注〉用理字者如上舉，共七十六條，其正文本見理字者，已隨條備列，較之注文，比數不足十一。此外則皆郭〈注〉所橫增也。此外《莊子》〈外〉、〈雜〉篇本文，尚有言及理字處，然非王、郭及宋儒言理之主要義，此不備引。顧後人獨知宋儒以理說孔、孟，卻不知王、郭以理說《易》、《老》、《莊》，何也？今若謂提出此理字之一概念，在中國思想史上有其不可磨滅之價值，則王、郭兩家，實先於宋儒，而又為其前所未逮，此功實不可沒。余故備列兩家原文，以供治中國思想史者之參證焉。

王弼論體用

王弼之在中國思想界，有兩大貢獻。一為其首先提出理事對立之概念，此已詳於別篇。又一則為其首先提出體用對立之概念，此為本篇之所欲論。自此以往，曰理事，曰體用，每一思想家，幾無不受此兩概念之影響。而此兩概念，實可謂皆由王弼首先提出，則弼之為功於中國思想界者，亦即此可見矣。

《世說・文學篇》載：

王輔嗣弱冠詣裴徽。徽問曰：夫無者，誠萬物之所資。聖人莫肯致言，而老子申之無已，何邪？弼曰：聖人體無，無又不可以訓，故言必及有。老莊未免於有，恒訓其所不足。

體無之說，屢見於弼之注《老子》。老子曰：「三十輻共一轂，當其無，有車之用。」弼〈注〉曰：

轂所以能統三十輻者，無也。以其無能受物之故，故能以無統眾也。

又曰：

木埴壁所以成三者，而皆以無為用也。言無者，有之所以為利，皆賴無以為用也。

又曰：

凡有之為利，必以無為用。

又曰：

道以無形無為，成濟萬物。從事於道者，與道同體，故曰同於道。

無形無為，道之體也。成濟萬物，道之用也。體用對立之概念，就於上舉弼〈注〉諸條，豈不已躍然甚顯乎。

而其尤顯著者，則在其注《老子》上德不德章。其〈注〉曰：

又曰：

何以盡德，以無為用。以無為用，則無不載也。

又曰：

雖盛德大富，而有萬物，猶各得其德。雖貴，以無為用，不能捨無以為體也。

此為體用兩字連用成一概念之至顯然者。宇宙萬物，莫不以無為體，既皆不能捨無以為體，故亦必以無為用，此弼注之意也。

又曰：

下此已往，則失用之母。

又曰：

苟得其為功之母，則萬物作焉而不辭也。

功用之母，亦指無言。蓋母子之喻，《老子》書所本有。弼又易之以體用。體之生用，亦猶母之生子，然而體用一概念，較之母子之喻，遙為深微矣。此思想演進，有轉後而轉精微之一例也。

又按：皇侃《論語義疏・泰伯篇》興於詩立於禮成於樂章引王弼曰：

喜怒哀樂，民之自然。應感而動，則發乎聲歌。所以陳詩采謠，以知民志。既見其風，則損益基焉。故因俗之制，以達其禮也。矯俗檢刑，民心未化，故又感以聲樂，以和神也。若不采民詩，則無以觀風。風乖俗異，則禮無所立。禮若不設，則樂無所樂。樂非禮則功無所濟。故三體相扶，而用有先後也。

此又為體用二字對立連用成為一概念之甚為明顯之一例。蓋謂詩、禮、樂三體之各有其用也。

今按：王弼體用之概念，實應始於其注《易》。蓋《周易》六十四卦三百八十四爻皆言體，亦莫不皆言用。弼深於《易》，其注《易》語中用體字用用字，難可勝數，茲姑舉其體用二字連用者。如乾元用九，乃見天則，〈注〉：

九，剛直之物，惟乾體能用之。

如泰九二，包荒，用憑河，不遐遺，朋亡，得尚於中行，〈注〉：

體健居中，而用乎泰。能包含荒穢，受納憑河者也。

如同人九五，同人先號咷而後笑，大師克相遇，〈注〉：

體柔居中，眾之所與。執剛用直，眾所未從。

謙初六，謙謙君子，用涉大川，吉，〈注〉：

能體謙謙，其唯君子。用涉大難，物無害也。

解彖，解之時大矣哉，〈注〉：

難解之時，非治難時，故不言用。體盡於解之名，無有幽隱，故不曰義。

困九二，困於酒食，朱紱方來，利用享祀，征凶无咎，〈注〉：

居困之時，處得其中，體夫剛質，而用中履謙，應不在一，心無所私，盛莫先焉。

未濟九二，曳其輪，貞吉，〈注〉：

居未濟之時，處險難之中，體剛中之質，而見任與，拯救危難，經理屯蹇者也。用健拯難，靖難在正，而不違中，故曳其輪貞吉也。

此皆體用二字連用並舉也。惟《易》之為書，主於人事修為，吉凶趨避，故有體用相違，體不當用者，此則體用猶可分別，各自為一概念。至《老子》書言自然，自然則有體自有用，於是體用乃合成一概念。王弼蓋為移注《易》之體用字以注《老子》，遂開後世之體用概念也。此事若難於確證，然固可微辨而知。

抑其事亦非誠無可證也，請再舉韓康伯之注〈繫辭傳〉連用體用二字者如下：

道，寂然天體，不可為象，必有之用極，而無之功顯。

觀於此條，豈非韓氏以輔嗣之注《老子》注〈繫傳〉乎？此處之言體用，即猶宋明儒所謂即用見體也。

又曰：

又曰：

君子體道以為用也。

> 聖人雖體道以為用，未能至无以為體。故順通天下，則有經營之跡也。

今按：韓氏體道、體無之辨，顯本王弼。然實無當於《老子》，亦復無當於《周易》。老子言道，無形無名，惟其無形無名而確有此道，故王弼特為安一體字，是已。此之謂道體。是宇宙間確有此道，非可謂確有此無也。《易．繫傳》：「神無方而易無體。」實則宇宙間確有此易之體，惟其無形，故謂之無體，是即所謂形而上也。故知王弼體無之說，實無當於《老子》、《周易》之本意也。韓氏又曰：

> 聖人功用之母，體同乎道。盛德大業，所以能至。

韓氏用功用之母語，此又顯然襲取弼之注《老》者以注〈繫傳〉也。

然則王弼移《周易》之言體用者以注《老子》，而韓康伯復以弼之以體用注《老子》者轉以注《周易》，其事豈不信而有徵乎？而後世之言體用，此一概念之最先成立，當始於王弼，亦信而有據矣。

郭象莊子注中之自然義

一

道家尚自然，此義盡人知之。然道家書莫先於《莊子》，而《莊子・內篇》言及自然者實不多。〈德充符〉：「常因自然而不益生。」〈應帝王〉：「順物自然而不益私焉。」僅兩見。似莊子心中，自然尚未成一特定之觀念。莊子之所謂自然，不過曰順物之自為變化，不復加以外力，不復施以作為而已。其後《老子》書始屢屢言自然，曰：「百姓皆謂我自然。」曰：「希言自然。」曰：「道法自然。」曰：「莫之命而常自然。」曰：「以輔萬物之自然而不敢為。」全書五千言，自然字凡五見。其言自然，已有漸成一特定名詞之象，如云道法自然是也。然尋其所謂自然之含義，則猶近《莊》書，無大異致。《莊子》〈外〉、〈雜〉篇，應尤後於《老子》，然〈外〉、〈雜〉共二十六篇，自然字亦僅兩見。〈天運〉「應以自然」，〈田子方〉「無為而才自然矣」。則自然二字，在先秦道家觀念中，尚未成熟確立，因亦不占重要之地位可知。

下至漢初《淮南王書》，乃始盛言自然。曰：「天下之事不可為也，因其自然而推之。」曰：「脩道理之數，因天地之自然，則六合不足均。」曰：「萍樹根於水，木樹根於土，鳥排虛而飛，獸蹠實而走，蛟龍水居，虎豹山處，天地之性也。兩木相摩而然，金火相守而流，員者常轉，窾者主浮，自然之勢也。」又曰：「春風至則甘雨降，生育萬物，莫見其為者而功既成矣。秋風下霜，倒生挫傷，莫見其為者，滅而無形。木處榛巢，水居窟穴，禽獸有芃，人民有室，陸處宜牛馬，舟行宜多水，匈奴出穢裘，干越生葛絺，各生所急以備燥溼，各因所處以禦寒暑，並得其宜，物便其所。由此觀之，萬物固以自然，聖人又何事焉？」以上皆見〈原道〉又曰：「舟浮於水，車轉於陸，此勢之自然也。」〈主術〉又曰：「人性各有所修短，若魚之躍，若鵲之駮，此自然者，不可損益。」〈修務〉凡此所說，謂萬物皆有自然之宜，不須復加以外力，不須更施以作為，則仍莊老舊義也。然其論涉及天地生物，盡屬自然，此縱可謂是莊老舊義之所包，而確切提出此自然二字，以造化為自然，則不得不謂是淮南之新功矣。

其後王充《論衡》亦喜言自然，特著〈自然篇〉，大意謂：「天地合氣，萬物自生，猶夫婦合氣，子自生矣。天覆於上，地偃於下，下氣蒸上，上氣降下，萬物自生其間。當其生也，天不須復與也。由子在母懷中，父不能知。物自生，子自成，天地父母，何與知也。」此亦復以造化為自然，而較之《淮南》所言，益為明白肯定。《莊》書言有造物者，又曰有生於無，物出於道，至《淮南》、《論衡》始主萬物自然而生之說。此不可謂非道家思想之又一進步也。

二

又後王弼注《老子》，乃始承續《淮南》、《論衡》，而暢發自然義。後世遂謂莊老盛言自然，實由王弼之故也。今條舉弼〈注〉之稱及自然者如次。

有無相生，難易相成，長短相較，高下相傾，音聲相和，前後相隨，〈注〉：

> 此六者，皆陳自然，不可偏舉之明數也。

是以聖人處無為之事，〈注〉：

自然已足，為則敗也。

天地不仁，以萬物為芻狗，〈注〉：

天地任自然，無為無造，萬物自相治理，故不仁也。

虛而不屈，動而愈出，〈注〉：

天地之中，蕩然任自然，故不可得而窮，猶若橐籥也。

專氣致柔，能嬰兒乎，〈注〉：

言任自然之氣，致至柔之和，能若嬰兒之無所欲。

及吾無身，〈注〉：

歸之自然也。

孰能濁以靜之徐清，孰能安以久動之徐生，〈注〉：

此自然之道也。

信不足焉，有不信焉，〈注〉：

夫御體失性，則疾病生。輔物失真，則疵釁作。信不足焉，則有不信，此自然之道也。

百姓皆謂我自然，〈注〉：

自然，其端兆不可得而見也。其意趣不可得而覩也。

少則得，多則惑，〈注〉：

自然之道，亦猶樹也。轉多轉遠其根，轉少轉得其本。

希言自然，〈注〉：

無味不足聽之言，乃是自然之至言也。

道法自然，〈注〉：

道不違自然，乃得其性。法自然者，在方而法方，在圓而法圓，於自然無所違也。自然者，無稱之言，窮極之辭也。……道順自然，天故資焉。

今按：老子本義，人法地，地法天，天法道，道至高無上，更無所取法，僅取法於道之本身之自己如此而止，故曰道法自然。非謂於道之上，道之外，又別有自然之一境也。今弼〈注〉道不違自然，則若道之上別有一自然，為道之所不可違矣。又弼〈注〉屢言自然之道，則又若於人道、地道、天道之外，又別有一自然之道兼貫而總包之矣。故弼〈注〉之言自然，實已替代了《老子》本書所言之道字，而弼不自知也。

善行無轍迹，〈注〉：

順自然而行。

善閉無關鍵，善結無繩約，〈注〉：

因物自然，不設不施。……因物之性，不以形制物也。

是弼既以自然言道，又以自然言性也。莊、老皆不言性，弼之以自然言性，此乃弼之扶會儒義以為說也。

又復歸於嬰兒，〈注〉：

嬰兒不用智，而合自然之智。

為者敗之，執者失之，〈注〉：

萬物以自然為性，故可因而不可為也。可通而不可執也。

聖人去甚去奢去泰，〈注〉：

聖人達自然之至，暢萬物之情，故因而不為，順而不施。除其所以迷，去其所以惑，故心不亂而物性自得之也。

道常無為，〈注〉：

順自然也。

建德若偷，〈注〉：

因物自然，不立不施。

人之所教，我亦教之，〈注〉：

用夫自然，舉其至理，順之必吉，違之必凶。

是弼〈注〉又以至理為自然也。以至理為自然，此又弼之扶會儒義以為說也。及於宋儒，乃始極言性、理，然不悟其彌近於莊老，此皆由王弼開其端。故王弼之深言自然，實於中國思想史有大貢獻，固不僅有功於老氏之五千言也。

又大巧若拙，〈注〉：

大巧因自然以成器，不造為異端，故若拙也。

知者不言，〈注〉：

因自然也。

治人事天莫若嗇，〈注〉：

農人之治田，務去其殊類，歸於齊一也。全其自然，不急其荒病。

其神不傷人，〈注〉：

神不害自然也。物守自然，則神無所加。

學不學，復眾人之所過，〈注〉：

不學而能者，自然也。

非以明民，將以愚之，〈注〉：

愚謂無知守真，順自然也。

天之道，損有餘而補不足，人之道則不然，〈注〉：

與天地合德，乃能包之如天之道。如人之量，則各有其身，不得相均。如惟無身，無私乎自然，然後乃能與天地合德。

弼之此注，是即以天地為自然也。以天地為自然，雖此後宋儒，亦多採酌其說，莫能自外也。

故《老子》書言自然，僅凡五見。而王弼注《老子》用自然字，共二十七條。其說以道為自然，以天地為自然，以至理為自然，以物性為自然，此皆《老子》本書所未有也。然則雖謂道家思想之盛言自然，其事確立於王弼，亦不過甚矣。

王弼既言自然為無稱之言，窮極之辭，又其注谷神玄牝一章云：

門，玄牝之所由也。本其所由，與極同體，故謂之天地之根也。欲言存邪，則不見其形。欲言亡邪，萬物以之生。故緜緜若存也。

此明言萬物有所從出，有所自生，而其所從出所自生者，乃為不可名言之一境，王弼則稱此一境曰極，此極則明是自然。故《老子》書明言道生萬物，而弼〈注〉則轉成為自然生萬物，此一說乃為其後向秀、張湛所沿襲。

三

《列子・天瑞篇》，生物者不生，化物者不化，張湛〈注〉：

莊子亦有此言，向秀注曰：吾之生也，非吾之所生，則生自生耳。生生者豈有物哉？故不生也。吾之化也，非物之所化，則化自化耳。化化者豈有物哉？無物也，故不化焉。若使生物者亦生，化物者亦化，則與物俱化，亦奚異於物？明夫不生不化者，然後能為生化之本也。

此謂莊子亦有此言，今已逸。或指《莊子》書有同此意之言，而向秀之說，則顯與王弼大同。彼蓋認有一不生不化者為生化之本。此不生不化之本身，則絕非一物。既非一物，則為無物。既無物矣，而猶認以為萬物生化之本，此則仍是王弼以無為有之本之舊義也。故何晏〈道論〉亦曰「有之為有，待無以生」，亦此旨也。然此說實有病。若曰道生萬物，或曰物待道而生，或曰萬物以自然生，則較近莊老原義也。

張湛又引向秀注《莊子》有云：

同是形色之物耳，未足以相先也。以相先者，惟自然也。

此明謂自然先萬物，是即以自然代替老子之所謂道。王弼以自然為無稱之言，窮極之辭。窮極猶云太極，即所謂有物先天地也。無稱之言，則無形本寂寥也。循此言之，則宋儒無極而太極之說，亦可謂其本實始於王弼也。

會此諸義，則王弼、向秀殆同認為自然生萬物，而又以自然為無，故轉成為無生萬物也。夏侯玄曰：「天地以自然運，聖人以自然用，自然者道也，道本無名，故老氏彊為之名。」然則道也，無也，自然也，此三名相通，可以互訓，此為魏晉諸家說莊老之通義，而其首啟之者則弼也。

四

惟郭象注《莊》，其詮說自然，乃頗與王弼、何晏、夏侯玄、向秀、張湛諸家異。大抵諸家均謂自然生萬物，而郭象獨主萬物以自然生。此兩義顯有辨。郭象所持，若與《淮南》、《論衡》之言較近。然《淮南》、《論衡》僅就當前之生生化化者言之，並未由此上窺天地萬物創始之最先原因，並未論及宇宙形成之第一原理。換辭言之，《淮南》、《論衡》，乃並未在形而上學之理論上主張宇宙萬有皆以自然生之說。故苟涉及宇宙原始，天地創造，則仍須回到莊老道生萬物、有出於無之舊說。而所謂自然者，僅亦為道與無之一新名而已，此即王弼、何晏、夏侯玄、向秀、張湛諸家之所持。必至郭象注《莊》，乃始於此獨造新論，暢闡自然之義，轉用以解決宇宙創始，天地萬物一切所從來之最大問題，徹始徹終，高舉自然一義，以建立一首尾完整之哲學系統。就此一端言，郭象之說自然，實有遠為超越於莊老舊義之外者。若復以郭象之說，回視《淮南》、《論衡》，將見二書所陳，膚薄平近，蓋由其未能觸及此宇宙創始之基本問題而與以解答，必俟郭象之說，始為創成一宇宙乃自然創始之一完整系統，而有以溝通《莊》、《老》與《淮南》、《論衡》之隔閡。故亦必俟有郭象之說，而後道家之言自然，乃始到達一深邃圓密之境界。後之人乃不復能駕出其上而別有所增勝。故雖謂中國道家思想中之自然主義，實成立於郭象之手，亦無不可也。雖謂道家之言自然，惟郭象所指，為最精卓，最透闢，為能登峰造極，而達於止境，亦無不可也。

郭象注《莊》，其義有承襲向秀而來者，余論魏晉玄學三宗已發之。至其所獨自創新，而為有大貢獻於中國道家思想之演進，而不復為向秀之所及者，則為此文之所欲發也。請再條舉而申論之如次。

郭象言自然，其最精義，厥謂萬物皆自生自化，更無有生萬物與化萬物者。其言曰：

> 無既無矣，則不能生有。有之未生，又不能為生，然則生生者誰哉？塊然而自生耳。自生耳，非我生也。我既不能生物，物亦不能生我，則我自然矣。自己而然，則謂之天然。天然耳，非為也。故以天言之，所以明其自然也。……故物各自生而無所出焉，此天道也。
>
> 〈齊物論〉，天籟吹萬不同而使其自己，注。

此處郭象特提自然二字，謂物各自生而無所出，即謂物以自然生也。

故郭象又曰：

天地萬物，變化日新，與時俱往，何物萌之哉？自然而自然耳。〈齊物論〉，日夜相代乎前，而莫知其所萌，注。

此處仍提自然二字，謂一切日新之化，皆由自然。故萬物皆以自然生，亦以自然化，此實郭象注《莊》一絕大之創論，而為王弼、向秀諸人所未及也。

此所謂自然生與自然化，郭象又稱之曰獨化。其言曰：

死者，獨化而死耳，非夫生者生此死也。生者亦獨化而生耳，死與生各自成體獨化而足。〈知北遊〉，不以生生死，不以死死生，死生有待耶，皆有所一體，注。

此處提出獨化二字以釋自然，自然即獨化也。獨化即自然也。《莊子》書言造化，萬物之外，似為有一造化者。又言物化，則物與物猶若有彼我之分，如莊周之化蝴蝶，蝴蝶之化莊周是也。蓋謂此物化為彼物，彼物又化為另一物，所謂萬化而未始有極也。郭象之所謂獨化，與此異其趣。蓋循獨化之言，則不僅無所謂造化者，亦不復有一物之化而為他物。天地之間，一切皆獨爾自化。

此純純常常之大化，乃可節節解斷，各足圓成，前不待後，後不待前，彼不因我，我不由彼。在此天地間，則可謂無獨不化，亦無化不獨。萬形萬有，莫不各爾獨化。就字義言，獨即自也，化即然也。自然之體，惟是獨化。混而同之，則萬物一體。分而別之，則物各成體。同是一獨，同是一化，故謂之獨化也。

若再進一層言之。獨化又曰獨生。其言曰：

獨生無所資借。〈知北遊〉，昭昭生於冥冥，有倫生於無形，精神生於道，注。

無所資借而獨生，即無所待而獨化也。惟其獨生獨化，乃始謂之自然。自者，超彼我而為自。然者，兼生化而成然。讀者只就郭〈注〉與《莊子》原文兩兩比讀，即知郭象注義實非《莊》書原文之所能範圍。而郭象之所謂自然，亦非《淮南》、《論衡》、王弼、向秀之所謂自然之所能規限也。

五

郭象既主萬物以獨生獨化為自然，乃不復肯認有生於無之舊義。有生於無之說，其實乃非莊老之本義。惟〈外〉、〈雜〉篇時有之，下逮魏晉王弼、向秀諸家始暢言之。故王弼曰「凡有皆始於無」，又曰「萬物始於無而後生」，此為王弼之新義。至郭象，始明白加以反對。此實郭象注《莊》所由傑出自成為一家言之所在也。故《莊子・雜篇・庚桑楚》之言曰：

天門者，無有也。萬物出乎無有，有不能以為有，必出乎無有，而無有一無有，聖人藏乎是。

此明謂萬物出乎無有也。而無有則永為一無有，故萬物雖有，而實仍是一無有，如是則天地萬物乃徹頭徹尾在「無」之中，聖人所藏，亦藏乎此「無」之中而已。此乃《莊子》〈外〉、〈雜〉篇，混雜《莊子・內篇》義與《老子》五千言義而說成其如此，而郭象之〈注〉則不然。其言曰：

死生出入，皆欻然自爾，未有為之者也。然有聚散隱顯，故有出入之名。徒有名耳，竟無出入，門其安在乎？故以無為門，以無為門，則無門也。

〈庚桑楚篇〉明謂出乎無有，故曰以無為門。以無為門，猶老子之所謂玄牝也。玄，同也。萬物同出一門，故無可名之。無可名之，斯強名之曰玄牝。非無門也。非無門，即非無所出。而〈庚桑楚〉乃竟謂萬物出於無，此顯非《老子》書之本意。郭象乃曰，以無為門，即是無門，無門則無玄牝，無玄牝，則萬物無所從出，故郭象之謂無門，即獨生獨化之義也。故曰徒有出入之名，竟無出入，無出入，則無前後，無彼我，而各成其獨。萬物既獨化無所出，又烏得謂之出於無？故〈庚桑楚篇〉明謂有必出乎無有，而郭象釋之曰：

此所以明有之不能為有而自有耳，非謂無能為有也。若無能為有，何謂無乎？

此為貌若曲護《莊》書，而實明背《莊》書也。〈庚桑楚〉明曰有必出乎無有，而郭〈注〉則曰有者自有，此其異。故曰郭〈注〉明背《莊》書也。《莊》書又曰「無有一無有」，而郭象釋之曰：

一無有則遂無矣，則有自欻然生矣。

所謂無有一無有者，既是無矣，則永遠是無，畢竟是無。永遠無，畢竟無，則又何從生有？郭象乃謂今既明明有矣，則有之欻然自生，而不從無生，亦明矣。故〈庚桑楚〉謂聖人藏乎是者，本謂其藏乎此無之體，而郭象則釋之曰：

任其自生而不生生。

任其自生，即任其獨化，任其自然也。任其自然，任其自生，此則是藏於有，非藏於無矣。自生自化，明明有此生化，不得謂無生無化也。自然，明其有此然，不得謂無然也。故《莊子》〈外〉、〈雜〉篇常愛言無，而郭象則否。其言曰：

夫一之所起，起於至一，非起於無也。〈天地〉，一之所起，有一而無形，注。

此又明違有生於無之說。既曰起於至一，至一即有此至一，亦即獨也。起於至一，即猶云獨化矣。宋儒周濂溪〈太極圖說〉，謂無極而太極，陸象山大非之，以為只應云太極，不應云無極。周、陸之異，亦猶郭象與《莊》書之辨也。

抑且不僅此而已，郭象又言之曰：

非惟無不得化而為有也，有亦不得化而為無矣。是以有之為物，雖千變萬化，而不得一為無也。不得一為無，故自古無未有之時而常存也。〈知北遊〉，無古無今，無始無終，注。

又曰：

天地常存，乃無未有之時。〈知北遊〉，古猶今也，注。

《莊》書本謂無有一無有，則天地萬物徹頭徹尾是一無，郭象乃謂天地常存，竟無未有之時，則天地萬物徹頭徹尾惟一有。郭象此說殆亦有所本，乃本之其同時裴頠崇有之旨也。史稱裴頠著〈崇有論〉，王衍之徒攻難交至，並莫能屈。郭象與王衍蹤跡頗親，其錄及裴頠崇有之新義，正見郭象左右採獲之用思精密也。裴頠曰：「至無者無以能生，故始生者自生也，自生必體有。」此自生字，明為郭象所襲。體有之說，則正與王弼之言體無相對反。裴頠之語，雖僅此數言，然郭象之注《莊》，則亦僅闡發此數言之大旨而已。是郭象之注《莊》，不僅襲取於向秀，乃亦採酌自斐頠。能會相反之論，融造相成之趣，若純以思想家立場言，則復何害乎其有所襲取乎？

六

《莊子》〈外〉、〈雜〉篇言天地萬物生於無，郭象既破之矣。〈外〉、〈雜〉篇又常言道生萬物，郭象亦非之。其言曰：

> 誰得先物者乎哉？吾以陰陽為先物，而陰陽者即所謂物耳。誰又先陰陽者乎？吾以自然為先之，而自然即物之自爾耳。吾以至道為先之矣，而至道者乃至無也。既以無矣，又奚為先？然則先物者誰乎哉？而猶有物無已，明物之自然，非有使然也。〈知北遊〉，有先天地生

者物耶，物物者非物，物出不得先物也，猶其有物也，猶其有物也無已，注。

〈知北遊篇〉物出不得先物，取以明先物者乃道，郭象則謂雖至道亦不得先物。何者，至道即至無也。故道之不得先物，猶無之不得先物也。然至道至無之說，其實則並不可持。《老子》曰：「有物混成，先天地生。」又曰「失道而後德」，不得謂失無而後德也。老子主抱一，亦不言抱無。故謂至道為至無之說，實非莊老之本義也。向秀之言曰：「明夫不生不化者，然後能為生化之本」。又曰：「以相先者，惟自然也。」會此兩言，是向秀之意，即以自然為不生不化，而為生化之本。則若在生化之先，乃有此一不生不化之自然。其說實更不可持。故向秀雖亦言自生之義，然其言明而未融，不如郭義之圓通。故郭之為說，謂無不能生有，此可以糾正《莊子》〈外〉、〈雜〉篇與王弼、向秀之失。至以至道謂至無，則亦實非乎莊老之始義也。

故在《莊》書有明白贊道之辭，而郭象之〈注〉又明白非之者。〈知北遊〉曰：

天不得不高，地不得不廣，日月不得不行，萬物不得不昌，此其道與？〈知北遊〉

而郭象曰：

言此皆不得不然而自然耳，非道能使然也。

在郭象之意，若名之曰道，則猶似有一主宰運使之者之義，今曰自然，曰不得不然，則萬物之外，更無此一主宰運使之道以使之然者存乎其先，故曰此皆不得不然而自然。此不得不然而自然者，與其稱之曰道，則不如稱之曰理。蓋理者，自存於物之內，非別存於物之外也。故郭之注《莊》，喜言理，而宋儒承襲之，此亦郭象注《莊》在中國思想史上有絕大貢獻之一端也。

〈知北遊〉又曰：

萬物皆往資焉而不匱，此其道與。

郭象曰：

還用物，故我不匱，此明道之贍物，在於不贍，不贍而物自得，故曰此其道與。言至道之無功，無功乃是稱道也。

此亦曲護《莊》而明背《莊》之說也。物之自然，既非道使之然，故曰至道無功。然萬物既各自自然，則何必又往資於道？道既無功，亦何可資？故曰是曲護之而明背之也。

又〈知北遊〉曰：

道不當名。

郭象曰：

有道名而竟無物，故名之不能當也。

此又曲護之而明背之也。老子曰：「道可道，非常道。」此固謂有一不可名之常道矣。故〈知北遊〉所謂道不當名，此非謂道之無有，乃謂有此道而不當賦以名而名之也。而郭象之意，似若謂非有道而不當名，乃竟無道可名也。而今則竟有道名，是無此物而強為之名，故名終不能當。莊老之言無，大體謂其無形無常而不可名，則無者指無形無名言，非竟是一無也。故謂無不能名，則已有此無。此無可名者則道也。在郭象則謂竟無此無，故曰至道乃至無矣。

於是在《莊》書有備極稱揚於道者，如曰：

道有情有信，無為無形，可傳而不可受，可得而不可見，自本自根，未有天地，自古以固存。神鬼神帝，生天生地。狶韋氏得之以挈天地，伏羲氏得之以襲氣母，……

此一節見於《莊子．內篇．大宗師》，然此節亦出後人羼入，疑非〈內篇〉本有。此一節乃備極稱揚於道者，而郭象之〈注〉又明非之，曰：

> 無也，豈能生神哉？不神鬼帝而鬼帝自神，斯乃不神之神也。不生天地而天地自生，斯乃不生之生也。故夫神之不足以神，而不神則神矣。功何足有，事何足恃哉？

此在《莊》書明曰道神鬼神帝，生天生地，而郭象則必謂鬼神自神，天地自生，鬼神、天地皆自然也。既已皆自然矣，又何待資借於道乎？故郭象曰：

> 道無能也，此言得之於道，乃所以明其自得耳。自得耳，道不能使之得也。我之未得，又不能為得也。然則凡得之者，外不資於道，內不由於己，掘然自得而獨化也。

《莊》書明言豨韋氏伏羲氏以下皆以得道而然，而郭象則必轉謂其皆由於自得。由於自得，則外不資於道，內不由於己。即獨化，即自然也。於此自然獨化之外，則更非別有一道以化之，以使之然者。故又曰：

> 物皆自得之耳。〈齊物論〉，咸其自取，怒者其誰耶，注。

自得猶云自生自化，亦即自然也。故既言自然，即不待復資借於道，故曰道無能，又無功也。

郭象又曰：

知道者，知其無能也，則何能生我，我自然而生耳。〈秋水〉，北海若曰，知道者必達於理一節，注。

故自然則不資借於道，故道既無能，亦無足貴。故〈秋水〉河伯曰：「然則何貴於道耶？」郭象釋之曰：

以其自化。

此謂萬物之自化即道，見於萬物自化之外，不復有道之存在也。今一依郭象之說，即不僅無不能生物，即道亦不能生物，皆由物之自生自化，自得自然，則天地萬物，宇宙終始，徹上徹下，皆一自然也。故郭象之序《莊子》亦曰：

上知造物無物，下知有物之自造。

造物無物，亦即無道。有物自造，即物之自然也。

七

於《莊》書又有言物之相生者，如〈知北遊〉曰：

萬物以形相生，故九竅者胎生，八竅者卵生。

以形相生，此亦物化之粗跡。由此形生彼形，即非獨化，即非自生。故郭象釋之曰：

言萬物雖以形相生，亦皆自然耳。故胎卵不能易種而生，明神氣之不可為也。

此條雖不明駁《莊》書，然亦非確守莊意。故曰雖以形相生，亦皆自然。苟是自然，即非以形相生矣。《淮南》、《論衡》，正是目以形相生者為自然，而郭象則以獨化為自然。既言獨化，即非相生。若必主萬物以形相生，則必推至萬形以前之第一形，即萬形所從生之最先形，此在《莊子》〈外〉、〈雜〉篇則曰形形者。〈知北遊〉曰：

知形形之不形乎。

成玄英〈疏〉：「能形色萬物者，固非形色。」此蓋謂自有一形形者，而此形形者實非形。然雖非形，而實自有一非形而能形形者在，此即《莊》書之所謂道與無也。向秀所謂「不化不生，然後能為生化之本」者，亦即是也。蓋一切生與化皆有形，獨此不生不化者，則雖形形而實非形也。而郭象於此復非之，曰：

形自形耳，形形者竟無物也。

〈知北遊〉之所謂形形者不形，此僅謂其不形，非謂其竟無也。然則此不形者緊何？曰即造化是已。今曰形自形，則一切物皆自造自化，別無造化之者。別無造化之者，故以至道為至無。至道且無，然後見萬物之自然也。故在《莊》書，則萬物盡屬有，而萬物之外之先，尚若有一所謂無與道者為之主，而郭象則謂天地間只此一有，只此萬形萬有，於此萬形萬有之外之先，不再有所謂至道與無之存在。若以此後宋明理學家用語釋之，蓋《莊》書猶謂流行之後有一本體，而郭象則主即流行即本體，流行之外不復再有一本體，此乃《莊》書與郭象〈注〉兩者間一絕大之異趣也。

《莊子・外篇・知北遊》又曰：

物物者與物無際，而物有際者，所謂物際者也。不際之際，際之不際者也。

物物者即至無與至道。至無至道之與萬有萬物，其間更無崖畔際限。而萬有萬物之間，則互有其崖畔際限焉。萬物同本於至道與至無，而不害其相互間之各自有其崖畔際限，此所謂不際之際也。物之與物，其相互間，雖各有其崖畔際限，而實同本於至道與至無之一體，此所謂際之不際者也。〈知北遊篇〉原意本如此，而郭象之解又不然。其言曰：

明物物者無物，而物自物耳。物自物耳，故冥也。物有際，故每相與不能冥。然真所謂際者也。不際者，雖有物物之名，直明物之自物耳，物物者竟無物也。際其安在乎？

此處郭〈注〉所再三言之者，厥為物物者之無物，此猶謂流行之後別無本體，萬物無所從出，無所由來，故至道即至無，生化皆自然也。物之相與，皆各有際，而相互間終不能冥。不能冥，即所謂燦然也。然若就其自生獨化者言之，則天地間只是一自一獨，只是一生一化，而又何際之可分乎！此郭象言自然之深趣也。

八

《莊》書常言無，常言道，又常言天。凡《莊》書之言及天者，郭象亦每以自然釋之。故曰：

天者，自然之謂也。〈大宗師〉，知天之所為者，天而生也，注。

又曰：

凡所謂天，皆明不為而自然。〈山木〉，仲尼曰，有人，天也，有天，亦天也，注。

故在《莊》書，往往以天與人對立。天與人之對立，猶之道與物之對立也。在郭象則物外無道，人外無天，天即人之所不為而自然之義。故曰：

天者，萬物之總名。〈齊物論〉，吹萬不同而使其自已也，注。

又曰：

天地者，萬物之總名也。天地以萬物為體，而萬物必以自然為正。自然者，不為而自然者也。〈逍遙遊〉，乘天地之正，御六氣之辯數語，注。

在莊老之意，則若謂萬物以天為體，以道為體，以無為體，惟天與道與無，乃始得謂之為自然。

而郭象則謂天地以萬物為體，自然者即萬物之自然。故曰：

自然生我，我自然生，故自然者，即我之自然，豈遠之哉？〈齊物論〉，非彼無我，非我無所取，是亦近矣，注。

又曰：

萬物萬情，取舍不同，若有真宰使之然也。起索真宰之朕迹而亦終不得，則明物皆自然，無使物然者也。〈齊物論〉，若有真宰，而特不得其朕，注。

有真宰使之然，此真宰即天也。亦即道，即無。此皆真宰之異名也。然苟有真宰，即非自然。所謂自然者，必謂其無有使之然者也。無有使之然，則無道、無天，無真宰，而僅此一自然矣。

九

惟其物皆自然，而無有使之然者，故乃有無待之義。無待之義，猶之自然，亦郭象注《莊》一主要義也。其言曰：

造物者有耶無耶？無耶，則胡能造物哉？有耶，有不足以物眾形。故明眾形之自物，而後始可與言造物耳。……故造物者無主，而物各自造。物各自造而無所待焉，此天地之正也，故彼我相因，形景俱生，雖復玄合，而非待也。明斯理也，將使萬物各反所宗於體中，而不待乎外。外無所謝，而內無所矜，是以誘然皆生而不知所以生，同焉皆得而不知所以得也。……知萬物雖聚而共成乎天，而皆歷然莫不獨見矣。故罔兩非景之所制，而景非形之所使，形非無之所化也。則化與不化，然與不然，從人之與由己，莫不自爾，吾安識其所以哉？……若乃責此近因，而忘其自爾，宗物於外，喪主於內，而愛尚生矣。〈齊物論〉，惡識所以然，惡識所以不然，注。

在郭象之意，天地間萬有萬形，一切皆自爾獨化，各足無待。無待即自然也。若此必待夫彼，即非此之自然。若彼必待於此，則又非彼之自然也。故曰自爾獨化而不相待。

十

此自爾獨化，各足無待者，由其外而言之則曰理。郭象曰：

夫我之生也，非我之所生也。則一生之內，百年之中，其坐起行止，動靜趣舍，性情知能，凡所有者，凡所無者，凡所為者，凡所遇者，皆非我也。理自爾耳。而橫生休戚乎其中，斯又逆自然而失者也。〈德充符〉，遊於羿之彀中，中央者，中地也，然而不中者命也，注。

郭象既曰物各無待而自然，又恐人之誤會其意，而謂物之皆可由其自我為主宰也。不知雖我亦不得為主，乃始為真自然。故特提出一理字，而曰皆非我也，理自爾耳。蓋若以我為自然，則萬我各別，自然不成一體。以理為自然，則一理大通，自然至一。此其深意，不可不辨也。

故郭象又曰：

人之生也，理自生矣，直莫之為，而任其自生，斯重其身而知務者也。〈德充符〉，吾唯不知務而輕用吾身，吾是以亡足，注。

謂理自生，明其非我自生。凡此郭象之所謂理者，由《莊》書言之，則或謂之天，或謂之命。謂之天，謂之命，亦皆明其不由我主。惟既謂之天或命，則又疑乎若有一物焉，超乎我與物之外，而行乎我與物之中，以為我與物之主宰，而我與物則皆此主宰所運使。今易以稱之曰理，則我與物之自爾獨化各足無待者顯矣。此郭〈注〉之微旨也。

此自爾獨化各足無待者，由其內而言之則曰性。郭象曰：

言自然則自然矣，人安能故有此自然哉？自然耳，故曰性。〈山木〉，人之不能有，天性也，注。

性乃自然，而非我然。故象之言自然，必歸之性與理，此乃破我之深旨。自然非人與物之所能有，即謂其非我所能有也。非我所能有，此乃自然之深趣。厥後宋儒言天即理，而清儒戴震非之，謂其言理也，「為如有物焉，得於天而具於心」。若誠如象所釋，則無可有戴氏之非難矣。

裴頠〈崇有〉之言曰：「生而可尋，所謂理也。理之所體，所謂有也。有之所須，所謂資也。資有攸合，所謂宜也。擇乎厥宜，所謂慎也。識智既授，雖出處異業，默語殊塗，所以寶生存宜，其情一也。」郭象之旨，則復與裴頠不同。蓋裴頠重於由外言之，故以識智為尚，以資宜為歸，而主言情擇。郭則本內言之，故主率性也。

十一

率性而動則謂之無為。郭象曰：

無為之言，不可不察也。夫用天下者，亦有用之為耳。然自得此為率性而動，故謂之無為也。今之為天下用者，亦自得耳。……然各用其性，而天機玄發，則古今上下無為，誰有為也。〈天道〉，上必無為而用天下，下必有為為天下用，此不易之道也，注。

無為之與有為，在《莊》、《老》之書，本分別言之，今郭象則謂率性而動，即有為，即無為，二者一以貫之矣。萬有萬形皆本自然，即皆率性，則天下古今上下皆無為也，於何復有有為？故曰：

工人無為於刻木，而有為於用斧。主無為於親事，而有為於用臣。臣能親事，主能用臣。斧能刻木，而工能用斧。各當其能，則天理自然，非有為也。……故各司其任，則上下咸得，而無為之理至矣。〈天道〉，古之人貴夫無為也一節，注。

治《莊》、《老》者每以刻木為有為，今郭象乃以刻木為無為，運斧為有為。此一分辨，亦有其不得已之苦衷。蓋僅曰刻木，則若傷木之性。今曰運斧，則不得謂是傷斧之性，而運斧即刻木矣。宋儒繼起，乃曰：「我寫字一心在字上，卻非要字好。」因要字好乃有為，而一心在字上，則仍是無為，非有為也。《莊書・天道篇》原義，在上者當無為，在下者當有為，今郭象又易其說，謂各司其任，各當其能，即有為，即無為，於是無為非真無為，乃率性當理無背自然，而各有所自得之謂無為矣。蓋有為在我，無為在理，苟能破我而從理，則一切之為皆出自然，更不須辨無為與有為也。

故郭象又曰：

無為之體大矣，天下何所不無為哉？主上不為冢宰之任，則伊呂靜而司尹矣。冢宰不為百官之所執，則百官靜而御事矣。百官不為萬民之所務，則萬民靜而安其業矣。萬民不易彼我之所能，則天下之彼我靜而自得矣。故自天子以下至於庶人，下及昆蟲，孰能有為而成哉？是故彌無為而彌尊也。〈天道〉，虛靜恬搽寂寞無為者，萬物之本也一節，注。

自郭象言之，則萬物率性而動，當理而為，皆即各足自得，皆即自然無為，而實則一切皆有為矣。故曰：「無為之體大矣，天下何所不無為哉？」鳶飛魚躍，與上下察，飛與躍皆有為也。然皆不出於鳶與魚之欲為此飛與躍，而皆出於鳶與魚之天性之自然而為此飛與躍。則此即無為矣。故無為者，非真無為，乃君子之無入而不自得，乃一任其自然，率性而為之之謂無為也。

故郭象又曰：

足能行而放之，手能執而任之，聽耳之所聞，視目之所見，知止其所不知，能止其所不能，

> 用其自用，為其自為，恣其性內，而無纖芥於分外，此無為之至易也。……率性而動，動不過分，天下之至易者也。……然知以無涯傷性，心以欲惡蕩真，故乃釋此無為之至易，而行彼有為之至難，……此世之常患也。〈人間世〉，福輕乎羽，莫之知載，注。

故無為者，由郭象言之，即約守乎其性分之內，而自用自為之謂。性分者，約之彌小，通之彌大。故獨化即自然之全體，無為雖約乎各自之本分，而其體則實彌綸古今上下，而無乎不周遍也。

故郭象又曰：

> 物各自然，不知所以然而然，則形雖彌異，其然彌同也。〈齊物論〉，樂出虛，蒸成菌，注。

古今上下，萬有萬物，一通乎無為，大同乎率性，共本乎自然，乃以合成此一天。故至約者，即所以為大通，而至易者，乃可以成其至難矣。

故郭象又言之曰：

> 人之生也，形雖七尺，而五常必具。故雖區區之身，必舉天下以奉之。故天地萬物，凡所有者，不可一日而相無也。一物不具，則生者無由得生，一理不至，則天年無緣得終。然身之所有者，知或不知也。理之所存者，為或不為也。故知之所知者寡，而身之所有者眾。

為之所為者少，而理之所存者博。……知之盛也，知人之所為者有分，故任而不強也。知人之所知者有極，故用而不蕩也。故所知不以無涯自困，則一體之中，知與不知，闇相與會而俱全矣。斯以其所知養其所不知者也。〈大宗師〉，知人之所知者，以其知之所知，以養其知之所不知，終其天年而不中道夭者，是知之盛也，注。

夫若是，故人之所知有涯，而所不知者無涯。人之所為有限，而所不為者無限。抑且知由不知出，為由不為來。不知何以能知，不為何以有為？欻然知，欻然為。所知雖有涯，所為雖有分，而皆自不知出，由不為來。知與為，乃與不知不為者闇會而俱全，斯謂之率性，斯之謂循理，斯之謂自然。故自然率性而循理，斯可無為矣。此所謂無為者，非貴夫無知與不為，乃約其知與為於性分之所能知與其所當為，而一任夫自然之理耳。故有為即無為，無為即有為，此實天人合一之最高義也。

然則郭象之言自然，言無為，其意乃近於儒家之言率性與循理。率性即循理，性與理皆屬天，而於人乎見。故郭象又言之，曰：

為為者不能為，而為自為耳。為知者不能知，而知自知耳。自知耳，不知也。不知也，則知出於不知矣。自為耳，不為也。不為也，則為出於不為矣。

故人能約其性分之所至以循乎天理，斯人而即天矣。前之如《中庸》，後之如宋明儒，其於性、理、道、命之淵旨，凡所闡發，豈不郭象之注《莊》，多有與之暗相扶會乎？惟儒家之義，多主從道問學以進企乎聖智之高明與精微，而郭象之說，轉似主於尊德性，以下逮於群眾之廣大與《中庸》，此則其異也。

郭象又曰：

為出於不為，故以不為為主。知出於不知，故以不知為宗。是故真人遺知而知，不為而為，自然而生，坐忘而得，故知稱絕而為名去也。〈大宗師〉，知天之所為者，天而生也，注。

知稱絕，為名去，一任乎自然，即儒家所謂一本乎天也。一本乎天，即一本乎性命之理也。故郭象又曰：

無為者，非拱默之謂也。有各任其自為，則性命安矣。〈在宥〉，無為也而後安其性命之情，注。

又曰：

物之生也，非知生而生也，則生之行也，豈知行而行哉？故足不知所以行，目不知所以見，心不知所以知，俛然而自得矣。

乘萬物，御羣才之所為，使羣才各自得，萬物各自為，則天下莫不逍遙矣。〈秋水〉，夔憐蚿，蚿憐蛇一節，注。

故郭象之所謂無為者，乃萬物之各自為，故無為即自然也，自然即自得也。自得即率性而動，率性而動即無待也。此皆郭象之說之首尾一體，本末一條，自成其為一家之系統也。若以自然論為郭象思想之體，則無為論乃郭象思想之用。合此二者，而通觀之，斯郭象一家議論之體用備見矣。

十二

今再綜述郭象自然論之大義。蓋天地間萬形萬化之生之有，皆不自無生，不自無有。亦不自道生，不自道有。復不自天生，不自天有。皆萬形萬化之自然生，自然有。一切萬形萬化皆自然生，自然有，故先後不相待而成，彼我不相制而得。故無所用其知與故，作與為。知亦自然而知，為亦自然而為，能亦自然而能，得亦自然而得。此之謂物之性，此之謂物之理，即此之謂物之自然。亦可謂此即是物之天也。然則宇宙本體其終為一虛無乎？曰：固至實大有而非虛無也。然則天地運行其有所定命乎？曰：此又至變極化而未有所定命也。然則天地間一切萬有萬形，其如一機械乎？曰：此又各自獨生獨化，互不相待，各自圓成具足，不成其為一機械也。然則天地之間，其復何有乎？曰：惟此性，惟此理，惟此不已之生生化化，互不相待而各足圓成。至異也，亦至同也。人之於其生也，實無所別擇，無所嚮向，則惟有任性而動，當理而為，自然順化，一循乎天而止。此郭象注《莊》之大義也。故郭象之說，若未背乎莊而實有超乎莊之外者。昔人競謂其注《莊》竊之於向秀，而忽於其自有所獨創，則亦非也。

然郭象之說，辨矣而未能謂之是。唐《權載之文集．送渾淪先生遊南岳序》，述渾淪言，郭氏注《莊》，失於吻合萬物，物無不適。然則桀驚饕戾，無非遂性。使後學者懵然不知所奉。此從其說之影響於人文界者言。又宗密〈原人論．斥迷執〉，謂道法自然，萬物皆是自然生化，則石應生草，草或生人。且天地之氣，本無知也。人稟天地之氣，安得欻起而有知乎？草木亦皆稟氣，何無知乎？此從其說之無當於解釋自然界者言。故郭說雖辨，終不得後人信奉。而性理淵微之闡發，仍必有待於宋儒。惟郭〈注〉妙義絡繹，清辨斐亹，為人愛誦。後起儒、佛兩家，無形中沾染郭義者實多，爰特為拈出而條理之，使治中國思想史者，亦知有郭象一家之言之如是云云也焉耳。

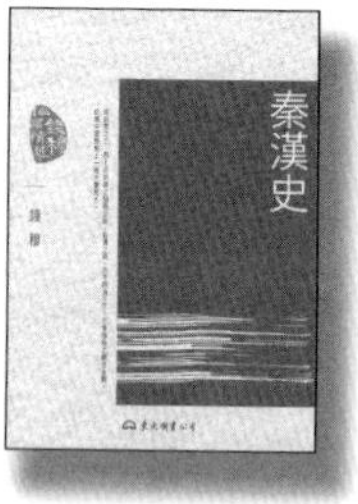

秦漢史

錢穆　著

你知道秦始皇如何統治龐大的帝國？焚書坑儒的真相又為何？漢帝國對外擴張遇到什麼樣的問題？重農抑商背後的事實是什麼？賓四先生以嚴謹的史學研究方法，就學術、政治及社會各層面，深入淺出地對秦漢史加以探討。不但一解秦漢史學的疑惑，更能提高讀者的眼界。

古史地理論叢

錢穆　著

本書彙集考論古代歷史、地理長短散文共二十二篇，其主要意義有二：一則以古代歷史上之異地同名來探究古代各部族遷徙之跡，從而論究其各地經濟、政治、人文進化先後之序；二為泛論中國歷史上南北兩地域經濟、政治、人文演進之古今變遷，指示出一些大綱領。要之為治歷史必通地理提示出許多顯明之事例。

中國歷史研究法

錢穆　著

本書根據賓四先生於民國五十年在香港講演之內容，記載修整而成。內容分通史、政治史、社會史、經濟史、學術史、歷史人物、歷史地理、文化史等八部分。此下三十年，賓四先生個人有關史學諸著作，大體意見悉本於此，故本書實可謂賓四先生史學見解之本源所在，亦可視為其對中國史學大綱要義之簡要敘述。

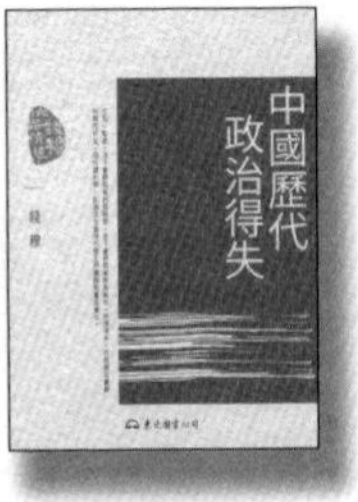

中國歷代政治得失

錢穆　著

本書提要鉤玄，專就漢、唐、宋、明、清五代治法方面，有關政府組織、百官職權、考試監察、財經賦稅、兵役義務，種種大經大法，敘述其因革演變，指陳其利害得失，要言不煩，將歷史上許多專門知識，簡化為現代國民之普通常識，實為現代知識分子所必讀。

中國歷史精神

錢穆　著

中國的歷史源遠流長，其間治亂興替，波譎雲詭，常令治史的人望洋興嘆，無從下手，讀史的人望而卻步，把握不住重點。本書作者錢穆先生，以其淵博的史學涵養，敏銳的剖析能力，將這個難題解開了，使人得窺中國歷史文化的堂奧。

黃帝

錢穆　著

司馬遷《史記》敘述中國古代史，遠始黃帝，惟百家言黃帝，何者可定為真古史，司馬遷亦難判別。然古人言黃帝亦異於神話，蓋為各種傳說之總彙，本書即以此態度寫黃帝，以黃帝為始，彙集許多故事，接言堯、舜、禹、湯、文、武、周公，一脈相傳，透過古史傳說，勾勒其不凡的生命風貌。讀者不必據此為信史，然誠可以此推考中國古史真相，一探古代聖哲之精神。

中國學術思想史論叢

錢穆　著

本套書凡三編，共分八冊，彙集了賓四先生六十年來，討論中國歷代學術思想，而未收入各專書之單篇散論。上編（一～二冊）自上古迄先秦，中編（三～四冊）自兩漢迄隋唐五代，下編（五～八冊）自兩宋迄晚清。先生治學主通不主專，是以能於歷代諸子百家中，梳理其學術流變，闡發其思想精微。三編一貫而下，中國歷代學術思想之脈絡自然呈現。

中華文化十二講

錢穆　著

本書乃賓四先生初定居臺灣期間，在各軍事基地之演講辭，共十二篇，大體討論中國文化問題。賓四先生認為中國文化有其特殊之成就、意義與價值，縱使一時受人輕鄙，但就人類生命全體之前途而言，中國文化必有其再見光輝與發揚之一日。或許賓四先生頌讚或有過分處，批評他人或有偏激處，要之讀此一集，即可見中國文化影響之悠久偉大。

八十憶雙親、師友雜憶（合刊）

錢穆　著

本書為《八十憶雙親》、《師友雜憶》二書之合編，皆為錢賓四先生對自己生平所作的記敘。《八十憶雙親》為先生八旬所誌，概述其成長的家族環境、父親的影響和母親的護恃。後著《師友雜憶》，繼述其生平經歷，以饗並世。不僅補前書之不足，歷數了先生的求學進程、於各地的工作經驗、做學問的契機、撰著寫就的過程以及師友間的往事等，使讀者對賓四先生有更完整、更深刻的認識；亦可藉由先生的回憶，了解其時代背景，追仰前世風範。

國家圖書館出版品預行編目資料

莊老通辨／錢穆著.——二版一刷.——臺北市：東大，2023
　面；　公分.——（錢穆作品精萃）

ISBN 978-957-19-3318-4（平裝）
1. 道家

121.3　　　　111003020

莊老通辨

作　　者｜錢　穆
發 行 人｜劉仲傑
出 版 者｜東大圖書股份有限公司
地　　址｜臺北市復興北路 386 號 (復北門市)
　　　　　臺北市重慶南路一段 61 號 (重南門市)
電　　話｜(02)25006600
網　　址｜三民網路書店 https://www.sanmin.com.tw

出版日期｜初版一刷 1991 年 12 月
　　　　　二版一刷 2023 年 1 月
書籍編號｜E120810
I S B N｜978-957-19-3318-4

東大圖書公司